अन्नान्दोलन

सम्भावनाएँ और सवाल

अरुणोदय प्रकाश पेशे से पत्रकार और लेखक हैं। बिहार के सिवान में जन्मे और पटना में पले-बढ़े अरुणोदय ने दिल्ली विश्वविद्यालय के किरोड़ीमल कॉलेज से ग्रेजुएशन की डिग्री ली। भारतीय जनसंचार संस्थान से पत्रकारिता में पी.जी. डिप्लोमा करने के बाद दिल्ली बनी कर्मभूमि। हिन्दुस्तान मीडिया लिमिटेड के बिजनेस अख़बार मिन्ट, डीडी न्यूज़ और एएनआई न्यूज़ एजेंसी के लिए काम किया। फिलहाल देश के एक प्रतिष्ठित न्यूज़ चैनल से जुड़े हैं और राजनीति व सामाजिक विषयों में गहरी रुचि रखते हैं। वे बिहार की राजनीति पर एक किताब पर भी काम कर रहे हैं।

अन्नान्दोलन

सम्भावनाएँ और सवाल

संपादन

अरुणोदय प्रकाश

हार्परकॉलिंस पब्लिशर्स इंडिया

बिल्डिंग नं. 10, टावर A, 4th फ्लोर,
डीएलएफ साइबर सिटी, फेज II, गुरुग्राम 122002, भारत
www.harpercollins.co.in

ISBN : 978-93-5029-221-1

टाइपसेटर : निओ साफ़्टवेयर कन्सलटैंट्स
मणिपाल टेक्नोलॉजीज़ लिमिटेड, मणिपाल

आभार

आभार मेरे मित्र अवनीश मिश्रा, शिवेन्द्र सिंह, भव्य श्रीवास्तव, रणवीर और अभिनीत का जिन्होंने क़िताब के संकलन और सम्पादन में अपना बेशक़ीमती सहयोग दिया। आभार की हकदार दोस्त बन कर लगातार साथ खड़ी रहने वाली मेरी पत्नी नंदिता भी है, जिसकी भरोसे से भरी मुस्कान के बग़ैर इस क़िताब को समय सीमा के भीतर पूरा कर पाना शायद ही मुमकिन हो पाता।

विषयानुक्रम

	भूमिका	अरुणोदय प्रकाश	9
1.	लोकपाल से लोक स्वराज्य तक : सपना एक बेहतर भारत का	मनीष सिसोदिया	23
2.	जो सही है, बस वही करता जाता हूँ : अरविन्द केजरीवाल के साथ बातचीत		50
3.	भ्रष्टाचार, सत्ता, जनता और लोकपाल	अरुणा राय, निखिल डे	57
4.	बहुजन लोकपाल बिल क्यों?	डॉ. उदित राज	84
5.	कुछ नया सोचने का नाम है अन्ना	आशुतोष	91
6.	भ्रष्टचार विरोधी आन्दोलन से उभरे कुछ सवाल	संदीप पाण्डेय	105
7.	लक्ष्य हो एक भ्रष्टाचार-मुक्त भारत का निर्माण : श्री श्री रविशंकर के साथ बातचीत		111
8.	क्या देश तीसरी बार धोखा खायेगा?	शकील अहमद	118
9.	भ्रष्टाचार विरोधी आन्दोलन से खुलती नयी सम्भावनायें	आनन्द प्रधान	128
10.	हुंकार से मौन तक, मौन की हुंकार	विजय विद्रोही	143

11. लाइट . कैमरा . ऐक्शन . अन्ना — डॉ. वर्तिका नन्दा — 157

12. जनलोकपाल आन्दोलन : सन्दर्भ एवं सम्भावनाएँ — प्रवीण झा, राम गति सिंह — 168

13. धर्मयुद्ध या सर्कस? — सैयद फ़ैसल अली — 180

14. भूख, भ्रष्टाचार और अन्ना आन्दोलन — वीरेन्द्र यादव — 190

15. मेरे चश्मे से जनलोकपाल आन्दोलन — शेफ़ालिका शेखर — 203

16. अन्ना : राजसत्ता बनाम लोकसत्ता — सुधांशु रंजन — 209

17. गाँधीवाद और अन्ना — त्रिदिप सुहरुद — 219

18. दस्तावेज़ — 237

प्रस्तावना

एक आदमी रोटी बेलता है
एक आदमी रोटी खाता है
एक तीसरा आदमी भी है
जो न रोटी बेलता है, न रोटी खाता है
वह सिर्फ़ रोटी से खेलता है
मैं पूछता हूँ
यह तीसरा आदमी कौन है?
मेरे देश की संसद मौन है।

—धूमिल

संसद मौन, जनता आन्दोलनरत। अपने हकों से महरूम किये जाते लोग और संसद मौन। भ्रष्टाचार का समन्दर उमड़ा चला आया है आम आदमी के जीवन में और उसके अस्तित्व को निगल जाने के लिए तैयार है पर फिर भी संसद मौन। आम आदमी अपने हक़ों की लड़ाई में सड़कों पर। धूमिल की यह कविता पिछले दिनों बार-बार ज़ेहन के किसी कोने पर दस्तक देती रही। कई सवाल पैदा होते रहे मन में। सवाल जो अन्ना के आन्दोलन ने हर आदमी के मन में पैदा किये थे। इस सवाल का जवाब तलाशा जाना ज़रूरी लगने लगा था। और इसी तलाश का परिणाम है यह क़िताब।

यह जब तक आपके हाथों में पहुँचेगी तब तक शायद काफ़ी कुछ

बदल चुका होगा। लोकपाल पर छायी धुन्ध बहुत मुमकिन है, तब तक काफ़ी छँट गयी हो। नयी रणनीतियाँ बनायी जा चुकी होंगी। नये मोर्चे खोले जा चुके होंगे। लोक सभा और राज्य सभा में 2011 के अन्त में जो हुआ उससे ये तो साफ़ हो चुका है की अगर ये बिल पास हुआ भी तो उस रूप में नहीं हो सकेगा जिसके लिए अन्ना हज़ारे ने अप्रैल और अगस्त में देश को हिला कर रख दिया था। अन्ना के आन्दोलन में सोच की हदों से पार जाने वाले जन-सैलाब ने अन्ना के सुर-में-सुर मिला कर जिस जनलोकपाल बिल की माँग की थी, वह फ़िलहाल काफ़ी पीछे छूट गया है। ऐसी उम्मीद कभी नहीं थी कि संसद हू-ब-हू वही ड्राफ़्ट पारित करेगी, जिसकी पैरोकारी टीम अन्ना कर रही थी। यह बात अन्ना हज़ारे और उनकी टीम को भी भली-भाँति मालूम थी। जो भी हो, लोकपाल बिल पर पिछले बयालीस सालों से बैठे रहने के बाद आख़िरकार अगर राजनीतिक दलों को इस बिल पर दो क़दम भी आगे बढ़ना पड़ा तो इसका श्रेय अन्ना हज़ारे के आन्दोलन को ही जाता है।

इसमें कोई शक नहीं कि अन्ना हज़ारे और उनके साथियों द्वारा किया गया आन्दोलन आधुनिक भारत के सामाजिक और राजनीतिक इतिहास में महत्वपूर्ण पड़ाव का दर्जा पाने का हक़दार है। आप चाहे अन्ना के विरोधी ही क्यों ना हों, यह माने बिना नहीं रह सकते कि जन लोकपाल की माँग और उसे लेकर हुए आन्दोलन ने जो माहौल बनाया, उसी की बदौलत कमज़ोर ही सही लोकपाल नाम की संस्था को जन्म देने के लिए सरकार मजबूर दिखायी पड़ रही है। फिलहाल सवाल कब का है।

ये किताब मूलतः जनलोकपाल की माँग को लेकर हुए आन्दोलन के इर्द-गिर्द घूमती है। लोकपाल बिल के अलग-अलग ड्राफ़्ट, उसे लेकर विभिन्न समूहों की अलग-अलग राय, इस बहस को मुकम्मल बनाते हैं। लोकपाल के अलग-अलग मसौदों पर भी क़िताब में चर्चा की

गयी है। जनलोकपाल आन्दोलन के दौरान जिस तरह टीम अन्ना ने संसद में बैठे नेताओं पर हमले किये उसे लेकर काफ़ी शोर मचा, इसके मक़सद और चरित्र पर सवाल उठाये गये। ऐसा नहीं की सिर्फ़ यही एक मुद्दा उठा, इसके अलावा भी अन्ना के आन्दोलन पर तरह-तरह की टिप्पणियाँ की गयीं। जो भी सवाल हों, कितने भी संशय हों, एक बात तो इतिहास में दर्ज हो चुकी है की जनता अन्ना के समर्थन में सड़कों पर उतरीं। हालाँकि अन्ना के मुम्बई अनशन के दौरान उतनी भीड़ नज़र नहीं आयी जितनी दिल्ली के जन्तर-मन्तर और रामलीला मैदान में नज़र आयी थी। तबियत बिगड़ने के कारण अन्ना को मुम्बई में अपने तीन दिनों के प्रस्तावित अनशन को दो दिन में ही ख़त्म करना पड़ा। साथ ही अनशन समाप्त होने के बाद प्रस्तावित 'जेल भरो' आन्दोलन को भी रद्द करना पड़ा। ख़ैर बात पहले आन्दोलन के जन्म की करते हैं।

सवाल है—आख़िर अन्ना के आन्दोलन के समर्थन में देश के विभिन्न हिस्सों में भीड़ जुटी क्यों? क्यों, कैसे और कब अन्ना लोगों की उम्मीद का दूसरा नाम बन गये? और क्या अन्ना और उनकी टीम द्वारा अख़्तियार किया गया तरीका सही था? क्या अन्ना का आन्दोलन 'एक वर्ग' तक सीमित आन्दोलन रहा? अन्ना की टीम के सदस्यों पर जो आरोप लगे क्या वे सही थे? क्या टीम अन्ना का जादू हिसार के लोक सभा उपचुनाव में सच में चला? ये ऐसे सवाल हैं जिन पर बहस ज़रूरी है। इन्हीं सवालों का जवाब खोजने की कोशिश है यह क़िताब।

वर्ल्ड कप की जीत और अन्ना का अनशन

कहते हैं कि हमारे देश को क्रिकेट का नशा है। अफ़ीम की तरह। तारीख़ दो अप्रैल 2011। महेंद्र सिंह धोनी के नेतृत्व में भारतीय क्रिकेट टीम ने आख़िरकार अट्ठाईस सालों के इन्तज़ार के बाद वर्ल्ड कप का तोहफ़ा इस क्रिकेट के दीवाने देश को दिया। तथाकथित खाये-पीये और अघाये मध्य वर्ग के लिए जो हर समय क्रिकेट की जुगाली करता रहता है, वर्ल्ड कप की जीत से बड़ा नशा और क्या हो सकता था? पूरा

देश इस जीत की ख़ुमारी में डूबा हुआ था। अभी क्रिकेट से पैदा हुई देशभक्ति की आग ठण्डी भी नहीं पड़ी थी की पाँच अप्रैल, 2011 को अन्ना हज़ारे ने अपना आमरण अनशन दिल्ली के जन्तर-मन्तर पर शुरू कर दिया। टी.वी. पर छोटी-सी ख़बर चली थी। ज़्यादातर न्यूज़ चैनलों के न्यूज़ रूम का मत यही था कि अन्ना आयेंगे, आन्दोलन करेंगे और चले जायेंगे। जन्तर-मन्तर पर होने वाले बाकी प्रदर्शनों की तरह यह आन्दोलन भी बस शुरू हो कर ख़त्म हो जायेगा। लेकिन ऐसे सारे क़यास ग़लत साबित होने वाले थे। जन्तर-मन्तर पर ऐसा जन-सैलाब उमड़ा जिसकी कल्पना हममें से किसी ने शायद ही की थी। अन्ना और उनके सहयोगियों ने एक ऐसा मुद्दा उठाया था जिसका वास्ता देश को सालने वाले घुन भ्रष्टाचार से था। जनलोकपाल के लिए अन्ना का आन्दोलन देश-भक्ति से जुड़ गया। आवाज़ ये दी गयी की अगर आप देशभक्त हैं तो आपको अन्ना के साथ होना चाहिए। अन्ना एक ऐसे रोग का इलाज बता रहे थे, जिससे आम आदमी का रोज़ का नाता था। जनलोकपाल को आम आदमी ने सभी मर्ज़ों की एक दवा के तौर पर देखा और वे अन्ना के साथ हो लिए।

जन्तर-मन्तर की वह शाम

आने वाले कुछ महीनों में जिस आन्दोलन की लहरें पूरे देश को अपने जद में लेने वाली थीं। उसकी पृष्ठभूमि काफ़ी लम्बे समय से पर्दे के पीछे से तैयार की जा रही थी। अन्ना, अरविन्द केजरीवाल, मनीष सिसोदिया वह लोग थे जिनको सब देख रहे थे। मगर टीम अन्ना में कुछ ऐसे भी लोग थे जो सबकी निगाहों से दूर आन्दोलन को खड़ा करने का काम कर रहे थे। सबके पास अलग-अलग ज़िम्मेदारी थी। कोई इन्टरनेट के ज़रिये समर्थन जुटा रहा था, तो कोई मीडिया के लोगों को यह समझाने में लगा था की क्यों यह आन्दोलन ज़रूरी है। मिडिया से जुड़े होने के कारण ऐसी ख़बरें मेरे पास भी आती थीं, मगर कभी यह नहीं सोचा था की यह सारी क़वायद इस कदर जनता के आन्दोलन

में तब्दील हो जायेगी। हालाँकि जनलोकपाल बिल के मसौदे को एक प्रेस कांफ्रेंस में 1 दिसम्बर, 2010 को ही दिल्ली में पेश किया गया। मगर तब न तो इस बात की ज़्यादा चर्चा हुई, न ही किसी ने इस ओर ज़्यादा ध्यान ही दिया। इसके बाद जनवरी 2011 के आख़िर में देश और विदेश के बावन शहरों में भ्रष्टाचार के ख़िलाफ़ एक मार्च निकाला गया। अन्ना भी इसमें शामिल थे। 31 जनवरी को देश के सभी प्रमुख राजनीतिक दलों को टीम अन्ना की ओर से एक चिट्ठी लिखी गयी। माँग थी—भ्रष्टाचार के ख़िलाफ़ काम करने के लिए एक मज़बूत संस्थान का गठन किया जाये जिसे अन्ना की टीम ने जनलोकपाल का नाम दिया था।

अन्ना हज़ारे ने फरवरी में प्रधानमन्त्री को कई पत्र लिख कर उनसे जनलोकपाल बिल पर कमेटी बनाने की माँग की और उसमें सिविल सोसाइटी के लिए बराबर की हिस्सेदारी माँगी, यानी पाँच सदस्य सरकार के और पाँच सिविल सोसाइटी के। इन पत्रों में अन्ना ने माँग नहीं माने जाने पर अप्रैल पाँच से अनशन पर बैठने के अपने फ़ैसले के बारे में भी बताया था। दोनों पक्ष एक-दूसरे को लिखते रहे। प्रधानमन्त्री और अन्ना की मुलाक़ात भी हुई मगर बात नहीं बनी। अन्ना अपनी माँगों पर अड़े रहे, और सरकार अपनी।

4 अप्रैल को अन्ना के अनशन की घोषणा एक प्रेस कांफ्रेंस के दौरान की गयी और 5 अप्रैल से जन्तर-मन्तर पर अनशन पर बैठ गये। उनके साथ और भी कई लोग अनशन पर बैठे। अब तक ज़्यादातर लोगों की तरह मुझे भी नहीं लगा था की आज की तेज रफ़्तार जिंदगी में लोग इस आन्दोलन के लिए वक्त निकालेंगे और अन्ना के समर्थन में जन्तर-मन्तर पहुँचेंगे। पहले दिन, यानी 5 अप्रैल की तस्वीरों को देख कर लगा भी कुछ ऐसा ही। मगर 6 अप्रैल की शाम तक मामला बदलता नज़र आया। जन्तर-मन्तर जमा होने वाली भीड़ के हिसाब से छोटा पड़ने लगा था। गाड़ियों के लिए चारों तरफ़ से प्रवेश बन्द करना

पड़ा। भीड़ अब गिनती से बाहर हो गयी थी। पुलिस बलों का काम करना मुश्किल होने लगा। कल तक जो मीडिया एक या दो कैमरे से काम चला रही थी उसे अब वहाँ तैनाती दोगनी-चौगुनी करनी पड़ी। हर न्यूज़ चैनल पर अब बस अन्ना, 'मैं भी अन्ना' और 'वी वांट जनलोकपाल' की तस्वीरें नज़र आने लगीं।

6 तारीख़ को मैं दफ़्तर में ही था। देर शाम की शिफ़्ट थी। आँखों के आगे एक-एक कर जो तस्वीरें आ रही थीं, उन्हें देख भरोसा नहीं हो रहा था कि इतने लोग, एक जगह, कैसे? और भी अचम्भा तब हुआ जब कुछ ऐसी ही तस्वीरें मुम्बई के आज़ाद मैदान, बंगलुरू, लखनऊ, गुवाहाटी से लेकर हर प्रमुख शहर से आती दिखीं। मुंबई के आज़ाद मैदान से आने वाली तस्वीरों में फ़िल्म जगत के लोग अन्ना के नाम की टोपी लगाये दिख रहे थे, तो वहीं बंगलुरू में लम्बी कतारों में लोग अन्ना के समर्थन में मोमबत्तियाँ लिए चले जा रहे थे। एक पल के लिए इन पर यक़ीन करना आसान नहीं था।

उधर सरकार और टीम अन्ना के बीच बातचीत का दौर शुरू हो गया था। टी.वी. चैनलों पर दिखने वाली भीड़ ने सरकार को समझौते का रास्ता चुनने पर विवश कर दिया था। सरकार देख रही थी कि मामला बिगड़ सकता है, जनता सड़कों पर आ रही है। ख़बरों से लगा एक दो दिन में सब निपट जायेगा और सुलह का रास्ता निकल आयेगा। 6 तारीख़ की शाम को चाय पीते-पीते तय हुआ, कल चलते हैं जन्तर-मन्तर, ज़रा सामने से भी देख लें माहौल कैसा है?

अप्रैल 7 को शाम करीब पाँच बजे जन्तर-मन्तर पहुँचा। चारों ओर लहराता तिरंगा, गीत गाते हुए लोग। 'लोकपाल-लोकपाल, पास करो जनलोकपाल' गीत की धुन पर तालियाँ बजाते लोग। आन्दोलन! हाँ ऐसा ही लगा। यह आन्दोलन ही तो था। बीच-बीच में देशभक्ति के गाने भी गाये जाते, जो सबके अन्दर के दबे जज़्बे को जीवित कर जाते।

शाम होने के साथ-साथ भीड़ भी बढ़ रही थी, और इस भीड़ में दिख रहे थे कुछ अलग तरह के चेहरे। अमूमन ये चेहरे शाम को दिल्ली के बड़े होटलों और रेस्तरां या मॉल में देखने को मिलते हैं, मगर अप्रैल के उन दिनों में 'अगर आप जन्तर-मन्तर नहीं गये तो फिर क्या किया' जैसी सोच बन गयी थी। हर कोई वक़्त निकाल कर वहाँ जाना चाहता था। दूर सड़क किनारे खड़े ये लोग बस तस्वीर ख़ीच रहे थे, खिंचवा रहे थे। अधिकतर लोग ऐसे थे जो चाहते थे की अगर कोई उनसे यह सवाल पूछे कि क्या तुम जन्तर-मन्तर गये थे, तो उनका जवाब 'हाँ' ही हो।

भ्रष्टाचार के आरोपों से हलकान सरकार नहीं चाहती थी कि यह सारा प्रकरण ज़्यादा दिन तक चले। ख़ासतौर पर जन्तर-मन्तर में जुटने वाली भीड़ जिस तरह से राजनीतिक वर्ग और ख़ासकर से सरकार के ख़िलाफ़ नारे लगा रही थी, उसे देखते हुए कहीं-न-कहीं सरकार को यह लग रहा था कि सारा माहौल उनके ख़िलाफ़ बन रहा है। सरकारी संदेशवाहक टीम अन्ना से अनशन को समाप्त कराने के लिए बातचीत कर रहे थे। अन्ततः सरकार को अन्ना के आगे झुकना पड़ा, इतिहास बना और बिल तैयार करने के लिए एक संयुक्त समिति बनायी गयी जिसमे पाँच सरकारी और पाँच टीम अन्ना के सदस्य रखे गये। ख़ूब जश्न मनाया गया। इसे टेलीविजन चैनलों पर 'लोकतन्त्र की जीत', 'पीपल्स विक्टरी' की तरह पेश किया गया। जश्न के साथ ही अन्ना ने सरकार को 15 अगस्त तक बिल पास करने को कहा।

संयुक्त समिति की बैठकें हुईं, मगर नतीजा सिफ़र। दोनों पक्ष अपनी-अपनी बात पर अड़े रहे। तू-तू मैं-मैं की नौबत आ गयी और अन्ना ने घोषणा की कि अगर मानसून सत्र में लोकपाल बिल नहीं आता है तो 16 अगस्त से वे फिर अनशन करेंगे।

इस बार सरकार मज़बूती से अन्ना के आन्दोलन को दबाने का मन बना चुकी थी। अनशन की जगह से लेकर सभी मुद्दों पर दोनों

पक्षों में ख़ूब तनातनी हुई। 16 अगस्त आया। 16 तारीख के तड़के अन्ना को गिरफ़्तार कर लिया गया। सभी टेलीविज़न चैनल गिरफ़्तारी की लाइव रिपोर्टिंग कर रहे थे। देश ने जब आँखें खोलीं, इस ख़बर को आये एक घण्टा हो चुका था। सैकड़ों की संख्या में लोग अन्ना को ले जा रही गाड़ी के साथ हो लिए थे। अन्ना अनशन को आन्दोलन की शक्ल देना चाहते थे, सरकार ने उन्हें गिरफ़्तार करके शुरू होने से पहले ही एक आन्दोलन को जन्म दे दिया। अन्ना सरकार के इस क़दम को पहले ही भाँप चुके थे इसीलिये उन्होंने देश के नाम सन्देश एक सी.डी. में रिकार्ड करवा मीडिया को भेजा। अपने सन्देश में अन्ना ने अपनी गिरफ़्तारी की स्थिति में जेल भरो का आह्वान किया और शान्ति बनाये रखने की अपील भी की थी।

अन्ना को तिहाड़ जेल ले जाया गया। उनके समर्थक पूरे शहर में नज़र आ रहे थे। तिहाड़ के सामने भीड़ बढ़ती जा रही थी। यही हाल छत्रसाल स्टेडियम का था, जहाँ अन्ना के समर्थकों को गिरफ़्तार करके लाया गया था। हज़ारों की संख्या में लोग बारिश की परवाह किये बग़ैर वहाँ जमा होने लगे थे। टी.वी. पर सरकार की आलोचना हो रही थी। इस कदम को लोकतन्त्र का गला घोंटा जाना करार दिया जा रहा था। सरकार का दाँव उलट कर उसी पर पड़ा था। शाम तक वह अन्ना को रिहा करने का फ़ैसला कर चुकी थी। मगर अन्ना सरकार की कुछ शर्तों के कारण बाहर नहीं आना चाहते थे। वे अपना अनशन जे.पी. पार्क में ही करना चाहते थे, जिसके लिए सरकार तैयार नहीं थी। अन्ततः दोनों पक्षों में बातचीत के बाद अन्ना को रामलीला मैदान में जगह दी गयी। मगर एक शर्त के साथ — अनशन 15 दिन से ज़्यादा न चले। 19 अगस्त को अन्ना का काफ़िला तिहाड़ जेल से रामलीला मैदान को निकला। बारिश के बावजूद अन्ना हज़ारे खुली गाड़ी की छत पर समर्थकों का अभिवादन स्वीकार करते रहे और काफ़िला धीरे-धीरे रामलीला मैदान पहुँचा।

उधर सरकार और टीम अन्ना के बीच बातचीत चलती रही। कई नये चेहरे उतारे गये जो दोनों में समझौता कराने की कोशिश करते रहे। संसद ने भी अन्ना से अनशन तोड़ने की अपील की, प्रधानमन्त्री ने वादा किया की बिल पर सदन में बहस करवायेंगे। 27 अगस्त को बिल पर बहस शुरू हुई, सभी पार्टियों ने अपना मत रखा। 'सेन्स ऑफ़ दी हाउस' से अन्ना को अवगत कराया गया। अगली सुबह अन्ना ने अपना अनशन तोड़ा।

ये तय हो गया की अब जल्द-से-जल्द भी अगर लोकपाल बिल सदन में आयेगा तो वो होगा शीतकालीन सत्र में। सरकार, कांग्रेस और टीम अन्ना के बीच हर बीतने वाले दिन के साथ तल्ख़ी बढ़ती जाती। ये भी साफ़ होने लगा था की सरकार अब बिल तो लायेगी मगर ऐसा भी नहीं होगा की टीम अन्ना की बातों को पूरी तरह माना जायेगा।

शीतकालीन सत्र से ठीक पहले अन्ना ने एक बार फिर दिल्ली के जन्तर-मन्तर पर एक दिन का अनशन किया, और अपने अगले अनशन की घोषणा भी कर दी। सत्र शुरू हुआ, और जैसा लग रहा था बिल लोक सभा में पेश हुआ। सभी पार्टी के नेताओं के धमाकेदार भाषण हुए, लालू प्रसाद और मुलायम सिंह यादव ने कड़ा विरोध जताया और बिल में संशोधन की माँग की। विरोध में सबसे कटु रही शिवसेना। सेना के सांसदों ने तो लोकपाल की तुलना "गद्दाफ़ी" से की। ख़ैर अन्ततः लोक सभा में बिल कई संशोधनों के साथ पास हुआ। मगर सरकार की भारी किरकिरी हुई। और कांग्रेस के महासचिव राहुल गाँधी का लोकपाल को संवैधानिक दर्जा दिलाने का सपना टूट गया।

ये तो जैसे शुरुआत थी सरकार के किरकिरी की। बिल राज्य सभा में पेश हुआ। तेरह घण्टे तक बहस भी चली, मगर लोकपाल बिल अटक गया। सरकार लोकायुक्त के मुद्दे पर बुरी तरह फँस कर अकेली पड़ गयी। विपक्ष तो विपक्ष था, अपने साथी दल तृणमूल कांग्रेस ने भी साथ नहीं दिया। तृणमूल कांग्रेस चाहती है कि बिल से लोकायुक्त को

पूरी तरह हटा दिया जाये। क़ानून सिर्फ़ लोकपाल का बने। विपक्ष वोटिंग चाहता था लेकिन सरकार ने हार के डर से वोटिंग नहीं करायी। सत्र ख़त्म हो गया, साफ़ हो गया की लोकपाल बिल लटक गया है। सबने जम कर सरकार की खिंचाई की, चाहे वो विपक्ष हो या टीम अन्ना।

हालाँकि, सरकार ये भरोसा अब भी दिला रही है कि बजट सत्र में वो बिल को फिर से पास कराने की कोशिश करेगी। लेकिन सवाल ये है कि बजट सत्र में भी सरकार क्या कर लेगी। राज्यसभा में सरकार के पास बहुमत का आँकड़ा नहीं है। ऐसे में सरकार किस स्वरूप में पास करा सकेगी बिल?

ऐसे में टीम अन्ना अब आगे क्या करेगी? मुम्बई में जनसमर्थन की कमी ने पहले ही उन्हें कमज़ोर कर दिया है, टीम के सदस्य अरविन्द केजरीवाल ने एक अख़बार में लेख के ज़रिये ये कहा कि "भ्रष्टाचार के ख़िलाफ़ आन्दोलन फिलहाल एक चौराहे पर है। यहाँ से हम किधर जायें? हमें मालूम है की एक ग़लत क़दम इस आन्दोलन के लिए घातक सिद्ध हो सकता है। ये जनता का आन्दोलन है। उनके जुड़ने से ही ये आन्दोलन सफ़ल हुआ। अब लोग सुझायें आगे का रास्ता"। ज़ाहिर है टीम अन्ना आन्दोलन के भविष्य को लेकर चिन्तित है।

बहस की बिसात

इस संग्रह में बहस की शुरुआत की गई है मनीष सिसोदिया के लेख से। वो इस किताब के केन्द्र अन्ना और अन्ना आन्दोलन के काफ़ी क़रीब हैं। मनीष ने अपने लेख में आन्दोलन और जनलोकपाल बिल, जो उनकी टीम ने तैयार किया, के हर पहलू को छुआ है।

जनलोकपाल बिल पर कोई भी बहस अन्ना के बाद इस आन्दोलन का चेहरा माने जाने वाले अरविन्द केजरीवाल के विचारों को समाहित

किये बग़ैर पूरी नहीं हो सकती। अरविन्द केजरीवाल से जनलोकपाल बिल और आन्दोलन पर हमने बात की। अरविन्द के जवाब संक्षिप्त रहे, लेकिन फिर भी उनसे साक्षात्कार इस किताब को पूर्ण बनाता है।

लोकपाल को लेकर शुरू हुई लड़ाई के पहले कुछ दिनों तक टीम अन्ना के साथ रहे अरुणा रॉय और निखिल डे ने अपने लेख के ज़रिये अपने बिल और टीम अन्ना के बिल के बीच के फ़र्क़ को चिह्नित किया है। इन्होंने उन बिन्दुओं पर बात की है जिन पर टीम अन्ना और इनके बीच यानी सूचना के अधिकार का राष्ट्रीय अभियान (एन.सी.पी.आर.आई.) और इण्डिया अगेंस्ट करप्शन (आई.ऐ.सी.) के बीच मतभेद उभरे।

अन्ना के आन्दोलन के दौरान ही माँग उठी एक बहुजन लोकपाल बिल की। और इस माँग को लेकर मुखर रहे डॉ. उदित राज। डॉ. उदित ने अपने लेख में बहुजन लोकपाल बिल की बात की है जिसमे मूलरूप से पिछड़ों, दलितों, आदिवासियों एवं अल्पसंख्यकों को आरक्षण देने की बात कही गयी है।

टी.वी. पत्रकार आशुतोष ने जनलोकपाल आन्दोलन के सकारात्मक पहलू को छुआ है। लेख में आशुतोष ने अन्ना के आन्दोलन के छोटे से शुरुआत से देशव्यापी विकराल रूप लेने तक की तस्वीर को खींचा है।

इस बहस को एक नया आयाम देने वाले अपने लेख "भ्रष्टाचार विरोधी आन्दोलन से उभरे कुछ सवाल" में समाजसेवी संदीप पाण्डेय ने अन्ना की टीम पर कुछ गम्भीर सवाल उठाये हैं। हालाँकि संदीप लिखते हैं की इस आन्दोलन ने लोकतन्त्र में जन शक्ति के महत्त्व को स्थापित करने का काम किया, मगर साथ ही उन्होंने ये भी लिखा है की अन्ना और उनके साथियों को अपना नज़रिया व्यापक करना होगा और अपनी विचारधारा भी स्पष्ट करनी होगी।

जनलोकपाल आन्दोलन में आध्यात्मिक गुरु श्री श्री रवि शंकर की और उनके संस्थान आर्ट ऑफ़ लिविंग की सक्रिय भूमिका रही। क़िताब

के लिए पूरे मामले पर उनका साक्षात्कार लिया गया।

पूर्व केन्द्रीय मन्त्री और कांग्रेस नेता शकील अहमद ने अपने लेख के ज़रिये टीम अन्ना पर कड़ा प्रहार किया है। शकील अहमद ने इस आन्दोलन को देश के ख़िलाफ़ कुछ स्वार्थी ताकतों का "तीसरा षड्यन्त्र" बताया है।

जाने माने स्तम्भकार और भारतीय जनसंचार संस्थान में असोशिएट प्रोफ़ेसर आनन्द प्रधान ने अपने लेख में अन्ना के आन्दोलन की आलोचना तो ख़ूब की है मगर साथ ही ये भी साफ़ किया है की इन सबके बावजूद इस जनआन्दोलन को ख़ारिज नहीं किया जा सकता। "हुँकार से मौन तक, मौन की हुँकार" लेख से वरिष्ठ पत्रकार विजय विद्रोही ने अन्ना के अनशन को लेकर न्यूज़-रूम में हुए हलचल को शब्दों में उकेरा है। अपने लेख में स्तम्भकार और मीडिया क्रिटिक डॉ. वर्तिका नन्दा ने अन्ना और उनके आन्दोलन पर कई सवाल उठाये हैं। डॉ. नन्दा ने यहाँ तक लिखा है कि अन्ना को अन्ना मिडिया ने बनाया, इस आन्दोलन को मिडिया के कैमरों से जोड़ते हुए डॉ. नन्दा ने इसके दौरान पैदा हुए कई नये चेहरों की बात की है।

अर्थशास्त्री प्रवीन झा और उनके सहयोगी राम गति सिंह ने अपने लेख में अन्ना के आन्दोलन के महत्वपूर्ण योगदानों के साथ-साथ इस आन्दोलन की प्रजातान्त्रिक प्रकृति, इसकी दिशा और सम्भावनाओं पर चर्चा की है। साथ ही जनलोकपाल क़ानून के संकीर्ण दायरे, व्यावहारिकता एवं विसंगतियों पर भी अपनी राय दी है।

अरब न्यूज़ के सम्पादक सैयद फैसल अली ने अपने लेख में एक तरफ़ तो अन्ना के आन्दोलन की तुलना अरब विद्रोह से की है, मगर साथ ही उन बिन्दुओं पर भी चर्चा की है जिन्हें वह इस आन्दोलन की कमी मानते हैं।

हिन्दी के सुपरिचित आलोचक वीरेन्द्र यादव ने अपने लेख "भूख, भ्रष्टाचार और अन्ना आन्दोलन" में अन्ना के अनशन की तुलना महात्मा

गाँधी और भगत सिंह के अनशन से करते हुए उनके बीच के फ़र्क़ को उजागर किया है। छात्र नेता और जे.एन.यू. की पूर्व उपाध्यक्ष शेफ़ालिका शेखर ने अपने लेख के ज़रिये इसे एक वर्ग विशेष का आन्दोलन तो बताया ही है साथ-साथ इससे जुड़े अधिकतर सदस्यों पर भी सवालिया निशान लगाया है।

वरिष्ठ पत्रकार और स्तम्भकार सुधांशु रंजन ने अपने लेख में कहा है की इस देश को हिलाने की ताक़त अभी भी केवल फ़कीरों में है, थैलीशाहों में नहीं। साथ ही टीम अन्ना को लेकर जनता में उत्साह के घटने, उनके कारण और टीम के अन्दर के बिख़राव पर भी बात की गयी है। महात्मा गाँधी के सामाजिक और वैचारिक इतिहास पर काम करते आ रहे त्रिदिप सुहरुद ने अपने लेख में प्रश्न उठाया है कि क्या अन्ना और उनके आन्दोलन की तुलना गाँधी और उनके आन्दोलन से की जानी चाहिए?

क़िताब में शामिल किये गये सभी लेख एक तरह से एक लोकतान्त्रिक स्पेस की रचना करते हैं। आपस में बहस करते हैं और आगे की बहस का रास्ता तैयार करते हैं। इस क़िताब की रचना में मेरी भूमिका बस एक डाकिये की रही है। शुरू से यही चाहता था। अलग-अलग वर्गों और समूहों के लोगों से बात की। आग्रह किया, लिखें। एक समग्र क़िताब होगी जो हर पहलू से पाठकों को रू-ब-रू करायेगी। जितने लोग, उतनी बातें। सबके अपने विचार, यानी क़िताब को बहस के एक मंच के रूप में खड़ा किया जा सके। ऐसा दावा नहीं है की हर पहलू को छू सका, मगर कोशिश ज़रूर की। कुछ लोग समय की कमी के कारण लिख नहीं पाये, कुछ इसलिए भी नहीं लिखना चाहते थे की वक़्त माकूल नहीं था। कारण? जिस टीम अन्ना पर शुरुआत में कोई उँगली भी नहीं उठा सकता था उस पर बाद में आरोपों की झड़ी लग गयी थी। ऐसे में हर कोई स्टैंड नहीं लेना चाहता है, पल-पल चीज़ें बदल रही हैं, कल पता नहीं क्या हो?

बहरहाल, जितने लोगों के विचार समाहित कर सका, किया है। विचारों को शब्दों में ढाल कर किताब की शक्ल दी गयी है। उम्मीद है आपको पसन्द आयेगी।

अरुणोदय प्रकाश

लोकपाल से लोक स्वराज्य तक : सपना एक बेहतर भारत का

मनीष सिसोदिया

अन्ना हज़ारे के रूप में देश को वह व्यक्ति मिला है जिसकी तलाश आज़ादी के बाद की कई पीढ़ियाँ लगातार करती रही हैं। अपनी सच्चाई और ईमानदारी के दम पर खड़ी 74 साल की ज़िन्दगी, जिसके जीने में अध्यात्म है, रहने में प्रमाणित सादगी, और सपने में गाँव से लेकर देश तक की बेहतरी की एक लोकतान्त्रिक कार्ययोजना। उनके कहने में वही बातें हैं जो वे ख़ुद करते हैं और करके दिखाई हैं। अन्ना को देखने वाली पीढ़ी एक बार फ़ख़्र के साथ कहना चाहती है कि हमने गाँधी को तो नहीं देखा, लेकिन अन्ना को देखा है। ऐसे अन्ना हज़ारे के नेतृत्व में देश ने एक बड़ा सपना देखा है। गाँव-गाँव में नौजवानों की आँखों में उम्मीद जगी है कि देश को भ्रष्ट ताक़तों के शिकंजे से मुक्त कराया जा सकता है। गाँधी के अधूरे रह गये सपनों को साकार किया जा सकता है। भारत को सही मानी में लोकतन्त्र बनाया जा सकता है।

अन्ना के नेतृत्व में चल रहा यह आन्दोलन राज्य की नीति की बात कर रहा है, इसलिए इसका आधार ही राजनीति है; लेकिन यह चुनावी नहीं है। किसी आन्दोलन के राजनैतिक होने में और चुनावी होने में ज़मीन-आसमान का फ़र्क़ होता है। यह न तो चुनावी है और पार्टीवादी नहीं है। कुछ लोग सवाल उठाते हैं कि बिना ख़ुद चुनाव लड़े

या बिना अच्छे लोगों को समर्थन दिये इस सपने का सच होना सम्भव नहीं है। अन्ना का आन्दोलन लोकतन्त्र के असली मालिक यानी आम आदमी को मज़बूत बनाने के लिए है। अच्छा सेवक बनने या बनाने के लिए नहीं। मालिक मज़बूत होगा तो सेवक ठीक हो ही जायेगा।

मज़बूत मालिक बनने का मतलब क्या है? लोकतन्त्र में असली मालिक तो आम आदमी ही होता है। और हम बचपन से किताबों में रटते आये हैं कि भारत तो एक लोकतन्त्र है। दरअसल अंग्रेज़ों से आज़ादी के बाद लोकतन्त्र तो मिला, परन्तु आधा-अधूरा। किताबों में परिभाषा लिखने के लिए हमने लिख दिया कि लोकतन्त्र में आम आदमी देश का मालिक है, लेकिन धरातल पर आम आदमी व्यवस्था का ग़ुलाम ही है। पाँच साल में एक बार अपना राजा चुनना और अगले पाँच साल उसके सामने गिड़गिड़ाते रहना, मज़बूत लोकतन्त्र की निशानी नहीं है। हमारे लोकतन्त्र की लगभग सारी-की-सारी संस्थाओं के काम-काज करने का तरीक़ा अलोकतान्त्रिक है। और कहीं-कहीं तो लोकतन्त्र के नाम पर बचकाना मज़ाक ही देखने को मिलता है। देश में अपने लोगों की सरकार बनी, अंग्रेज़ों के अत्याचारों से मुक्ति भी मिली, लेकिन आम आदमी को ताक़त देने की जगह सत्ता के केन्द्र वही बने रहे जो अंग्रेज़ों ने स्थापित किये थे। अंग्रेज़ों के बनाये क़ानूनों का दुरुपयोग कर किसान और मज़दूर और छोटे व्यापारियों का लगातार शोषण किया जा रहा है। आम आदमी को मज़बूत करने के क़ानून 40-45 साल तक संसद में अटके पड़े रहते हैं और किसानों की ज़मीन उद्योगपतियों तक पहुँचानी हो या बहुराष्ट्रीय कम्पनियों को फ़ायदा पहुँचाने के लिए कोई नीति बदलनी हो तो एक दिन में क़ानून पास हो जाता है। सरकार पर नियन्त्रण रखने में संसद की भूमिका पर भी सवाल उठाने होंगे। मुद्दे बहुत हैं और हर मुद्दे से जुड़े लाखों सवाल हैं। सारे सवालों के जवाब एक ही झटके में मिलने मुश्किल हैं, लेकिन आन्दोलन की यात्रा को बारीक़ी से देखने में इस बात के संकेत ज़रूर मिल सकते हैं कि इसमें क्या-क्या सम्भावनाएँ हैं।

आन्दोलन की शुरुआत एक ऐसे समय में हुई जब भ्रष्टाचार देश की प्रमुख ख़बरों में था। हर रोज़ सामने आ रहे घोटाले शायद खुली चेतावनी देते थे, "देश के लोगो! तुम से जो बन पड़े कर लो, हम तो इस तरह ही लूटेंगे।" कॉमनवेल्थ खेल, आदर्श, 2-जी स्पेक्ट्रम आदि घोटालों ने पिछले घोटालों के तमाम रिकार्ड तोड़ दिये थे। सब जानते थे कि घोटाले हो रहे हैं, लेकिन कहीं कोई एफ़.आई.आर. तक नहीं दर्ज हो रही थी। उलटे जो सामाजिक कार्यकर्ता सूचना के अधिकार क़ानून का इस्तेमाल करते हुए भ्रष्टाचार उजागर करने की हिम्मत कर रहे थे, उनकी सरेआम हत्या करा दी जा रही थी। उसी समय सामाजिक सरोकार रखने वाले कुछ साथियों ने कॉमनवेल्थ मामले में एफ़.आई.आर. कराने का निर्णय लिया। अन्ना हज़ारे, अरविन्द केजरीवाल, किरण बेदी, श्री श्री रवि शंकर, स्वामी रामदेव जैसे लोगों ने मिल कर नवम्बर 2010 में एक एफ़.आई.आर. संसद मार्ग थाने में दर्ज करायी।

एफ़.आई.आर. दर्ज कराने के पीछे लक्ष्य कॉमनवेल्थ खेल में भ्रष्टाचार के चैम्पियनों के ख़िलाफ़ कार्रवाई शुरू करना तो था ही, यह उजागर करना भी था कि हमारे देश में भ्रष्टाचार के ख़िलाफ़ ऐक्शन लेने के लिए कोई सख़्त क़ानून नहीं है और न ही कोई ऐसी स्वतन्त्र एजेन्सी है जो सरकार के प्रभाव में आये बिना ऐक्शन ले सके।

रोज़ सामने आ रहे घोटालों और सामाजिक कार्यकर्ताओं की हत्या से देश में सरकार के प्रति असन्तोष बढ़ रहा था। लगातार बढ़ती महँगाई इस आग में घी का काम कर रही थी। लोगों को ढाढ़स बँधाने के इरादे से सरकार ने कुछ नये क़ानून चर्चा में ला दिये। सूचना अधिकार कार्यकर्ताओं की हत्याओं के हो-हल्ले को दबाने के लिए सरकार ने "ह्विसिल ब्लोअर प्रोटेक्शन" के लिए बिल संसद में रखा। यह बिल इतना कमज़ोर था कि किसी व्यक्ति को इस क़ानून के तहत सुरक्षा मिल ही नहीं सकती। इसी बीच पता चला कि भ्रष्टाचार के ख़िलाफ़ लोकपाल बिल का एक और मसौदा तैयार किया गया है। इस बिल की प्रति

कॉमनवेल्थ खेल में भ्रष्टाचार के ख़िलाफ़ सक्रिय सामाजिक कार्यकर्ताओं के हाथ में पहुँची तो सबने माथा पकड़ लिया। यह बिल भी भ्रष्टाचार के ख़िलाफ़ ऐक्शन लेने के नाम पर एक मज़ाक भर ही था। इसके तहत न तो उस समय के बहुचर्चित बड़े-बड़े घोटाले आ रहे थे और न ही राज्यों में सामने आ रहे घोटाले। ऐसे क़ानून को बनने देने का मतलब था—भ्रष्टाचार होते रहने की गारण्टी का बने रहना।

ऐसे में एन.सी.पी.आर.आई. की अगुआई में इस बिल की कमियों पर चर्चा हुई और लोकपाल में क्या-क्या प्रावधान होने चाहिएँ, इस पर एक नोट बनाने की सहमति बनी। यह ज़िम्मेदारी अरविन्द केजरीवाल को दी गयी। अरविन्द केजरीवाल ने यह नोट तैयार किया। योजना के मुताबिक़ इसके बाद देश के अलग-अलग हिस्सों में जा कर इन प्रावधानों पर संवाद किया जाना था, लेकिन समय के अभाव के चलते ऐसा हो नहीं पाया। इसी बीच यह ज़रूरत महसूस की गयी कि सिर्फ़ सम्भावित प्रावधान बनाने से काम नहीं चलेगा, इसके लिए बाक़ायदा जनता की ओर से क़ानून बना कर पेश किया जाना चाहिए। कर्नाटक के तत्कालीन लोकायुक्त जस्टिस सन्तोष हेगड़े, पूर्व क़ानून मन्त्री शान्ति भूषण, अरविन्द केजरीवाल और प्रशान्त भूषण ने अनेक दौर की चर्चाओं और विषेशज्ञों से सलाह-मशविरा करके एक लोकपाल बिल का मसौदा तैयार किया। इस बिल पर देश के अलग-अलग हिस्सों में जन चर्चाएँ आयोजित की गयीं। इस तरह बिल के एक के बाद एक नये संस्करण आते रहे। व्यापक जनचर्चा के बाद तैयार हुए इस मसौदे को नाम दिया गया जनलोकपाल बिल। ग़ौरतलब है कि सरकारी लोकपाल की कमियों पर चर्चा और सम्भावित प्रावधानों पर नोट तैयार करने के फ़ैसले से एन.सी.पी.आर.आई. के साथी इस बिल को लेकर उतनी सक्रियता नहीं रख पाये जितनी की अपेक्षित थी।

30 जनवरी 2011 को दिल्ली के रामलीला मैदान में एक विशाल जनसभा बुलायी गयी। भ्रष्टाचार के ख़िलाफ़ लाये जा रहे सरकारी लोकपाल बिल की ख़ामियों को जनता के सामने रखने और

उसकी जगह जनलोकपाल बिल के प्रस्तावों को बेहतर विकल्प के रूप में रखने का यह पहला अवसर था। पूरे दिन भ्रष्टाचार पर भाषण हुए। देश भक्ति के गीत हुए। सरकारी लोकपाल की प्रतियाँ फाड़ कर हवा में उछाली गयीं और रामलीला मैदान से जन्तर-मन्तर तक रैली निकाली गयी। इस जनसभा में अपेक्षा से कहीं अधिक लोग पहुँचे। इतना ही नहीं, इस जनसभा की तैयारियों के दौरान फ़ेसबुक पर इसका प्रचार-प्रसार हुआ। नतीजतन विभिन्न शहरों में सामाजिक कार्यकर्ताओं की नयी पीढ़ी आगे आयी और फ़ेसबुक के माध्यम से एक दूसरे से सपर्क करते हुए दिल्ली के साथ-साथ 56 और शहरों में रैलियाँ निकालीं। कुल मिला कर 15 राज्यों के विभिन्न शहरों में निकली इन रैलियों में भी अपेक्षा से कहीं अधिक लोग शामिल हुए। लोकपाल जैसे क़ानूनी रूप से तकनीकी विषय पर भी इतने लोग इकट्ठा होंगे और एक सुर में बेहतर लोकपाल क़ानून के रूप में जनलोकपाल के मोटे-मोटे प्रावधानों को समर्थन देंगे, यह हम सबके लिए अपने आप में एक अनोखा अनुभव था। इसने हमें आन्दोलन को बड़ा रूप देने का हौसला दिया।

30 जनवरी की रैली को मीडिया में उतनी जगह तो नहीं मिली लेकिन कुल मिला कर देश के पढ़ने-लिखने वाले नेताओं तक यह सूचना पहुँच गयी कि कुछ जाने-माने सामाजिक कार्यकर्ताओं की ओर से लोकपाल क़ानून का मसौदा तैयार किया गया है और वे सरकारी बिल की जगह उसे लागू करवाने की माँग कर रहे हैं। देश के बड़े राजनेताओं, पार्टी प्रमुखों को इसकी प्रति भेजी गयी। एक-एक करके इनसे मुलाक़ात भी की गयी। इन मुलाक़ातों में अरविन्द केजरीवाल, स्वामी अग्निवेश और किरण बेदी ने अहम भूमिका निभायी। लेकिन आम तौर पर यह बात हमें समझ में आ रही थी कि बिना जनदबाव के कोई इस बात को ठीक से सुनने को भी तैयार नहीं होगा।

जनलोकपाल बिल को अन्ना हज़ारे जी की अगुआई में प्रधानमन्त्री मनमोहन सिंह और संयुक्त प्रगतिशील गठबन्धन की अध्यक्षा सोनिया गाँधी को भेजा गया। उनसे अनुरोध किया गया कि सरकार जो

लोकपाल बिल लाने जा रही है उसमें कई ऐसी कमियाँ हैं जिनके चलते यह एकदम बेकार क़ानून बनेगा, अतः उसकी जगह जनलोकपाल बिल के प्रावधानों वाला बिल संसद में लाया जाये, लेकिन जैसा कि अपेक्षित था सरकार के कान पर भी जूँ तक नहीं रेंगी।

कहीं से भी उम्मीद की कोई किरण न मिलती देख अन्ना हज़ारे जी ने प्रधानमन्त्री को एक सख़्त चिठ्ठी लिखी जिसमें उन्होंने बढ़ते भ्रष्टाचार पर चिन्ता जताते हुए कहा कि यदि सरकार जनलोकपाल बिल नहीं लाती है तो वे अप्रैल के पहले हफ़्ते से अनिश्चितकालीन उपवास पर बैठ जायेंगे। इस चिट्ठी के साथ-साथ मीडिया में भी माहौल बनना शुरू हुआ। फ़ेसबुक और ट्विटर पर इसकी चर्चा शुरू हुई। इस माहौल ने दवाब बनाया और प्रधानमन्त्री ने पहली बार अन्ना हज़ारे को बातचीत के लिए बुलाया। लेकिन इस बातचीत का मक़सद भ्रष्टाचार का समाधान नहीं, बल्कि अन्ना के प्रस्तावित अनशन से आगामी समस्या का समाधान निकालना ज़्यादा था। दो-तीन महीने बाद कई राज्यों में विधानसभा चुनाव होने थे। सरकार उससे ठीक पहले भ्रष्टाचार को एक मुद्दे के रूप में उभरते हुए नहीं देखना चाहती थी। अन्ना को कहा गया कि आप अपनी माँग भ्रष्टाचार के समाधान के लिए गठित मन्त्रीसमूह को बता दीजिए। ये लोग आपसे मई के बाद (यानी विधानसभा चुनावों के बाद) बातचीत कर लेंगे। एक तरह से देश के प्रधानमन्त्री ने भ्रष्टाचार के ख़िलाफ़ सख़्त क़ानून बनाने की माँग पर अपनी राय बता दी कि सरकार अगले तीन महीने उस पर कुछ करना नहीं चाहती। सरकार के पास भ्रष्टाचार से निपटने के लिए समय नहीं था।

अन्ना का कहना था कि अगर सरकार के भ्रष्टाचार के ख़िलाफ़ क़ानून बनाने का काम इन्हीं भ्रष्ट मन्त्रियों के पास रहेगा तो एक सख़्त क़ानून बन ही नहीं सकता। इसीलिए अन्ना ने माँग की कि लोकपाल बिल का मसौदा बनाने का काम केवल मन्त्री न करें बल्कि इस काम के लिए एक समिति बनायी जाय जिसमें आधे सदस्य मन्त्री हों और आधे सदस्य समाज के ऐसे लोग हों जो अपनी निष्ठा के लिए जाने

जाते हैं और जिन्हें क़ानून की बेहतर समझ है। सरकार दवाब में तो थी, लेकिन अन्ना की यह बात मानने के लिए बिलकुल तैयार नहीं थी। सरकार का कहना था कि यह नीतिगत नहीं होगा। तर्क दिया गया कि यह कभी हुआ नहीं। इस पर अन्ना ने ढेर सारी ऐसी ही समितियों के नाम गिना दिये, जिनमें ख़ुद अन्ना और अन्य सामाजिक कार्यकर्ता थे। एक समिति में अन्ना को अध्यक्ष भी बनाया गया था। लेकिन सरकार ने अपना इरादा नहीं बदला। वह यही बात दुहराती रही कि यह सम्भव ही नहीं है।

बहरहाल, अन्ना ने भी अपना इरादा नहीं बदला। उन्होंने 5 अप्रैल से जन्तर-मन्तर पर अनशन पर बैठने का ऐलान किया। देश के 100 से ज़्यादा शहरों में लोग अनशन और धरने-प्रदर्शन की तैयारी में जुटे थे। 3 अप्रैल को एन.सी.पी.आर.आई. पुनः सक्रिय हुआ और एक बैठक बुला कर जनलोकपाल के प्रावधानों पर चर्चा की। तीनमूर्ति सभागार में पूरे दिन चली इस बैठक के बाद तय पाया गया कि एन.सी.पी.आर.आई. और इण्डिया अगेंस्ट करप्शन के विचारों में एक-दो बिन्दुओं को छोड़ कर कोई ज़्यादा फ़र्क़ नहीं है। सरकारी लोकपाल बिल को सबने एक सिरे से बकवास क़रार दिया। इस बारे में बाक़ायदा एक प्रेस विज्ञप्ति भी जारी की गयी। अगले दिन राष्ट्रीय सलाहकार परिषद के छोटे समूह में भी इस मुद्दे पर चर्चा हुई। लेकिन आगे की कोई ठोस योजना नहीं बन सकी।

5 अप्रैल 2011 को सुबह राजघाट और इण्डिया गेट पर श्रद्धांजलि देते हुए अन्ना जब जन्तर-मन्तर पहुँचे तो वहाँ लोगों की संख्या ने बता दिया कि आन्दोलन बड़े होने की तरफ़ बढ़ चुका है। इतना बड़ा कि जन्तर-मन्तर पर आयोजन में लगे तमाम लोगों का अनुभव छोटा पड़ गया। शुरू के कुछ घण्टे तो अफ़रा-तफ़री में बीते। मंच पर कहीं कोई नेता दौड़ कर चढ़ गया तो कहीं फोटो खिंचाने वालों की भीड़ एक-दूसरे को धकेलने में लगी रही। इस बीच जेडीयू नेता शरद यादव, मेनका गाँधी सहित कई नेताओं को पब्लिक ने हूट कर

मंच से नीचे उतरने पर मजबूर कर दिया। बाद में ओमप्रकाश चौटाला और उमा भारती जब अन्ना के समर्थन में जन्तर-मन्तर पहुँचे तो नेताओं से नाराज़ लोगों ने उन्हें मंच के पास पहुँचने से पहले ही हूट करके भगा दिया। उमा भारती के साथ हुई धक्का-मुक्की को अन्ना ने मंच से देखा तो वहाँ बैठे लोगों से शान्त और शालीन रहने की अपील की और उमा भारती के साथ हुए दुर्व्यवहार के लिए मंच से ही खेद जताया। लेकिन पहले दिन के इस घटनाक्रम ने सन्देश दे दिया कि यह भ्रष्टाचार से नाराज़ जनता का मंच बन चुका है और इसका इस्तेमाल कोई नेता कर नहीं सकेगा। भले ही वह पक्ष का हो या विपक्ष का।

जन्तर-मन्तर पर अनशन चल रहा था। और आन्दोलन का अस्थायी कार्यालय बना हुआ था स्वामी अग्निवेश का जन्तर-मन्तर स्थित दफ़्तर। स्वामी अग्निवेश ख़ुद भी अहम भूमिका में थे। सरकार ने उनके माध्यम से बातचीत का सन्देश भेजा। बातचीत शुरू हुई। अन्ना ने अरविन्द केजरीवाल और किरण बेदी को बातचीत के लिए लगाया। स्वामी अग्निवेश एक प्रकार से बातचीत के माध्यम की भूमिका में आ ही चुके थे। सरकार की ओर से केन्द्रीय मन्त्री कपिल सिब्बल ने बातचीत की। कुछ देर की ना-नुकर के बाद सरकार मान गयी कि संयुक्त समिति बनायी जा सकती है। अन्ना से संयुक्त समिति के लिए नाम माँगे गये। काफ़ी सलाह मशविरा करके ऐसे नाम ढूँढने की कोशिश की गयी कि जो जनलोकपाल बिल के एक-एक प्रावधान की आवश्यकता के प्रति अडिग हों। तय किया गया कि जिन चार लोगों ने जनलोकपाल बिल ड्राफ़्ट करने में अहम भूमिका निभायी है, वही संयुक्त समिति में इसके प्रावधानों की सबसे बेहतर वकालत कर सकते हैं।

सरकार को नाम बताये गये। वार्ताकार टीम ने पहला नाम प्रशान्त भूषण का लिया। कपिल सिब्बल नाम नोट कर रहे थे। दूसरा नाम शान्ति भूषण का लिया। इस पर कपिल सिब्बल ने अपना क़लम रखते हुए पूछा कि "क्या इन नामों पर पुनर्विचार किया जा सकता है?" जवाब मिला "नहीं।" इसके बाद जस्टिस सन्तोष हेगड़े और अरविन्द

केजरीवाल के नाम भी बताये गये। अन्ना स्वयं इस टीम में जाने के इच्छुक नहीं थे, लेकिन जन्तर-मन्तर पर पाँच दिन से मौजूद जनता के आग्रह पर उन्होंने इस संयुक्त टीम में शामिल होना स्वीकार कर लिया। जनता तो उन्हें किसी भी क़ीमत पर इस समिति के सह-अध्यक्ष के रूप में देखना चाहती थी, लेकिन बड़ी मुश्किल से अन्ना ने उन्हें मनाया कि यह काम शान्ति भूषण जी करेंगे तो बेहतर होगा।

बहरहाल संयुक्त समिति बनी। अन्ना का अनशन 9 अप्रैल की सुबह टूटा। लेकिन संयुक्त समिति की ढाई महीने तक चली बैठकों के बाद भी नतीज़ा कुछ नहीं निकला। संयुक्त ड्राफ़्टिंग समिति में सरकार की ओर से शामिल मन्त्रियों ने बाक़ी सदस्यों के सुझावों को दरकिनार करते हुए लोकपाल बिल का एक ड्राफ़्ट कैबिनेट को दिया जिसे मंज़ूर करके संसद में भेज दिया गया। वस्तुतः यह ड्राफ़्ट भी न सिर्फ़ लचर था, बल्कि इसमें भ्रष्टाचारियों को सरकारी खर्च पर सुरक्षा देने के लिए भरसक इन्तज़ाम कर लिये गये थे। इसके उलट देश के तमाम ग़ैर पंजीकृत सामाजिक आन्दोलन जो जनता के चन्दे से चलते हैं, छोटी-छोटी रामलीला कमेटियाँ, गाँव के क्रिकेट क्लब आदि सभी संगठन भी लोकपाल के दायरे में लाये जा रहे थे। सरकारी बिल के ड्राफ़्ट में न तो प्रधानमन्त्री के भ्रष्टाचार की जाँच का ज़िक्र था, न ही न्यायपालिका के भ्रष्टाचार का। रिश्वतख़ोरी, सिटिज़न चार्टर, पुलिस, कलेक्टर, पंचायत सब इसके दायरे से बाहर थे। ज़ाहिर है, हालात फिर जन्तर-मन्तर आन्दोलन के पहले के समय के बन गये थे।

आन्दोलन के नज़रिये से देखें तो इसका फ़ायदा यह ज़रूर मिला कि लोकपाल के प्रावधानों पर सरकार के रुख़ की कमज़ोरी से जनता ख़ूब वाक़िफ़ होती रही। लेकिन क़ानून की कमज़ोरियों पर चर्चा का रुख़ मोड़ने और आन्दोलन को कमज़ोर करने के दृष्टिकोण से सरकारी पक्ष ने एक के बाद एक चालें चलीं। पहले तो कोशिश की गयी कि संयुक्त ड्राफ़्टिंग समिति में शामिल अन्ना की टीम को बदनाम किया जाये, ताकि यह टीम टूट जाये और समिति की बैठकें ही न हो सकें। सबसे

पहले शान्ति भूषण, प्रशान्त भूषण के पिता-पुत्र होने का मसला बैठक में उछाला गया। मामला ऊपर से नीचे तक के भ्रष्टाचार पर अंकुश लगाने का था, और इसके लिए लम्बी और सघन चर्चाओं के बाद जनलोकपाल बिल में जो प्रावधान रखे गये थे उनके लिए तर्क-वितर्क करना था। यह वही कर सकता था जो जनलोकपाल के एक-एक प्रावधान के बारे में तह तक जानकारी रखता हो और इस आन्दोलन से जज़्बे से जुड़ा हो। मीडिया के एक वर्ग ने एक-दो दिन पिता-पुत्र के समिति में होने को तूल देने की कोशिश की, लेकिन जब जनता ने इसे ज़्यादा तवज्जो नहीं दी तो दूसरे मुद्दे उछाले गये। पुरानी बातचीत की रिकॉर्डिंग को तोड़-मरोड़ कर प्रशान्त भूषण और शान्ति भूषण के ख़िलाफ़ एक सीडी निकाली गयी। शान्ति भूषण के एक फ़ार्म हाउस आवंटन को मुद्दा बनाया गया। कोशिश यह साबित करने की थी कि ये दोनों पिता-पुत्र भ्रष्ट हैं और उन्हें किसी भी तरह से ड्राफ़्टिंग समिति से हट जाना चाहिए। वजह थी के यही दोनों पिता-पुत्र प्रणब मुखर्जी, कपिल सिब्बल, चिदम्बरम, सलमान ख़ुर्शीद जैसे क़ानून के घाघ समझे जाने वाले नेताओं से क़ानून की एक-एक बारीक़ी पर तर्क-वितर्क कर सकते थे।

बहरहाल जब जनता ने इस मुद्दे को ज़्यादा तवज्जो नहीं दी तो कोशिश शुरू हुई अन्ना की माँग को ही ग़लत साबित करने की। अख़बारों में बड़े-बड़े लेख प्रकाशित किये गये कि अन्ना जो माँग रहे हैं वह असंवैधानिक है। कहा गया कि अगर जनलोकपाल के प्रावधानों वाला लोकपाल क़ानून देश में लागू हो गया तो यह तानाशाही बन जायेगी। लोकतन्त्र ख़तरे में पड़ जायेगा। हैरत की बात तो यह थी एन.सी.पी.आर.आई. से जुड़े तमाम सामाजिक कार्यकर्ता भी खुल कर जनलोकपाल को दानव बताने लगे। एन.सी.पी.आर.आई. के प्रमुख साथियों ने एक महीने में जनलोकपाल के ख़िलाफ़ 21 लेख लिखे। लेकिन जनता ने मुद्दे को समझा और साथ दिया। अन्ना की लोकप्रियता

और जनलोकपाल के प्रति लोगों की समझ का ग्राफ़ लगातार बढ़ता गया।

ड्राफ़्टिंग कमेटी की बैठकों में शामिल होने के साथ-साथ अन्ना ने देश के अलग-अलग हिस्सों में आन्दोलन को मज़बूत बनाने पर भी ध्यान दिया। उन्होंने देशव्यापी दौरों की शुरुआत उत्तर प्रदेश के बनारस नगर से होनी थी, लेकिन तबीयत ख़राब होने के चलते जनता को उन्हें फ़ोन से सुन कर ही काम चलाना पड़ा। इसके बाद अन्ना ने गुवाहाटी से दौरों की शुरुआत की। अहमदाबाद और बैंगलोर में भी ज़बरदस्त जनसभाएँ हुईं। इस दौरान अलग-अलग शहरों में अन्ना के अनशन के दौरान भूमिका निभाने वाले लोगों के बीच आपस में टकराव भी सामने आया। अन्ना के आन्दोलन का असली प्रतिनिधि कौन है, इसे लेकर कई शहरों में मतभेद इतना बढ़ा कि मीडिया में भी ख़बरें छपने लगीं।

इन सबके बीच कई बार यह सवाल उठाया गया कि जन्तर-मन्तर के आन्दोलन के बाद क्या अन्ना के आन्दोलन की विश्वसनीयता उतनी बनी रह गयी है कि लोग फिर से अन्ना के बुलाने पर एकजुट हो सकेंगे। लोगों ने हमें तरह-तरह से समझाने की कोशिश की कि अप्रैल में मीडिया क्रिकेट वर्ल्ड कप की जीत के जश्न की कवरेज से उबरने की कोशिश में था, अबकी बार मीडिया का इतना साथ नहीं मिलेगा। यह भी कहा गया कि जनता बार-बार इकट्ठा नहीं होती। लेकिन इस सबके बावजूद आन्दोलन से जुड़े हम सभी साथियों को एहसास था कि हमसे एक चीज़ कोई नहीं छीन सकता और वह है हमारी अपनी ईमानदारी। जिस ईमानदारी के साथ हम सब इस क़ानून को बनवाने के प्रयास में लगे हैं, उसमें निष्ठा और निस्वार्थता की भावना ही हमें हमारी सबसे बड़ी ताक़त लगती थी। इस ताक़त के बल पर लोकपाल बिल के सरकारी ड्राफ़्ट को चुनौती दी गयी। ड्राफ़्टिंग समिति में मन्त्रियों के रवैये को जनता के साथ धोखा के रूप में देखा गया और आगे की रणनीति बनी। अन्ना ने ऐलान किया कि 16 अगस्त से वे जन्तर-मन्तर पर अपना अनशन पुनः शुरू करेंगे।

16 अगस्त की तैयारी में पुलिस ने जन्तर-मन्तर पर बैठने की इजाज़त देने से साफ़ मना कर दिया। उनका तर्क था कि संसद सत्र के दौरान इस तरह के बड़े प्रदर्शन के लायक़ जन्तर-मन्तर की क्षमता नहीं है। हमने उनसे जन्तर-मन्तर की जगह वैकल्पिक जगह की माँग की तो उन्होंने पहले आईटीओ स्थित जे.पी. पार्क को देने की बात कही, लेकिन 22 ऐसी शर्तें लगा दीं जिनमें से कुछ तो तानाशाही क़िस्म की थीं। आन्दोलनकारियों ने एक स्वर से ऐसी शर्तों को मानने से मना कर दिया। इस पर सरकार ने दिल्ली पुलिस के हवाले अनशन की जगह देने से ही मना कर दिया और पूरे इलाक़े में धारा 144 लगा दी गयी। सवाल उठा कि क्या अब हमारे लोकतन्त्र में असहमति के लिए कोई जगह नहीं बची है। अगर नहीं बची है तो फिर अन्ना ने ऐलान किया कि वे धारा 144 तोड़ेंगे, भले इसके लिए उन्हें जेल जाना पड़े। अन्ना के तेवरों ने पूरे देश को हिला झकझोर कर रख दिया। पूरे देश में अन्ना के समर्थन की लहर रोज़ाना तेज़ होती जा रही थी। इस लहर को तोड़ने के इरादे से कांग्रेस ने एक ऐसा वार किया जो ख़ुद उसी पर भारी पड़ गया। 14 अगस्त को कांग्रेस प्रवक्ता मनीष तिवारी ने एक प्रेस कॉन्फ़रेन्स में अन्ना के ख़िलाफ़ उठे कुछ पुराने मामलों को तोड़-मरोड़ कर पेश किया। इस प्रेस कांफ्रेंस में मनीष तिवारी ने बड़े ही अहंकार-भरे अन्दाज़ में कहा, "अरे किशन बाबू राव ऊर्फ़ अन्ना हज़ारे! तुम तो स्वयं ऊपर से नीचे तक भ्रष्टाचार में व्यस्त हो, तुम किस मुँह से भ्रष्टाचार के ख़िलाफ़ लड़ने की बात करते हो।" मनीष तिवारी के इस बयान ने आग में घी का काम किया। अन्ना हज़ारे को "तुम" कहना पूरे देश को नागवार गुज़रा। इसे सत्ता के अहंकार का चरम माना गया। मीडिया से लेकर जनचर्चा तक में इसकी खुले-आम भर्त्सना की गयी।

अन्ना का अनशन ऐतिहासिक बनने जा रहा था—इसका एहसास सबको था। 15 अगस्त की सुबह लाल क़िले पर पहुँचे नेताओं और मीडियाकर्मियों में प्रधानमन्त्री के भाषण की जगह अन्ना के अनशन की

ही चिन्ता थी। एक प्रत्यक्षदर्शी सांसद के मुताबिक़ कपिल सिब्बल ने अपने एक साथी के सवाल पूछने पर बड़े ही गर्व-भरे अन्दाज़ में कहा था "चिन्ता मत करो, हम एक हफ़्ते के लिए उन्हें तिहाड़ में रख देंगे।" दरअसल! कांग्रेस में कोई ऐसा व्यक्ति ही नहीं बचा था जो इस समस्या के राजनैतिक हल की ओर ध्यान देता दिख रहा हो। वातानूकूलित कमरों में बैठने वाले वकील राजनैतिक समाधान पर सोच नहीं सकते थे।

15 अगस्त को दोपहर बाद 4 बजे अन्ना अचानक चुपचाप राजघाट पहुँच गये। गाँधी समाधि को नमन कर पास की घास पर शान्त बैठे अन्ना ने देश को हिला कर रख दिया। एक घण्टे के अन्दर राजघाट के अन्दर हर तरफ़ भीड़-ही-भीड़ थी। अन्ना आँख बन्द किये मौन, ध्यानमग्न बैठे थे। ऐसा लग रहा था कि जैसे हर कोई अन्ना के साथ शान्त बैठ कर एक बड़े आन्दोलन से गुज़र रहा है। सरकारी अधिकारी और पुलिस में हड़कम्प मचा हुआ था। सवाल उठ रहा था कि क्या अन्ना ने अपना अनशन शुरू कर दिया है? क्या अन्ना अनशन पर बैठ गये हैं? क्या अन्ना राजघाट से उठेंगे? यहाँ से कहाँ जायेंगे? कहीं यहीं से सीधे जे.पी. पार्क में धारा 144 तोड़ने तो नहीं निकल जायेंगे? इस सवाल ने कुछ घण्टे के लिए पुलिस प्रशासन से जुड़े हर व्यक्ति की नींद उड़ा दी थी।

क़रीब तीन घण्टे शान्ति से मौन बैठे रहने के बाद अन्ना पहले से निर्धारित संवाददाता सम्मेलन में गये। इसमें उन्होंने राष्ट्र के नाम लम्बा सन्देश दिया और ज़मीन से जुड़े हर मुद्दे पर सरकार की ग़लतियों को याद दिलाते हुए ऐलान किया कि अब मुद्दा सिर्फ़ लोकपाल नहीं है। इतना बड़ा आन्दोलन सिर्फ़ लोकपाल के लिए नहीं, देश के बड़े सवालों के जवाब भी इसके माध्यम से माँगे जायेंगे। लेकिन क़दम-ब-क़दम। यानी अभी लड़ाई का फ़ोकस केवल लोकपाल ही रहेगा।

15 अगस्त की रात हम सबके लिए बहुत भारी थी। तमाम तरह

की ख़बरों के बीच देर रात तक हम सब आगे की रणनीति पर चर्चा करते रहे। कहीं-न-कहीं यह भरोसा था कि लोकतन्त्र में असहमत होने के लिए कुछ तो जगह बची होगी। इसी के भरोसे लग रहा था कि शायद सरकार अनशन के लिए जगह न देने के अपने रुख़ में कुछ बदलाव करे। लेकिन जे.पी. पार्क, राजघाट आदि तमाम जगहों पर धारा 144 लगा कर सरकार ने अपने अड़ियल रुख़ का सन्देश दे रखा था। अन्ना ने सुबह 9 बजे आन्दोलन की शुरुआत करने की योजना बनाई। वे जे.पी. पार्क जा कर गिरफ़्तारी देने से पहले थोड़ी देर राजघाट पर ही बैठना चाहते थे। इसलिए तय हुआ कि सुबह 7 बजे ही राजघाट चला जाये और कुछ देर वहाँ बैठ कर उसके बाद जे.पी. पार्क जाया जाय। लेकिन 16 अगस्त की सुबह 7 बजे जैसे ही हम लोग अन्ना के साथ सुप्रीम एन्क्लेव के फ़्लैट से बाहर लिफ़्ट की ओर बढ़े, पुलिस के सीनियर अधिकारियों ने हमें बात करने के लिए अन्दर चलने का निवेदन किया। यह टीम पुलिस उपायुक्त अशोक चाँद के नेतृत्व में आयी थी और सभी अधिकारी बड़ी शालीनता से बात कर रहे थे। अन्ना ने कहा कि मैं राजघाट जाना चाहता हूँ। उन्होंने बताया कि हम आपको अपने कुछ अधिकारियों से बात कराने ले जाना चाहते हैं; उसके बाद राजघाट भी चल पड़ेंगे। मैंने पूछा कि क्या आप अन्ना को हिरासत में ले रहे हैं। उन्होंने कहा कि ऐसा ही समझिए। प्रत्युत्तर में अन्ना ने पूछा "मेरा क़सूर क्या है?" अधिकारियों ने कहा, "ऊपर से आदेश है, आप चल कर हमारे अफसरों से ही बात कर लीजिए।" बहरहाल, अन्ना के साथ अरविन्द केजरीवाल को भी हिरासत में लिया गया। अन्ना को गाड़ी में बिठा कर मैं लौट ही रहा था कि मुझे भी आई.बी. के एक सीनियर अधिकारी ने कहा कि आपको भी चलना है। उसने बताया कि आप भी हमारी हिरासत में ही रहेंगे। गिरफ़्तार करके हमें अलीपुर स्थित पुलिस मेस में ले जाया गया, जहाँ अन्ना के साथ-साथ उनके सहयोगी सुरेश पठारे, दादा पठारे, नवीन जय हिन्द, दर्शक हाथी और राधेश्याम प्रजापति को रखा गया था।

अन्ना और उनके सहयोगियों की गिरफ़्तारी की ख़बर पूरे देश में मीडिया के माध्यम से आग की तरह फैल गयी। इसी बीच हमारे साथियों ने पहले से रिकॉर्ड किया गया अन्ना का सन्देश मीडिया के माध्यम से देश तक पहुँचाया। इसमें अन्ना ने अपील की थी कि अगर मेरी गिरफ़्तारी होती है तो सब लोग आगे आ कर गिरफ़्तारी दें, लेकिन पूरा आन्दोलन शान्तिपूर्वक होना चाहिए। अन्ना के आदेश का देश भर में अक्षरशः पालन हुआ। देश के कोने-कोने में लोग गिरफ़्तारियाँ देने लगे। जेलें छोटी पड़ गयीं। दिल्ली में सरकार ने छत्रसाल स्टेडियम को जेल में तब्दील किया था, लेकिन दोपहर तक आते आते वह भी छोटा पड़ गया।

पूरे देश में गिरफ़्तारियों का सिलसिला चल रहा था और उधर दिल्ली पुलिस ने अन्ना और उनके सहयागियों को मजिस्ट्रेट के सामने प्रस्तुत किया। धारा 107 और 151 के तहत इल्जाम लगाया गया कि इनके बाहर रहने से शान्ति भंग होने की आशंका है। सभी आरोपियों ने एक स्वर में निजी मुचलके पर जमानत लेने से इनकार कर दिया। बल्कि बयान दिया कि रिहा किये जाने पर हम पुनः जे.पी. पार्क जायेंगे। मजिस्ट्रेट ने एक हफ़्ते की न्यायिक हिरासत का आदेश दिया और अन्ना सहित हम आठों साथियों को उसी तिहाड़ जेल में भेज दिया, जिसमें ए. राजा और सुरेश कलमाडी जैसे भ्रष्टाचारी बन्द थे। अन्ना के साथ मुझे, सुरेश पठारे और राधेश्याम प्रजापति को जेल नम्बर 4 में रखा गया। अरविन्द केजरीवाल, दादा पठारे, नवीन जयहिन्द और दर्शक हाथी को जेल नंबर 2 में रखा गया।

तिहाड़ जेल में एक अलग ही माहौल था। कोई खुल कर बोलने की स्थिति में नहीं था, लेकिन तमाम कर्मचारियों को अफ़सोस था कि उन्हें अन्ना जैसी शख़्सियत को जेल में डालना पड़ रहा है। लेकिन वे जेल के कर्मचारी थे और भला कर भी क्या सकते थे, लेकिन नियम-क़ायदों का पालन करते हुए, हर कोई इस कोशिश में था कि अन्ना या हममें से किसी साथी को कोई असुविधा न हो।

बहरहाल, गिरफ़्तारी के महज़ 12 घण्टे के अन्दर ही पूरी तरह साबित हो गया कि अन्ना की गिरफ़्तारी करके सरकार ने एक बड़ी भूल कर दी है। देश भर में पुलिस के हाथ-पाँव फूले हुए थे। सरकार को शायद आकलन रहा होगा कि गिरफ़्तारी के बाद तमाम समर्थक पीछे हट कर भाग जायेंगे। लेकिन शान्तिपूर्वक देर शाम तक गिरफ़्तारियों का सिलसिला चलता रहा। शाम आते-आते सरकार ने अपना फ़ैसला और सुर बदला। बिजली की गति से अन्ना और साथियों की रिहाई के काग़ज़ात तैयार हुए और तिहाड़ जेल भेज दिये गये। अन्ना को रिहाई की ख़बर सुनायी गयी तो मानो अन्ना ने अपना ब्रह्मास्त्र चल दिया। अन्ना ने पूछा कि "अब आप छोड़ना चाहते हैं तो यह तो बतायें कि आप मुझे यहाँ जिस जुर्म में लाये थे, वह ख़त्म कैसे हो गया?" जेल अधिकारियों के पास इन सवालों के जवाब नहीं थे। उन्होंने मामला दिल्ली पुलिस पर टालने की ग़रज़ से किसी तरह अन्ना को जेल की बैरक से बाहर निकाला। इसके लिए अन्ना के सामने बहाना रखा गया कि आप बाहर चल कर अधिकारियों से मिल लीजिए, उसके बाद जो तय होगा, हम मानेंगे। रिहाई के काग़ज़ों पर दस्तख़त किये बिना ही हम अधिकारियों से मिलने के वादे पर बाहर आये तो इस बहाने का पता चला। डी.आई.जी. जेल के दफ़्तर में पुलिस के वही तमाम आला अधिकारी जमे हुए थे। बताया गया कि आप लोग जेल से बाहर आ चुके हैं, अब अन्दर नहीं जा सकते। इस पर अन्ना ने कहा कि अगर जेल के अन्दर नहीं तो मैं इस दफ़्तर से ही तब तक नहीं जाऊँगा जब तक कि जे.पी. पार्क पर लगी शर्तें हटा नहीं ली जातीं। काफ़ी देर तक मान-मनौवल चलता रहा। लेकिन कोई चारा नहीं निकला। हममें से कोई जेल से बाहर जाने को तैयार नहीं था, जबकि पुलिस और जेल के अधिकारी बार-बार इसका अनुरोध कर रहे थे। इस बीच मीडिया में तमाम तरह की अटकलें चलने से देश भर में अफ़रा-तफ़री का माहौल बन गया। तिहाड़ जेल के हर गेट पर हज़ारों-हज़ारों की संख्या में अन्ना-समर्थक जमा हो गये थे। मीडिया से बात करने के लिए तिहाड़

जेल के पी.आर.ओ. को भेजा गया। लेकिन उसने भ्रामक बयान दिया। उसने कहा कि अन्ना बिना शर्त रिहा होना चाहते हैं। जबकि हक़ीक़त में शर्तें तो अन्ना ने लगायी थीं। स्थिति को साफ़ न होते देख, अन्ना ने मुझे निर्देश दिया कि मैं जेल से बाहर जाऊँ और स्थिति को मीडिया के सामने स्पष्ट करूँ।

तब रात 10 बजे मैंने बाहर आ कर पूरी स्थिति मीडिया के माध्यम से देश के सामने रखी, लेकिन अपना अनशन मैंने जेल के गेट पर ही रखने का ऐलान किया। यह ख़बर सुनते ही तिहाड़ जेल मुख्यालय के गेट पर हज़ारों की संख्या में झुण्ड-के-झुण्ड लोग आने लगे। रात भर लोगों के आने-जाने का सिलसिला चलता रहा। उधर अन्ना, अरविन्द और बाकी साथियों ने डी.आई.जी. के कमरे में ही डेरा जमा लिया। जेल से बाहर आने के लिए अन्ना की एक ही शर्त थी - जे.पी. पार्क पर लगी रोक हटा ली जाये। तिहाड़ जेल के अधिकारियों के लिए भी शायद यह अभूतपूर्व स्थिति थी कि रिहाई का आदेश सुनने के बाद भी ये लोग जेल से बाहर जाने को तैयार नहीं हैं। अन्ना का साफ़ कहना था कि मैं आया आपकी मर्ज़ी से था लेकिन जाऊँगा अपनी मर्ज़ी से।

17 अगस्त को एक तरफ़ देश भर में प्रदर्शनों का ज़ोर बढ़ता जा रहा था। दूसरी तरफ़ तिहाड़ के हर गेट के सामने की सड़कों पर इतने लोग जमा हो चुके थे कि वहाँ किसी के चलने की जगह भी नहीं बची थी। 17 अगस्त की रात दो बजे आख़िरकार सरकार नरम पड़ी और जिस रामलीला मैदान को पहले देने से ही मना कर दिया था, उस पर सहमति बन गयी। दिल्ली पुलिस ने 15 दिन की शर्त लगा दी थी, लेकिन अन्ना ने इसमें जुड़वा दिया कि बाद में समय सीमा बढ़वायी भी जा सकती है। बारिश का समय था और रामलीला मैदान को तैयार करने में कम-से-कम एक दिन का समय लगना था। अन्ना ने ऐलान किया कि वे तिहाड़ से सीधे रामलीला मैदान ही जायेंगे। इसलिए उनके

जेल से बाहर आने के लिए लोगों को एक और दिन इन्तज़ार करना पड़ा।

युद्धस्तर पर रामलीला मैदान को तैयार किया गया। जैसे भी हो सकते थे, बारिश से बचने के इन्तज़ाम किये गये। आख़िर 19 अगस्त का वह समय भी आया जब मानो पूरा देश बाँहें पसारे अन्ना के स्वागत में तैयार खड़ा था। तिहाड़ जेल मुख्यालय के बाहर की सड़क पर दूर जहाँ तक नज़र जाती थी हर तरफ़ अन्ना के समर्थक ही नज़र आते थे। अन्ना तिहाड़ से बाहर निकले। सामने खड़ी लाखों की भीड़ का अभिवादन किया और कहा, "क्रान्ति की शुरुआत हो चुकी है, अन्ना रहे न रहे, क्रान्ति की यह मशाल जलती रहनी चाहिए।" फिर से बाहर खड़े ट्रक पर सवार हो कर रामलीला मैदान की ओर बढ़े। जुलूस में अन्ना बेताज बादशाह की तरह आगे बढ़ रहे थे। ख़राब मौसम और भारी बारिश के बाद भी अन्ना 5 किलोमीटर तक ट्रक पर खड़े हो कर इन्तज़ार में खड़ी भीड़ का हाथ हिला कर स्वागत करते रहे। यह जीवट शायद अन्ना में ही था कि चार दिन के अनशन के बाद भी वे क़रीब डेढ़ घण्टे तक ट्रक पर भीगते हुए, हाथ हिला कर लोगों का अभिवादन लेते रहे।

राजघाट पर राष्ट्रपिता को श्रद्धांजलि देते हुए आज का यह महानायक रामलीला मैदान पहुँचा जहाँ सुबह से ही भारी बारिश में भीगते लोग एक ऐतिहासिक क्षण का गवाह बनने की ऊर्जा के साथ दम साधे हुए खड़े थे। जितने लोग मैदान के अन्दर थे, उतने ही बाहर खड़े थे।

रामलीला मैदान में एक तरफ़ जनता का अटूट विश्वास था और उनके विश्वास पर खरे उतरने के लिए भूखे बैठे थे अन्ना हज़ारे। आन्दोलन जनता का आन्दोलन बन चुका था। इसी बात ने सरकार को विचलित कर दिया। संसद का मॉनसून सत्र पहले से ही चल रहा था। ज़ाहिर है, आन्दोलन की गूँज वहाँ पहुँचनी ही थी। विपक्ष ने प्रधानमन्त्री

से जवाब माँगा। प्रधानमन्त्री ने अन्ना और सरकार के बीच चल रहे टकराव को अन्ना बनाम संसद का रूप देने की कोशिश की। उन्होंने संसद में कहा, "....सरकार भी मज़बूत लोकपाल बिल चाहती है। सवाल यह है कि क़ानून संसद बनाये या सिविल सोसाइटी।" लेकिन विपक्ष ने इस सारी स्थिति के लिए सरकार को ज़िम्मेदार ठहराते हुए एक-एक करके प्रधानमन्त्री के तर्क की हवा निकाल दी। एक तरफ़ संसद में सरकार की फ़ज़ीहत हो रही थी तो रामलीला मैदान का आन्दोलन बाक़ायदा जनक्रान्ति स्थल का रूप ले रहा था। 21 अगस्त की शाम इण्डिया गेट से रामलीला मैदान तक एक रैली का आयोजन किया गया। इस रैली में जनसैलाब इस क़दर टूट कर पड़ा कि मानो देश का हर नागरिक इस ऐतिहासिक मौक़े को हाथ से न जाने के लिए कटिबद्ध हो गया हो। आक्रोश और अनुशासन का अनोखा जनसंगम इस रैली में देखने को मिला। रैली में लोगों की उपस्थिति का अन्दाज़ा इसी बात से लगाया जा सकता है कि इण्डिया गेट से रंजीत सिंह फ़्लाई ओवर होते हुए रामलीला मैदान तक सड़कों पर सिर-ही-सिर नज़र आ रहे थे। मानो फ़ैज़ दोहरा रहे हों, "कटते भी चले, कहते भी चलो, बाज़ू भी बहुत हैं, सर भी बहुत, बढ़ते भी चलो कि अब डेरे मंज़िल ही पे डाले जायेंगे।" फ़ेसबुक और ट्विटर पर रहने वाली पीढ़ी सड़कों पर उतर आयी थी।

21 अगस्त की इस ऐतिहासिक रैली ने सरकार पर दवाब और बढ़ा दिया था। इस बीच मंच से अपील की गयी कि जो सांसद जनलोकपाल बिल का समर्थन नहीं करते, उनके घरों पार जा कर शान्तिपूर्वक उनका घेराव किया जाय और उन्हें प्यार से समझाने की कोशिश की जाये। पहले ही दिन दर्जनों सांसदों का घेराव किया गया। सत्ता और विपक्ष सभी दलों के सांसदों का घेराव हुआ तो सरकार पर चौतरफ़ा दवाब बढ़ा।

अभी तक शायद इस आन्दोलन को अपनी मौत मरते देखने का इन्तज़ार कर रही सरकार ने आख़िर हाथ-पैर हिलाने शुरू किये। कुछ

कुछ बातचीत शुरू हुई। लेकिन सरकार की ओर से स्पष्ट बातचीत का सन्देश लेकर कोई व्यक्ति आगे आने को तैयार नहीं था। महाराष्ट्र के अधिकारी उमेश सारंगी, सन्त भय्यू जी महाराज आदि ने अन्ना से बातचीत तो की लेकिन सरकार की तरफ़ से उन्हें किसने भेजा, यह स्पष्ट नहीं हुआ। इसी बीच कांग्रेस सांसद सन्दीप दीक्षित की ओर से एक पहल हुई और क़ानून मन्त्री सलमान ख़ुर्शीद से होते हुए बातचीत वित्त मन्त्री प्रणब मुखर्जी तक पहुँची तो लगा कि अब बातचीत का गम्भीर दौर शुरू हुआ है। बातचीत में प्रणब मुखर्जी के साथ तीन मुद्दों को छोड़ कर जनलोकपाल के बाक़ी मुद्दों पर सहमति बनती दिखी। ये तीन मुद्दे थे सिटिज़न चार्टर का मुद्दा, निचले स्तर के अधिकारियों को लोकपाल में लाने का मुद्दा और इसी क़ानून के तहत राज्यों में लोकायुक्त का गठन। सरकार के साथ होने वाली बातचीत को तुरन्त रामलीला मैदान के मंच से आ कर ऐलान कर दिया जाता। अन्ना ने मंच से ऐलान कर दिया कि यदि इन तीन मुद्दों पर भी मॉनसून सत्र में चर्चा हो जाती है तो वे अपना अनशन तोड़ देंगे।

सरकार की दिक़्क़त यह थी कि वह सदन में लोकपाल विधेयक को प्रस्तुत कर चुकी थी और उस वक़्त इसे स्थायी समिति के पास भेजा चुका था। स्थायी समिति के सुझाव आये बिना संसद में जनलोकपाल पर चर्चा करवाना सरकार के लिए भी चुनौती था। लेकिन इस तीनों मुद्दों को लोकपाल में लाये बिना आम आदमी के लिए लोकपाल की उपयोगिता ही नहीं बनती। इसीलिए अन्ना अपनी माँग पर अड़े थे। बीच का रास्ता निकालने की ज़िम्मेदारी सरकार की थी। 26 अगस्त की सुबह कांग्रेस महासचिव राहुल गाँधी ने संसद में अपना लिखा हुआ भाषण पढ़ कर खेल की बाज़ी पलटने का दावा किया। राहुल गाँधी ने लोकपाल को चुनाव आयोग की तर्ज़ पर एक संवैधानिक संस्था बनाने का शिगूफ़ा छोड़ दिया। इस बयान के आते ही पूरी बहस दूसरी दिशा में मुड़ गयी। सदन में ख़ूब हंगामे के बाद कार्रवाई अगले दिन के लिए स्थगित कर दी गयी। इसके पहले अध्यक्ष सहित पूरा सदन अन्ना के

सम्मान में खड़े हो कर, एक स्वर से अनशन समाप्त करने की अपील कर चुका था। सरकार ने 27 अगस्त को शनिवार के दिन सदन की विशेष बैठक बुला कर इस मुद्दे पर चर्चा करवाने का ऐलान किया।

27 अगस्त का दिन वाक़ई भारतीय संसद के लिए ऐतिहासिक दिन माना जायेगा। पहली बार एक साधारण व्यक्ति की माँगों पर सदन की बैठक बुलायी गयी थी। वित्त मन्त्री प्रणब मुखर्जी ने अन्ना की तीनों शर्तों पर एक संक्षिप्त-सा वक्तव्य पढ़ कर बहस की शुरुआत करायी। लोकसभा और राज्य सभा में दिन भर जम कर बहस हुई। हवा का रुख़ देख कर कई नेताओं ने अपने पाले बदले। दोपहर तक आते-आते लगने लगा था कि सरकार कोई प्रस्ताव नहीं लाने वाली है। मंच से एक बार फिर विपक्षी पार्टियों को पूछा गया कि वे अपना रुख़ साफ़-साफ़ क्यों नहीं बताते। इसके बाद भारतीय जनता पार्टी के सहयोग से सरकार ने एक प्रस्ताव तैयार करवाया। प्रस्ताव की मूल भावना यही थी कि सिद्धान्त रूप में सदन अन्ना की तीनों माँगों से सहमत है। यह प्रस्ताव ध्वनि मत से स्वीकार कर लिया गया और इसे स्थायी समिति के पास भेज दिया गया। इस प्रस्ताव के परिणामस्वरूप प्रधानमन्त्री ने एक पत्र लिख कर अन्ना को भरोसा दिलाया और अनशन समाप्त करने की अपील की।

अगले दिन 28 अगस्त की सुबह अन्ना ने रामलीला मैदान में जमे हज़ारों समर्थकों की मौजूदगी में और मीडिया के माध्यम से देश के करोड़ों लोगों के सामने अपना अनशन समाप्त किया। यह एक अवसर था यह एहसास करने का कि लोकतन्त्र में असली मालिक जनता ही होती है। क़ानून का बनना-न बनना तो अभी भविष्य के गर्भ में था, लेकिन यह तय हो गया था कि जनता सरकार और संसद, दोनों के ऊपर है और होनी भी चाहिए।

लोकपाल के आगे का सपना

यह आन्दोलन भ्रष्टाचार के ख़िलाफ़ एक सख़्त लोकपाल क़ानून लाने

के लिए शुरू हुआ था। सिर्फ़ लोकपाल क़ानून बनाने से भ्रष्टाचार नहीं मिटेगा। लेकिन इससे भ्रष्टाचार पर अंकुश लगेगा। आज हमारे देश में भ्रष्टाचारियों को जेल भेजने, उन्हें सज़ा देने और उनसे भ्रष्टाचार की कमाई वापस वसूलने का कोई क़ानून ही नहीं है। सख़्त लोकपाल क़ानून बनेगा तो अधिकारियों और नेताओं के मन में भ्रष्टाचार करते हुए डर पैदा होगा और वे इस तरह खुले आम भ्रष्टाचार करने से डरेंगे।

भ्रष्टाचार पूरी तरह दूर करने लिए कई अन्य क़दम भी उठाने होंगे। लेकिन एक-एक करके उठाने होंगे। अन्ना के आह्वान पर अचानक पूरा देश उठ खड़ा हुआ है। नौजवान अपना समय और ऊर्जा देश के नाम लगाने करने को तैयार बैठे हैं। अन्ना के राजनैतिक, सामाजिक और आध्यात्मिक अनुभव का लाभ हम सब उठा सकें, इसके लिए अन्ना के सपनों को समझना होगा। राइट टु रिजेक्ट, राइट टु रिकॉल और ग्राम स्वराज को समझना होगा। सूचना के अधिकार से आम आदमी को एक मज़बूती मिली। लोकपाल से यह और मज़बूत होगी। इसके बाद राइट टु रिजेक्ट, राइट टु रिकॉल, ग्राम स्वराज जैसे क़ानूनों से और मज़बूती मिलेगी। चुनाव लड़ कर, जीत कर या अच्छी सरकार बना कर यह मज़बूती नहीं दी जा सकती।

स्वराज : गाँवों में ग्राम सभाओं को तथा शहरों में मोहल्ला सभाओं का राज

गाँधी जी कहते थे कि "सच्ची लोकशाही दिल्ली, मुम्बई या कोलकाता में बैठे 20 लोग नहीं चला सकते.....। वह तो नीचे से देश के सात लाख गाँवों में बैठे लोगों द्वारा चलायी जायेगी।"

हर पाँच साल पर अपना राजा चुनना और अगले पाँच साल उसके सामने गिड़गिड़ाते रहना ही लोकतन्त्र नहीं है। व्यवस्था ऐसी होनी चाहिए कि हमारे घर के आगे के नाली-खड़ंजे से लेकर, स्कूल, अस्पताल, थाना, कलेक्टर, राज्य सरकार, केन्द्र सरकार, विधान सभा, संसद आदि में जो कुछ भी हो वह जनता के प्रत्यक्ष नियन्त्रण में हो।

जनता से पूछ कर जनप्रतिनिधि और अफ़सर काम करें। जो ऐसा न करे, उसे वापस बुलाने की व्यवस्था हो।

यह बड़ा सपना है। इसमें देश की तमाम संस्थाओं को पूरी तरह लोकतान्त्रिक बनाना होगा।

इस दिशा में गाँधी, विनोबा, जयप्रकाश नारायण के चिन्तन के आधार पर ग्राम पंचायत क़ानून और नगर राज क़ानून बनाने होंगे। इस बारे में मौजूदा आन्दोलन में जुड़े साथियों की ओर से भी काफ़ी चिन्तन-मनन हुआ है और प्रस्तावित क़ानूनों का मसौदा तैयार किया गया है। (इस बारे में विस्तार से समझने के लिए अरविन्द केजरीवाल द्वारा लिखित पुस्तक "स्वराज" पढ़ें, यह पुस्तक "इण्डिया अगेंस्ट करप्शन" के कार्यालय में उपलब्ध है)

उपरोक्त के अलावा न्यायिक प्रक्रिया, पुलिस की कार्य-प्रणाली और शिक्षा-व्यवस्था में भी व्यापक सुधार करने होंगे।

क्या है अन्ना का लोकपाल?

अन्ना हज़ारे के लोकपाल क़ानून के मुताबिक़—

- लोकपाल कोई व्यक्ति नहीं, बल्कि एक पूरी संस्था का नाम होगा।
- लोकपाल केन्द्र सरकार में भ्रष्टाचार के मामले देखेगा, इसी तरह राज्यों में लोकायुक्त बनेंगे जो राज्यों में भ्रष्टाचार के मामले देखेंगे।
- इसमें दस सदस्य, एक अध्यक्ष, जाँच करने, अफ़सरों के ख़िलाफ़ ऐक्शन लेने और मुक़दमा चलाने के लिए अधिकारी और कर्मचारी होंगे। इन सबको मिला कर लोकपाल कहा जायेगा।
- सदस्यों का काम रोज़ाना मामले सुनना या जाँच आदि करना नहीं होगा, बल्कि ये लोकपाल के पूरे-के-पूरे तन्त्र के

काम-काज को सुपरवाइज़ करेंगे। दस सदस्यों में से कम-से-कम चार विधिक पृष्ठभूमि के होंगे।

— एक आम नागरिक लोकपाल या लोकायुक्त के पास भ्रष्टाचार की शिकायत कर सकेगा।

— प्रधनमन्त्री, जज, मन्त्री, से लेकर सरकार के सबसे निचले पायदान के कर्मचारी के भ्रष्टाचार, या रिश्वतख़ोरी की शिकायत लोकपाल के पास की जा सकेगी। इसी तरह मुख्यमन्त्री से लेकर गाँव के ग्राम सचिव तक के भ्रष्टाचार या रिश्वतख़ोरी की शिकायत लोकायुक्त के पास की जा सकेगी।

— जाँच का काम लोकपाल के अधिकारी करेंगे। इन्हें सरकार से जाँच शुरू करने की इजाज़त लेने की आवश्यकता नहीं होगी। लेकिन प्रधानमन्त्री, मुख्यमन्त्री, जजों या सांसदों के ख़िलाफ़ शिकायत मिलने पर लोकपाल या लोकायुक्त के कम-से-कम 7 सदस्य उस पर विचार करेंगे और अगर शिकायत में दम होगा तो उसकी जाँच के लिए अपने अधिकारियों को कहेंगे।

— लोकपाल के अधिकारी अधिकतम एक साल में जाँच पूरी करेंगे और दोषी पाये गये व्यक्तियों पर अगले एक साल में मुक़दमा चला कर उन्हें सज़ा दी जायेगी।

— भ्रष्टाचार के हर मुक़दमे की सुनवाई अधिकतम एक साल में पूरी हो सके इसके लिए जितने जजों की आवश्यकता हो, उतने जज नियुक्त कर, ट्रायल कोर्ट्स की स्थापना करना सरकार की बाध्यता होगी।

— लोकपाल संस्था के सक्षम अधिकारियों को अधिकार होगा कि वह भ्रष्ट अधिकारियों के ट्रांसफ़र, पोस्टिंग, डिमोशन या उन्हें नौकरी से निकालने के आदेश दे सकें।

— किसी व्यक्ति के भ्रष्टाचार के कारण देश को हुए आर्थिक नुक़सान की वसूली उस व्यक्ति की सम्पत्ति को बेच कर की जायेगी।

— मुक़दमे के दौरान यदि अदालत यह पाती है कि भ्रष्टाचार के कारण सरकार को नुक़सान पहुँचा है तो उसकी वसूली भ्रष्ट लोगों की सम्पत्ति आदि से की जायेगी।

— इसलिए जाँच के दौरान आरोपी व्यक्तियों की सम्पत्ति की बिक्री पर रोक लगाने का अधिकार लोकपाल के पास होगा।

— हरेक नेता, कर्मचारी और जज को, हर साल अपनी सम्पत्ति की घोषणा करनी होगी। यदि इस घोषणा से अलग किसी की कोई सम्पत्ति पायी जाती है तो मान लिया जायेगा कि यह भ्रष्टाचार से अर्जित सम्पत्ति है। ऐसी सम्पत्ति को ज़ब्त करके उस व्यक्ति पर भ्रष्टाचार का मुक़दमा चलाया जायेगा।

— किसी भ्रष्ट कर्मचारी के ख़िलाफ़ यदि लोकपाल के आदेश का पालन नहीं होता है तो लोकपाल सम्बन्धित अधिकारियों पर भी जुर्माना लगा सकेगा।

लोकपाल क़ानून बनाना व्यर्थ हो जायेगा–

— यदि केन्द्र सरकार के विभागों के लिए लोकपाल के साथ-साथ राज्य सरकारों के लिए सख़्त लोकायुक्त क़ानून बनवाने का प्रावधान भी इसी क़ानून में नहीं किया जाता। (अभी कुछ राज्यों में लोकायुक्त हैं जो बेहद कमज़ोर हैं, इसीलिए सभी राज्यों में नये सिरे से सख़्त लोकायुक्त भी बनाये जाने की ज़रूरत है)

— यदि ऊपर से नीचे तक के सरकारी कर्मचारियों के भ्रष्टाचार की जाँच और उन्हें अदालत में ले जा कर मुक़दमा चलाने

का काम लोकपाल या लोकायुक्त को नहीं दिया जाता। (सिर्फ़ ऊपर के अधिकारियों के ख़िलाफ़ जाँच करने से काम नहीं चल सकता, क्योंकि राशन, दवा, ज़मीन जैसे घोटालों में नीचे के अधिकारी और कर्मचारी अहम भूमिका निभाते हैं)

— यदि लोकपाल/लोकायुक्त को प्रधानमन्त्री/मुख्यमन्त्रियों की भूमिका की जाँच करने का अधिकार नहीं मिलता। (2जी, कॉमनवेल्थ, आदर्श, खनन जैसे बड़े-बड़े घोटालों की जाँच करते समय प्रधानमन्त्री या मुख्यमन्त्री की भूमिका के बिना जाँच हो ही नहीं सकती)

— यदि कलेक्टर, पुलिस, राशन, अस्पताल, शिक्षा, सड़क, उद्योग, पंचायत, नगर पालिका, वन विभाग, सिंचाई विभाग, लाईसेंस, पेंशन, रोडवेज़ जैसे तमाम विभागों के भ्रष्टाचार की जाँच का काम लोकायुक्त को नहीं दिया जाता।

— यदि आम जनता के सामान्य काम में रिश्वतखोरी के मामलों को भी लोकपाल के अधीन दण्डनीय नहीं बनाया जाता। इसके लिए हर कार्य के लिए समय सीमा तय कर सिटिज़न चार्टर बनाने और इसका पालन न होने पर दोषी अधिकारी को सख़्त सज़ा दिये जाने की ज़रूरत है।

— यदि लोकपाल के पास आने वाली शिकायतों की जाँच एक साल में पूरा करने और दोषियों पर अगले एक साल में मुक़दमा पूरा कर उन्हें जेल भेजने के सख़्त प्रावधान नहीं बनाये जाते।

— यदि लोकपाल के सदस्यों का चयन करने में सरकार अहम भूमिका निभाएगी तो उसमें बेईमान, नाकारा और सरकारी कृपापात्र लोग भर जायेंगे और पूरे क़ानून को सूचना के अधिकार क़ानून की तरह मज़ाक़ बना कर रख देंगे।

— यदि लोकपाल का काम-काज पारदर्शी न किया गया तो लोकपाल के अपने कर्मचारी भ्रष्ट हो सकते हैं।

— यदि सी.बी.आई. के भ्रष्टाचार-विरोधी हिस्से को लोकपाल के अधीन नहीं लाया गया तो लोकपाल जाँच किससे करायेगा? अगर लोकपाल से अलग रख कर सी.बी.आई. की जाँच कराई जाती है तो वह कभी केन्द्र सरकार के मन्त्री या अफ़सरों के ख़िलाफ़ ईमानदारी से जाँच नहीं कर सकती।

— यदि भ्रष्ट लोकपाल को हटाने की ताक़त सरकार के पास रहेगी तो लोकपाल जनता से नहीं, सरकार से डरेगा।

— यदि न्यायपालिका में भ्रष्टाचार रोकने के लिए भी तुरन्त सख़्त क़ानून नहीं बनाया जाता।

— यदि लोकपाल को भ्रष्टाचार के ख़िलाफ़ आवाज़ उठाने वालों की सुरक्षा का अधिकार नहीं दिया जाता।

— यदि क़ानून में भ्रष्टाचार के आरोपी अधिकारी को शिकायतकर्ता के ऊपर सरकारी ख़र्च पर सीधे मुक़दमा चलाने का अधिकार मिल जाता है।

— यदि भ्रष्टाचारी को आजीवन कारावास की सज़ा और भ्रष्टाचार से सरकार को हुए नुक़सान की भरपाई उसकी सम्पत्तियों से वसूलने की सज़ा का प्रावधान नहीं रखा गया।

— शिकायत ग़लत पाये जाने पर शिकायत करने वाले को मिलने वाली सज़ा भ्रष्टाचारी को मिलने वाली सज़ा से भी ज़्यादा न हो।

मनीष सिसोदिया टीम अन्ना की कोर कमेटी के सदस्य हैं, सामाजिक कार्यकर्ता हैं और आर.टी.आई. समेत कई सामाजिक मुद्दों पर काम करते आ रहे हैं।

जो सही है, बस वही करता जाता हूँ : अरविन्द केजरीवाल के साथ बातचीत

अरुणोदय : 2011 अगर देश-विदेश में आन्दोलनों के लिए याद किया जायेगा तो यह कई शब्दों के पहली बार लोकप्रिय होने और हर ज़ुबान पर छाने के लिए भी याद किया जायेगा। ऐसे ही कुछ शब्द थे 'जनलोकपाल', 'टीम अन्ना', 'मैं अन्ना हूँ।' जब आपने आन्दोलन की शुरुआत की थी तब क्या आप लोगों को आन्दोलन की ऐसी सफलता की उम्मीद थी?

अरविन्द : लोगों के अन्दर भ्रष्टाचार को लेकर इतना अधिक ग़ुस्सा भरा था इसका अन्दाज़ा हमें नहीं था।

अरुणोदय : इस आन्दोलन की शुरुआत कब और कैसे हुई? कब और किसके दिमाग़ में इस आन्दोलन का विचार फूटा और इसे अमली जामा पहनाने में किन लोगों की भूमिका रही?

अरविन्द : कॉमनवेल्थ खेलों के आयोजन के नाम पर हुए घोटालों का मिडिया में लगातार ख़ुलासा हो रहा था, लेकिन सरकार कोई कार्रवाई नहीं कर रही थी। ऐसा लग रहा था कि सरकार जनता को चुनौती दे रही हो की हम तो चोरी करते रहेंगे, तुम जो चाहो कर लो। ऐसे में मैं, किरण बेदी, स्वामी रामदेव, अन्ना जी सहित और भी कई लोगों ने मिल कर इन घोटालों की जाँच के लिए एफ़.आई.आर. दर्ज़ करानी चाही। पुलिस ने एफ़.आई.आर. दर्ज करने से मना कर दिया। यहीं से एक ऐसी जाँच एजेंसी की माँग शुरू हुई जो सरकारी

हस्तक्षेप से स्वतन्त्र हो और आम आदमी की भ्रष्टाचार की शिकायतों पर कार्रवाई करे और दोषियों को सज़ा दिलाये।

अरुणोदय : हमारे देश में सिविल सोसाइटी की तरफ़ से पब्लिक मूवमेंट शुरू करने की कोशिश कई बार की गयी है। हर दिन कोई-न-कोई समूह हाथ में प्लेकार्ड थामे इण्डिया गेट या जन्तर-मन्तर पर अपनी जायज माँगों के साथ प्रदर्शन करता है। लेकिन अन्ना के आन्दोलन में यह पहली बार हुआ कि भारी संख्या में लोग इसके समर्थन में उतर आये। आपको क्या लगता है इसका कारण क्या था?

अरविन्द : 1. भ्रष्टाचार से आम आदमी का त्रस्त होना।

2. अन्ना का व्यक्तित्व और उनके आमरण अनशन से पैदा हुई भावुक अपील।

3. पूरी टीम का एक साथ मिल कर काम करना।

4. मिडिया का इस आन्दोलन को लेकर सकारात्मक रुख़।

अरुणोदय : जनलोकपाल आन्दोलन देशव्यापी शक्ल अख़्तियार कर चुका है। इस देशव्यापी आन्दोलन के केन्द्र में होने का अनुभव कैसा रहा?

अरविन्द : आन्दोलन और इसको मिले समर्थन से ये साफ़ हो गया की आम जनता भ्रष्टाचार से त्रस्त है और जल्द-से-जल्द इससे छुटकारा चाहती है।

अरुणोदय : आप कठिन सवालों की बौछार के सामने भी अपनी सहजता बनाये रखने में कामयाब होते हैं। हालाँकि, कई बार आपके रुख़ में स्टबर्ननेस की झलक भी लोग देखते हैं। आपका इस बारे में क्या कहना है?

अरविन्द : मैं तो बस जो सही होता है उसे सामने रख देता हूँ।

अरुणोदय : आपके ऊपर आरोपों की बारिश की गयी। सबसे

ज़्यादा आहत आप किस आरोप से हुए?

अरविन्द : ग़लत आरोपों से मैं विचलित नहीं होता, बस जो सही है वो करता जाता हूँ।

अरुणोदय : आपको सरकारी तन्त्र में व्याप्त भ्रष्टाचार से लड़ने का काफ़ी अनुभव है? अपनी नौकरी के दौरान भ्रष्टाचार को किस स्तर पर आपने देखा?

अरविन्द : मौज़ूदा व्यवस्था में एक ईमानदार व्यक्ति के लिए काम करना बहुत मुश्किल है।

अरुणोदय : हम क्या कहें? इस मुहिम के लिए आपने अन्ना को चुना या अन्ना ने आपको? या मामला कुछ और था?

अरविन्द : इस मुहिम की शुरुआत सबने साथ मिल कर की।

अरुणोदय : अकसर यह कहा जाता है कि टीम अन्ना का एजेण्डा तय करने में आपकी भूमिका सबसे अहम होती है। क्या कोर कमेटी में आपके पास कोई ऐसा वीटो पॉवर है जो आप लगा देते हैं?

अरविन्द : बिल्कुल नहीं।

अरुणोदय : क्या सच नहीं है कि अन्ना आप पर काफ़ी भरोसा करते हैं और आपके कहे अनुसार टीम अन्ना की ज़्यादातर चीज़ें होती हैं? अन्ना के आन्दोलन के समय यह कई बार सुनने में आया कि आप समझौते के पक्ष में नहीं हैं? इसे क्या माना जाये? कन्विक्शन या ज़िद? या कन्विक्शन के लिए ज़िद?

अरविन्द : अन्ना जी हम सबके लिए आदरणीय हैं, और पूरी टीम पर अन्ना जी को पूरा भरोसा है। चूँकि मैं फ़ुल टाइम इसी काम में लगा हूँ, इसलिए कभी-कभी ऐसा लगता है। लेकिन हर फ़ैसला सब साथ मिल कर करते हैं। मैं तो बस उसे इम्प्लीमेंट करता हूँ।

अरुणोदय : लोकपाल बिल एक बार फिर अटक गया। बिल

को लेकर आगे क्या उम्मीद है आपको?

अरविन्द : हमें पूरी उम्मीद है की जल्द-से-जल्द सरकार एक मज़बूत बिल पास करायेगी। ये सब जनता पर निर्भर करता है, अगर जनता ने दबाव बनाया तो सरकार को एक मज़बूत लोकपाल लाना ही होगा। यह तो जनता पर निर्भर करता है की वह कितना दबाव बना पाती है।

अरुणोदय : आपको क्या लगता है, इस बिल को अटकाने में किसका हाथ है? कौन दोषी है?

अरविन्द : मेरे हिसाब से इस बिल को सरकार ने अटकाया है और इसके लिए सरकार ही दोषी है। सरकार ने राज्य सभा में वोटिंग नहीं होने दे कर यह दिखाना चाहा की वह जो चाहे करेगी। पूरा देश देख रहा था, सरकार ने किस तरह जनता को धोखा दिया। सबको धोखे में रखा गया। अगर वे बिल को लेकर इतने ही प्रतिबद्ध थे तो वोटिंग होने देते।

अरुणोदय : आप लोग फ़िलहाल लोकपाल की लड़ाई लड़ रहे हैं। क्या कभी आप लोगों ने लोकपाल से आगे की कोई रणनीति बनायी है?

अरविन्द : देखिए आख़िरी मकसद है इस देश की सरकार में आम जनता की सीधी भागीदारी। जो भी क़ानून बने या कोई बड़ा फ़ैसला लिया जाये, उसमें देश की ग्राम सभाओं से लेकर मोहल्ला सभाओं तक की राय ज़रूर ली जाये।

अरुणोदय : आज से 10 साल बाद अरविन्द केजरीवाल ख़ुद को कहाँ देखते हैं?

अरविन्द : इस बारे में कभी सोचा भी नहीं।

अरुणोदय : आपको इस पूरे लोकपाल आन्दोलन के पीछे का ब्रेन कहा जाता है। इस बिल के अलावा क्या आपने अपनी ऊर्जा किसी

और चीज़ में लगायी है?

अरविन्द : गवर्नेंस में आम जनता की भागीदारी हो, यानी स्वराज के लिए क़ानून बने।

अरुणोदय : किसी काम में जब आप असफल होते हैं, तो उससे कैसे उबरते हैं?

अरविन्द : काम सही और सभी की भलाई के लिए होना चाहिए। काम में सफलता मिले या असफलता इसका बहुत ज़्यादा प्रभाव नहीं पड़ता।

अरुणोदय : देश-विदेश के मीडिया के सवालों के चक्रव्यूह से बचने के लिए क्या कोई ख़ास तैयारी करते हैं, क्योंकि अब तक आपका कोई विवादास्पद बयान सामने नहीं आया।

अरविन्द : मैंने पहले भी कहा, जो सही और तार्किक है मैं वही करता और बोलता हूँ।

अरुणोदय : क्या इस आन्दोलन के लिए आपको तैयार करने में भ्रष्टाचार की किसी घटना का हाथ रहा जिसका सामना आपने प्रत्यक्ष तौर पर किया?

अरविन्द : जब मैं आयकर विभाग में था तो कुछ दोस्तों के साथ मिल कर 'परिवर्तन' के बैनर तले हम आम लोगों को इस बात के लिए तैयार करते थे कि वे अपना सभी जायज काम बिना घूस दिये करायें, ख़ास कर बिजली विभाग में। लोग अपना काम बिना रिश्वत दिये करा पायें इसके लिए हम उनकी क़ानूनी मदद करते थे। फिर मैं अपनी दो साल की स्टडी लीव के दौरान भी इसी विषय पर काम करता रहा कि आम जनता को कहाँ-कहाँ रिश्वत देनी पड़ती है। तब मैंने देखा की शायद ऐसा कोई सरकारी दफ़्तर नहीं जहाँ आम लोगों का काम बिना रिश्वत के होता हो।

अरुणोदय : देश के लिए आप आइकन बन चुके हैं। कैसा

लगता है? क्या लोगों की उम्मीद और आप पर दी गयी ज़िम्मेदारी से कभी डर भी लगता है?

अरविन्द : मैं बस अपना काम कर रहा हूँ।

अरुणोदय : क्या आपने सिस्टम की मुख्यधारा या यूँ कहें राजनीति में शामिल होने के बारे में सोचा है?

अरविन्द : कभी नहीं।

अरुणोदय : जैसे-जैसे आपका आन्दोलन बड़ा हुआ, बिख़राव भी देखने को मिला। क्या इसकी कोई वज़ह?

अरविन्द : मुझे तो लगता है लोग लगातार बड़ी संख्या में जुड़ते जा रहे हैं।

अरुणोदय : क्यों नहीं जितने एन.जी.ओ. हैं उनको भी लोकपाल के दायरे में लाया जाये?

अरविन्द : एन.जी.ओ. को लोकपाल के दायरे में लाने में हमें कोई ऐतराज नहीं है, लेकिन हमें समझना होगा लोकपाल प्रिवेंशन ऑफ़ करप्शन एक्ट (पी.सी.ए.) के तहत कार्रवाई करेगा। पी.सी.ए. के तहत सरकारी पैसे की चोरी को भ्रष्टाचार माना जाता है, ऐसे में अगर कोई एन.जी.ओ. सरकारी पैसे का ग़बन करता है तो उस पर अपने आप कार्रवाई होगी। लेकिन दो निजी संस्थाओं या व्यक्तियों के बीच का लेन-देन दूसरे क़ानूनों के तहत आता है। दूसरी तरफ़ सरकार 95 फ़ीसदी सरकारी कर्मचारियों और 90 फ़ीसदी नेताओं को लोकपाल के बाहर रखने की बात कर रही है। उधर देश भर के मन्दिरों, मस्जिदों, गुरुद्वारों, स्कूल, अस्पताल, क्रिकेट क्लब से लेकर रामलीला कमेटियों को इसके दायरे में रख रही है।

अरुणोदय : कुछ लोग अन्ना के आन्दोलन के कमज़ोर पड़ने की भविष्यवाणी कर रहे हैं? आपको क्या लगता है—आन्दोलन किस दिशा में जा रहा है?

अरविन्द : जब तक सख़्त लोकपाल नहीं आता आन्दोलन चलता रहेगा। अगला आन्दोलन पिछले आन्दोलनों से ज़्यादा बड़ा होगा।

अरुणोदय : यह भी कहा जाता है कि भ्रष्टाचार जैसे जटिल मसले से लड़ने के लिए जितने धैर्य की ज़रूरत है, उसका प्रदर्शन टीम अन्ना नहीं कर रही है? क्या आप लोग रातोंरात भ्रष्टाचार को मिटाने को सम्भव मानते हैं? या अन्ना के इस मत से इत्तेफ़ाक रखते हैं कि जनलोकपाल के आने से साठ फ़ीसदी भ्रष्टाचार मिट जायेगा?

अरविन्द : पिछले 42 सालों से लोकपाल का मामला संसद में अटका पड़ा है, और कितना धैर्य रखें? इस बार भी आपने देखा की क्या हुआ संसद में।

अरुणोदय : आप अपने आलोचकों और अपने समर्थकों को क्या कहना चाहेंगे?

अरविन्द : हम सभी को साथ मिल कर भ्रष्टाचार मुक्त भारत बनाना है।

मैग्सेसे पुरस्कार प्राप्त **अरविन्द केजरीवाल** अन्ना हज़ारे के प्रमुख सहयोगियों में से हैं। सरकारी तन्त्र को ज़्यादा पारदर्शी बनाने के लिए इन्होंने लम्बी लड़ाई लड़ी है।

भ्रष्टाचार, सत्ता, जनता और लोकपाल

अरुणा राय, निखिल डे

भ्रष्टाचार के बारे में एक प्राचीन भारतीय क़िस्सा है और हर भारतीय क़िस्से की तरह इसमें भी शताब्दियों का ज्ञान छिपा है। कहानी कुछ यूँ है—

किसी ज़माने में एक राजा हुआ करता था। वह अपने एक ख़ास अधिकारी के भ्रष्टाचार से आजिज़ आ चुका था। जब उस अधिकारी को सुधारने की हर कोशिश नाकाम हो गयी तब राजा को लगा कि इस अधिकारी को सबक़ सिखाना चाहिए। काफ़ी सलाह-मशविरा करने के बाद राजा ने उस अधिकारी को एक निर्जन समुद्र तट पर भेजने का फ़ैसला किया। राजा ने उसे उस तट पर समुद्र की लहरों को गिनने का हुक्म सुनाया। वह चतुर व्यक्ति काफ़ी रचनात्मक क़िस्म का था। उसने अपने दिमाग़ के घोड़े को दौड़ाया। राजा को लग रहा था कि वह भ्रष्ट अधिकारी ज़रूर अपने इस उबाऊ काम से बुरी तरह परेशान हो रहा होगा और उसे ज़रूर अपने किये का पछतावा हो रहा होगा। इस तरह से कई महीने बीत गये। राजा उस अधिकारी के हाल को जानने के लिए काफ़ी उत्सुक हो रहा था। अन्त में राजा के लिए अपनी उत्सुकता पर क़ाबू रख पाना मुश्किल हो गया और वह उसका हाल जानने के लिए गया कि आख़िर वह किस तरह परेशान हुआ है और अफ़सोस में डूबा है। लेकिन वहाँ जा कर राजा ने जो नज़ारा देखा, उस पर

यक़ीन कर पाना उसके लिए मुश्किल था। वह अधिकारी पूरी शानो-शौकत के साथ उस समुद्री तट पर बैठा हुआ पैसे गिन रहा था। राजा ने उससे आश्चर्य से पूछा कि आख़िर तुम यहाँ कैसे पैसे बना रहे हो? उस अधिकारी ने जवाब दिया कि यह बहुत आसान था। राजा का सेवक होने के नाते उसने एक यूनिफ़ार्म, एक राजचिह्न और एक सीटी ख़रीदी। उसने तट का चक्कर लगाया और लहरों की गिनती शुरू की। तभी वहाँ से एक जहाज़ गुज़रा और उसने अपनी सीटी ज़ोर से बजायी। अपने अधिकार का इस्तेमाल करते हुए उसने जहाज़ को तट पर आ कर लंगर डालने का आदेश दिया। जब जहाज़ के नाविकों ने इसका कारण पूछा तो उन्हें उसने बताया कि राजा ने उसे लहरों को गिनने का काम सौंपा है और उस जहाज़ के वहाँ से गुज़रने के कारण लहरों की गिनती का काम नामुमकिन हो गया है। जल्द ही वहाँ एक नया तन्त्र स्थापित हो गया। अब उसे अपनी सीटी के इस्तेमाल की भी ज़रूरत नहीं रह गयी। जो भी जहाज़ वहाँ से गुज़रता था वह उसके पास ख़ुद-ब-ख़ुद चला आता था और अपने जहाज़ को आगे ले जाने की आज्ञा के लिए उसके पास पैसे जमा करा देता था।

सवाल है कि क्या भ्रष्टाचार पर अंकुश लगाया जा सकता है या उसे ख़त्म किया जा सकता है? क्या हम समय के उसी मुक़ाम पर खड़े हैं जहाँ पर चाणक्य तीसरी शताब्दी में खड़े थे जब उन्होंने कहा था कि भ्रष्ट अधिकारी को पहचानना उतना ही मुश्किल है, जितना यह जानना कि क्या पानी में तैर रही मछली उस पानी को पीती है जिसमें वह तैर रही है? हम लोग एक ऐसे समय में आ गये हैं जिसमें हम न सिर्फ़ असल की लहरों को गिनते हैं, बल्कि हवा में मौजूद तरंगों को भी गिनते हैं और उनके लिए सौदा करते हैं। उनसे पैसे कमाते हैं। जिसे हम आभासी (वर्चुअल) करप्शन कहते हैं। सरकार को यह अपने आप को लाचार दिखाने का मौक़ा देता है और हम आम आदमी तो हमेशा की तरह लाचार रह ही जाते हैं।

भले ही सरकार अपने आप को पहले की ही तरह लाचार महसूस करे, लेकिन एक लोकतन्त्र में आम नागरिक पहले की तुलना में कम लाचार है। चाणक्य के समय की तुलना में आज जो सबसे बड़ा बदलाव आया है, वह यह है कि आज आम आदमी अपने अधिकारों की माँग पहले से कहीं ज़्यादा बुलन्द आवाज़ में कर रहा है। वह प्रशासन में अपनी सहभागिता और उसके चेहरे को बदलने में अपनी भूमिका को लेकर सजग हो रहा है। उसकी माँग कर रहा है। शासन में मौजूद किसी भी तरह की गड़बड़ी की देख-रेख करने के अपने अधिकार को लेकर आम आदमी का सजग होना, उसकी माँग करना, लोकतान्त्रिक शासन का अहम हिस्सा है। यह दरअसल उस अधिकार की समझ है जो हर नागरिक को बराबरी का हक़ देती है। लोकतन्त्र में इस बराबरी के हक़ की समझ की बदौलत ही आम आदमी अपने अधिकारों पर अलग-अलग तरीक़े से ज़ोर दे पा रहा है। उसकी माँग कर रहा है। ऊँच-नीच पर आधारित भारतीय समाज में भ्रष्टाचार पर कोई भी विमर्श सामाजिक संरचना के भीतर सत्ता के दुरुपयोग और उसके संस्थानीकरण की प्रवृत्ति की अवहेलना नहीं कर सकता है।

मौजूदा समय में भ्रष्टाचार पर चल रही आम बहस की जड़ की खोज क़रीब बारह साल पहले आकार लेने वाली जनता की सूचना के अधिकार (आर.टी.आई.) की मुहिम में की जा सकती है। आर.टी.आई. या सूचना के अधिकार की मुहिम न्याय और समानता के संघर्ष की पैदाइश थी। जिसमें भ्रष्टाचार सत्ता के मनमाने इस्तेमाल का पर्यायवाची था। बदलाव की इस इच्छा के केन्द्र में आम आदमी का सशक्तिकरण और शक्ति के अवैध केन्द्रीकरण को ध्वस्त करना था। जनलोकपाल की आधारशिला जिस सिद्धान्त पर रखी गयी उसका ज़ोर एक संस्था को मज़बूत करना था। इसके निर्माण की प्रक्रिया में आम आदमी के सशक्तिकरण का मसला कहीं पीछे छूट गया। इसी बिन्दु पर 'सूचना के अधिकार का राष्ट्रीय अभियान' (एन.सी.पी.आर.आई.) और 'इण्डिया अगेंस्ट करप्शन' (आई.ए.सी.) के बीच मतभेद उभर कर सामने आये।

एक ऐसे सशक्त क़ानून के निर्माण की जंग की जगह, जो आम आदमी को सत्ता के दुरुपयोग के ख़िलाफ़ लड़ने में मददगार होती, एक सशक्त लोकपाल के निर्माण पर ज़ोर को एन.सी.पी.आर.आई. और इण्डिया अगेंस्ट करप्शन के बीच भ्रष्टाचार के ख़िलाफ़ लड़ाई के तरीक़े को लेकर मतभेद का केन्द्रीय तत्व कहा जा सकता है।

सूचना का अधिकार (आर.टी.आई.) : सत्ता के असन्तुलन का इलाज

किसानों और मज़दूरों के मुद्दों पर उनके बीच काम कर रहा मज़दूर किसान शक्ति संगठन (एम.के.एस.एस.), जिसके हम सदस्य हैं, पिछले 25 साल से भ्रष्टाचार के ख़िलाफ़ लड़ाई लड़ रहा है। ग़रीब किसानों और कामगारों द्वारा पूछा जाने वाला शुरुआती सवाल दरअसल लोकतन्त्र में उनकी दावेदारी का एक हिस्सा था। आर.टी.आई. आन्दोलन का सबसे ज़्यादा ज़ोर पारदर्शिता और एक लोकतान्त्रिक प्रणाली को आम आदमी के प्रति जवाबदेह बनाने पर था। हालाँकि आर.टी.आई. की मुहिम ने गोपनीयता की संस्कृति में पारदर्शिता का समावेश करा कर एक बड़ा बदलाव लाने का काम किया है, लेकिन जवाबदेही अब भी बड़ा खोखला शब्द बना हुआ है। जवाबदेही के लिए संघर्ष अपने आप में उस तन्त्र में न्याय के लिए राजनैतिक संघर्ष है, जिसमें सरकारी कर्मचारियों की जवाबदेही सिर्फ़ अपने सीनियर्स तक यानी शासन करने वाले अभिजात वर्ग तक सीमित होती है। आर.टी.आई. ने सूचना और तथ्यों के सहारे आम आदमी का सशक्तिकरण किया है। इसने उन्हें वह कारण, वह आधार दिया है, जिसके बल पर वे कार्रवाई करने की माँग कर सकते हैं। हालाँकि जब आम आदमी ने या लोगों के समूह ने सत्ता के ऊपर सत्य को स्थापित करने की कोशिश की है, तब कइयों को बुरे अंजाम भुगतने की धमकी भी मिली है। पूरा तन्त्र उनका विरोधी हो गया है यहाँ तक कि कई बार उन्हें इसकी क़ीमत अपनी जान गँवाने के रूप में भी चुकानी पड़ी है।

यही वह चुनौती थी जिसका सामना करने के लिए एन.सी.पी.आर.आई. ने सितम्बर 2010 में अपनी एक बैठक की। इसमें हमारे सामने जनलोकपाल का वह मसौदा था जिसके सहारे शायद एक सीमा तक जवाबदेही तय की जा सकती थी और उन लोगों के जीवन और स्वतन्त्रता को सुनिश्चित किया जा सकता था जो भ्रष्टाचार और अन्याय के ख़िलाफ़ संघर्ष में लगे हुए हैं। हमारे बीच कुछ लोगों की समझ थी कि कोई क़ानून कभी भी जादू की छड़ी की तरह काम नहीं कर सकता। हममें से कई लोग इस बात को स्वीकार कर रहे थे कि सूचना के अधिकार जैसे क़ानून ने भी एक अर्थ में आम आदमी को ज़्यादा समानतापूर्ण लोकतान्त्रिक संघर्ष कर सकने की एक ज़मीन ही उपलब्ध करायी है। यही वह वजह है जिसके कारण हमारी यह सोच बनी है कि लोकपाल अपने सर्वोत्तम स्वरूप में अधिक-से-अधिक जनता के दोस्त की ही भूमिका निभा सकता है। और अच्छे हृदय वाले तानाशाह जैसी कोई चीज़ नहीं है। ऐसा कहना आज के सन्दर्भ में एक विरोधाभासी बयान ही कहा जा सकता है।

शायद यह वक़्त है एक और प्राचीन भारतीय क़िस्से को दोहराने का। कहानी कुछ यूँ है :

> *"किसी जमाने में एक संन्यासी हुआ करता था जो एक गुफा में रहता था। संन्यासी होने के बावजूद वह अक्सर अकेलेपन से घिर जाता था। अपने इस अकेलेपन को दूर करने के लिए संन्यासी ने एक चूहे से दोस्ती कर ली। वह चूहा उसी गुफा में एक छोटे-से बिल में रहा करता था। एक दिन वह चूहा भागते हुए संन्यासी के पास आया। वह डर के मारे थरथर काँप रहा था। उसे बोलने में भी कठिनाई महसूस हो रही थी। चूहे की ऐसी हालत को देख कर चिन्तित संन्यासी ने पूछा—क्या हुआ है? चूहे ने जवाब दिया कि एक बिल्ली उसका पीछा कर रही है। संन्यासी ने अपनी सिद्धि का इस्तेमाल किया*

और चूहे को उस बिल्ली से भी ज़्यादा बड़ी बिल्ली बना दिया। बिल्ली का रूप हासिल कर वह चूहा अपने पर आक्रमण करने वाली बिल्ली के पीछे भागा। कुछ दिनों के बाद वह फिर संन्यासी के पास डर के मारे काँपते हुए लौटा। पता चला कि बाहर एक कुत्ता है जो बिल्ली का पीछा कर रहा है और उसे मार डालना चाहता है। एक बार फिर संन्यासी ने अपनी ताक़त का इस्तेमाल किया और इस तरह की समस्या को हमेशा के लिए ख़त्म कर देने के मक़सद से उसने उसे बिल्ली से बड़े ताक़तवर बाघ में बदल दिया। अब बाघ ने चारों तरफ़ देखा और संन्यासी की ओर ही बढ़ने लगा। संन्यासी को जान बचाने के लिए अपनी सारी ताक़त का इस्तेमाल करना पड़ा और आख़िरकार उसने उस बाघ बने चूहे को फिर से चूहे में ही बदल दिया और किसी तरह से अपनी जान बचायी।''

हमें यह कहानी एक ग़रीब लेकिन बुद्धिमान ग्रामीण व्यक्ति ने राजस्थान की जनावद ग्राम पंचायत में वर्ष 2001 में पंचायत के खातों पर हो रही जन सुनवाई के दौरान सुनाई थी। इस सुनवाई के नतीजे के तौर पर एक तीन बार चुने गये ताक़तवर मगर भ्रष्ट सरपंच की न सिर्फ़ क़लई खुल गयी, बल्कि उसे अपना पद भी छोड़ना पड़ा। उस ग़रीब व्यक्ति ने कहा कि इस कहानी की शिक्षा यही है कि कभी दूसरा शक्तिशाली बाघ मत बनाओ। यह कहानी शक्ति और सशक्तिकरण के प्रबन्धन के मामले में हमारे लिए एक सीख की तरह थी।

भ्रष्टाचार को परिभाषित करना

भ्रष्टाचार को आँकड़ों और पैसे के आधार पर परिभाषित करना इसे सबसे संकीर्ण तरीक़े से परिभाषित करना है। दरअसल अगर भ्रष्टाचार को इस तरह से परिभाषित किया जाये तो इस पर कभी क़ाबू नहीं पाया जा सकता। भ्रष्टाचार की परिभाषा में सरकार के भीतर और बाहर होने

वाले भ्रष्ट क्रियाकलापों और व्यवहारों के सभी आयामों को शामिल किया जाना चाहिए। इसके बाद उन क्षेत्रों की पहचान की जानी चाहिए, जिन पर तुरन्त ध्यान दिये जाने की ज़रूरत है। इस तरह का कोई भी फ़ार्मूला बनाना कि भ्रष्टाचार का मतलब सरकार और सरकार का मतलब राजनेता, इसलिए राजनैतिक दख़लन्दाज़ी से मुक्त लोकपाल का निर्माण सभी तरह के भ्रष्टाचार को समाप्त कर देगा, अपने आप में काफ़ी संकुचित और मसले का सरलीकरण करने के समान है। यह दावा करना कि लोकपाल शासन से सम्बन्धित सभी समस्याओं का वन स्टॉप सॉल्यूशन होगा, लोगों को अपनी ओर आकर्षित करने के लिहाज़ से अच्छा विज्ञापन है। अच्छा नारा है। ऐसा सुन्दर वाक्य जिसमें लोगों को अपनी ओर खींचने की ताक़त है। लेकिन यह इस तथ्य की अनदेखी करता है कि अगर आज भ्रष्टाचार इतना बड़ा मुद्दा बना है तो इसके पीछे कई-कई मोर्चों पर हो रहे संघर्षों और लोगों में दिनोंदिन बढ़ती हताशा का बड़ा हाथ है। और जैसे भ्रष्टाचार की कोई एक परिभाषा नहीं दी जा सकती, उसी तरह से इसे ख़त्म करने का भी कोई एक जादूई उपाय नहीं हो सकता। इलेक्ट्रॉनिक मीडिया के बाइट्स और प्रिंट मीडिया पर मिली सीमित जगह (हालाँकि प्रिंट मीडिया ने सीमित जगह के बावजूद विश्लेषण के लिए ज़्यादा ज़मीन उपलब्ध करायी है।) के बीच फँसा भ्रष्टाचार पर मौजूदा विमर्श अपनी मूल चिन्ताओं से कट गया है और काफ़ी मात्रा में उपदेशात्मक हो गया है। किसी विषय पर ईमानदार मतभेद को भी फूट कह कर पुकारने की प्रवृत्ति ने समझदारी से भरी गम्भीर बहस और संवाद के लिए बहुत कम जगह छोड़ी है। लोकतान्त्रिक बहस की सम्भावना को बचाये रखने को किसी भी तरह भ्रष्टाचार मुक्त भारत हासिल करने की आज़ादी से कम नहीं आँका जा सकता।

समस्याएँ और समाधान

भ्रष्टाचार काफ़ी सामान्य-सा शब्द है और इसका लोग गाहे-बगाहे इस्तेमाल

भी करते रहते हैं, लेकिन इसकी परिभाषा देने के प्रश्न पर लोगों के बीच खुली बहस छिड़ सकती है। भ्रष्टाचार को दूर करने का उपाय सुझाना तो और भी विवादित साबित हो सकता है। ज़ाहिरा तौर पर वित्तीय भ्रष्टाचार, भ्रष्टाचार का सिर्फ़ एक आयाम है। साम्प्रदायिकता, बहुसंख्यकवाद, शक्ति के इस्तेमाल और न्याय तक सबकी पहुँच में भेदभाव जैसा कि गुजरात में देखा गया और दूसरी कई स्थितियों में हमारे देश में देखी जाने वाली असमानता भी भ्रष्टाचार के अलग-अलग रूप हैं। भ्रष्टाचार के ख़िलाफ़ चलायी जा रही मौजूदा मुहिम में शक्ति की असमानता, चाहे वह कॉरपोरेट शक्ति हो या फिर जाति आधारित वर्चस्व की और उसके प्रभाव के हथियारों, हथकण्डों, जिसमें "ग़ैरराजनैतिक मीडिया" और "सिविल सोसाइटी" शामिल हैं, पर विस्तार से बहस करने की गुंजाइश काफ़ी कम है। हमारे देश में अल्पसंख्यक, दलित, महिलाएँ और ग़रीब आर्थिक भ्रष्टाचार के अलावा भी शोषण और दमन के कई दूसरे रूपों का सामना करते हैं, जिनसे उनकी ज़िन्दगी प्रभावित होती है। ग़ैर-लोकतान्त्रिक, जन-विरोधी नीतियों, क़ानूनों और कॉरपोरेट घरानों को समर्थन देने के लिए शक्ति का मनमाना प्रयोग आज के हमारे शासक वर्ग की प्रवृत्ति बन गयी है। हमारे मध्यवर्ग के एक बड़े हिस्से की राय में भ्रष्टाचार का उद्भव हमारे उस तन्त्र को चलाने वाले तरीक़े की वजह से होता है जो बिना घूस लिये एक क़दम भी नहीं चलता। इस धारणा के मुताबिक़ सरकार को मुख्य अपराधी माना जाता है, भले ही उसे एकमात्र अपराधी न माना जाये। मध्यवर्ग को 'इण्डिया अगेंस्ट करप्शन' की मुहिम में उनको प्रभावित करने वाले भ्रष्टाचार को समाप्त करने का आसान हल नज़र आया। इस मुहिम का मूल मन्त्र मज़बूत लोकपाल के रूप में एक ऐसी जादूई छड़ी का सपना दिखाना है जो सभी तरह के भ्रष्टाचार पर क़ाबू पा सकता है।

इस सपने ने शहरी भारत के अलग-अलग हिस्सों से हज़ारों लोगों को भ्रष्टाचार के ख़िलाफ़ मुहिम में सड़क पर लाने का काम किया। यह दृश्य बेहद उत्साहवर्द्धक और तसल्ली देने वाला था कि जो लोग

भ्रष्टाचार के बारे में केवल अन्तहीन बातें करते हैं, वे इसके ख़िलाफ़ सड़कों पर उतर आये। लेकिन एक बड़ा और महत्वपूर्ण बदलाव तब आता है जब कोई मुहिम अपने ही साझीदारों को चुनौती देने लगती है और आलोचना करने वालों को अपना व्यवहार बदलने को कहने लगती है। यह मुमकिन है कि छोटी-छोटी अहम बातों से दूर रहने से इस मुहिम को फ़ायदा पहुँचा हो, क्योंकि ये मुद्दे आलोचकों और विरोधियों को जन्म देते हैं और नारे को संघर्ष में बदलने का काम करते हैं। इसी कारण विरोधाभास के कई सारे पहलू उभर कर सामने आये। मसलन, इस आन्दोलन को कॉरपोरेट घरानों का काफ़ी समर्थन मिला, जबकि सच्चाई है कि कॉरपोरेट जगत को भारत में फैले भ्रष्टाचार का सबसे ज़्यादा फ़ायदा मिला है।

इसे एक बड़ी विडम्बना या विरोधाभास कह सकते हैं कि मध्यवर्ग के वैसे बहुत सारे लोग जिन्होंने भ्रष्टाचार के ख़िलाफ़ अपने ग़ुस्से का इज़हार किया, वे ख़ुद उसी भ्रष्ट तन्त्र के अभिन्न अंग हैं। वे कर चोरी, बेनामी लेन-देन आदि के ज़रिये देश में उस काले धन वाली अर्थव्यवस्था के फलने-फूलने में मदद करते हैं जो इस मुहिम के मुख्य निशाने पर था। क्या इस काले धन वाली अर्थव्यवस्था में शामिल न होना आन्दोलन में शामिल होने की ज़रूरी पूर्व शर्त थी? आर्थिक भ्रष्टाचार की संकुचित परिभाषा में भी रोज़ाना होने वाले भ्रष्टाचार की गतिविधियों का ज़िक्र किया जाना बड़े काम की चीज़ हो सकती थी और इनके ख़िलाफ़ अभियान चलाया जा सकता था। इस आन्दोलन के लिए उमड़ी मध्यवर्गीय भीड़ को देख कर एक दलित नेता की टिप्पणी ध्यान देने लायक़ है। उन्होंने कहा कि ऐसा लगता है कि घूस लेने और देने में मदद करने वाला मध्यवर्ग बग़ैर अपने आप में या अपनी जीवन शैली में रत्ती भर बदलाव किये, सड़कों पर उतर कर अपने कर्मों का प्रायश्चित कर रहा है। नव-उदारवाद के भीतर पैसा कमाना सफलता का सबसे बड़ा पैमाना बन गया है। इसने पूँजीवाद और भ्रष्टाचार के बीच के अन्तर को धुँधला कर दिया है। अब महत्वपूर्ण यह है कि आपने कितना पैसा कमाया है,

बजाय इस बात के आपने किस तरह से यह पैसा कमाया है?

यह ज़रूरी है कि भ्रष्टाचार के ख़िलाफ़ मुहिम की शुरुआत इसके छोटे-छोटे पहलुओं को परिभाषित करने के साथ की जाये। यह ज़रूर है कि अन्याय के मसले को मुहिम में शामिल करने से या उस पर बात करने से विरोध और आपसी संघर्ष और तीखे हो जायेंगे, लेकिन यह हमें बदलाव के उन ठोस हिस्सों की ओर बढ़ने में मदद भी करेगा, जिसकी सख़्त दरकार है।

सिविल सोसाइटी, मीडिया और लोकतान्त्रिक बहस

भारत में 'एक सिविल सोसाइटी' होने के दावे ने और मीडिया द्वारा सिविल सोसाइटी के इस तरह के प्रस्तुतीकरण ने, कि मानो यह एक-ध्रुवीय हो, मतान्तर के लिए जगह नहीं छोड़ी है। इस तरह की समझ कि सिविल सोसाइटी को एक घुला-मिला समूह होना चाहिए, ऐसा वातावरण बनाना जिसमें हर विरोध को विश्वासघात के तौर पर देखा जाये, यह माँग कि सभी निर्वाचित लोगों या सरकारों को दरकिनार किये बग़ैर एक स्वतन्त्र और ईमानदार व्यवस्था का निर्माण नहीं किया जा सकता है, अपने आप में एक बेहद ख़तरनाक सोच है और इसके परिणाम काफ़ी घातक हो सकते हैं। सिविल सोसाइटी कौन है? यह सवाल बार-बार कई लोगों द्वारा पूछा गया है। भारत जैसे विविधता वाले और जटिल देश में कैसे कोई एक समूह पूरे देश का प्रतिनिधित्व करने का दावा कर सकता है?

क्या जनलोकपाल बिल एक-दोषरहित और अपने आप में पूर्ण क़ानून है

जनलोकपाल बिल का प्रारूप विस्तृत आयामों वाले दूरगामी बदलावों को प्रस्तावित करता है। इस बदलाव के मूल में एक व्यापक शक्तियों वाला जनलोकपाल है। लेकिन यह महत्वाकांक्षी एजेंडा कई समस्याओं से ग्रस्त है। इसके सन्दर्भ में काफ़ी बढ़ा-चढ़ा कर वादे किये हैं। जनलोकपाल

को लेकर जो बड़ी उम्मीदें खड़ी की गयी हैं, मसलन, जनलोकपाल के आने से 60 से 70 फ़ीसदी भ्रष्टाचार समाप्त हो जायेगा, इस पर यक़ीन करने का कोई कारण नहीं है। इसके काफ़ी ख़तरनाक दूरगामी परिणाम हमारी लोकतान्त्रिक नीतियों के लिए हो सकते हैं। जब एन.सी.पी.आर.आई. ने जनलोकपाल बिल के प्रस्तावों का अध्ययन करना शुरू किया, तब हमने यह महसूस किया कि हमें इस ड्राफ़्ट को लेकर अपनी असहमति दर्ज करानी होगी और हमें लगा कि हमें अपनी तरफ़ से लोकपाल बिल का एक वैकल्पिक ड्राफ़्ट तैयार करना चाहिए।

जनता का सशक्तिकरण

'जन लोकपाल' यह शब्द ही अपने आम में भ्रम पैदा करने वाला है। इसमें 'आम आदमी' के हाथ में बहुत कम वास्तविक शक्ति दी गयी है। जनता जनलोकपाल के काम-काज की निगरानी नहीं कर सकती। लोग इस बात को पक्का करने के लिए कुछ नहीं कर सकते हैं कि कोई शिकायत अपनी तार्किक परिणति तक पहुँचे। जनलोकपाल में जन, बस एक शिकायतकर्ता है, जिसे केन्द्रीकृत-उदार नौकरशाही पर निर्भर रहना पड़ेगा।

चेक ऐण्ड बैलेंस

लोकतान्त्रिक शासन का एक अनिवार्य गुण शक्तियों का बँटवारा है ताकि कोई एक संस्था अपने अधिकारों का अपनी सीमाओं से बाहर जा कर इस्तेमाल न कर सके। जनलोकपाल को एक अच्छी नीयत से दी गयी प्रशासनिक, वित्तीय और अपने काम-काज सम्बन्धी स्वतन्त्रता के प्रावधान से ख़ुद इसकी जवाबदेही पर कुछ मौलिक सवाल उठते हैं। हमने अपने पुराने अनुभवों से सीखा है कि स्वतन्त्र संस्थाएँ ज़रूरी होती हैं, लेकिन इनकी जवाबदेही तय करना बेहद मुश्किल होता है। हमें यह महसूस हुआ कि लोकपाल को भष्टाचार की शिकायतों तक सीमित रहना चाहिए। इसके पास पर्याप्त मात्रा में कर्मचारी होने चाहिएँ और

इसके पास इतनी शक्ति होनी चाहिए कि यह भ्रष्टाचार के बड़े मामलों से स्वतः अपनी तरफ़ से निपटने में सक्षम हो। इसे बाक़ी के काम दूसरों पर छोड़ देने चाहिएँ।

जनलोकपाल बिल के प्रारूप की धारा 2.11 में कहा गया है कि लोकपाल के अधिकार क्षेत्र में सारे सार्वजनिक कर्मचारी आयेंगे। इस 'सारे' में पूरी कार्यपालिका, विधायिका और न्यायपालिका शामिल है। लोकपाल के अधिकारों के दायरे में न्यायपालिका को शामिल करना चिन्ता का कारण था। हालाँकि इसमें यही प्रावधान किया गया है कि लोकपाल किसी जज के बारे में मिली उन्हीं शिकायतों की जाँच कर पायेगा जो प्रिवेंशन ऑफ़ करप्शन ऐक्ट के दायरे में आती हैं। लेकिन न्यायिक जवाबदेही का मसला जजों के व्यक्तिगत भ्रष्टाचार से कहीं आगे जाता है और पारदर्शिता के मसले, न्यायिक नियुक्तियों और न्यायिक मानदण्ड (स्टैंडर्ड) जैसे सवालों को इसमें शामिल नहीं किया गया है। कई प्रतिष्ठित और नामी जजों की सलाह है कि न्यायिक जवाबदेही के मसले पर अलग क़ानून के सहारे साथ-ही-साथ क़दम उठाया जाये जो संविधान द्वारा सुनिशिचत की गयी न्यायपालिका की स्वतन्त्रता की भी रक्षा करेगा।

व्यावहारिकता की बात :

केन्द्र में लोकपाल और राज्यों में लोकायुक्त के महत्वाकांक्षी पद को शासन के विभिन्न अंगों में फैले भ्रष्टाचार, कुप्रशासन और उनको लेकर जनता की शिकायतों जैसी समस्याओं का निदान करने का ज़िम्मा सौंपा गया था। इससे लोकपाल पर पहाड़ जैसी उम्मीदों का बोझ तो पड़ेगा ही, हो सकता है कि इस क्रम में उसके पास हताशाओं की इतनी बड़ी गठरी जमा हो जाये कि उसका प्रबन्धन कर पाना उसके लिए मुमकिन न हो। इससे बहुत सम्भव है कि मूलभूत समस्याओं पर प्रभावशाली तरीक़े से कार्रवाई करने की उसकी क्षमता भी प्रभावित हो। जनलोकपाल पर किसी सरकारी कर्मचारी पर लगे ग़लत आचरण के आरोपों, जनता

की शिकायतों, ह्विसिल ब्लोअरों द्वारा दर्ज शिकायतों और अपने ही कर्मचारियों के ख़िलाफ़ लगे आरोपों पर कार्रवाई करने की ज़िम्मेदारी सौंपी गयी है। (धारा 8.1) जनलोकपाल की केन्द्रीकृत संरचना शासन में मौजूद कमियों को दूर करने के लिहाज़ से सही नहीं कही जा सकती हैं। इसके दायरे में शिकायत निवारण और सिटिज़न चार्टर को शामिल किये जाने से यह कामों के बोझ से दब जायेगा। शिकायतों के निपटारे का प्रभावशाली तरीक़ा उस सहभागी सामूहिक प्रक्रिया में छिपा है जो नागरिक का सशक्तिकरण करता है।

जनलोकपाल का कार्यक्षेत्र और जवाबदेहियाँ

यह बिल जनलोकपाल पर बहुत बड़ी ज़िम्मेदारियाँ डालता है। जनलोकपाल की ज़िम्मेदारियों में शामिल हैं—1. जाँच करना, 2. मुक़दमा चलाना, 3. सज़ा देना (निलम्बित करने और बर्ख़ास्त करने का अधिकार), 4. शिकायतों का निपटारा सुनिश्चित करना, 5. ह्विसिल ब्लोअरों की रक्षा करना और 6. यहाँ तक कि सिटीज़न चार्टर में संशोधन करके नयी नीतियों का निर्माण भी उसके ज़िम्मे सौंपा गया है। किसी संस्था के हिसाब से यह कुछ ज़्यादा ही भूमिका निभाने की उम्मीद करने जैसा है।

बढ़ी हुई पुलिस शक्ति

जनलोकपाल सभी जाँच निकायों को अपने दायरे में ले आयेगा। यह किसी भी क़िस्म की राजनैतिक दख़लन्दाज़ी से मुक्त रहेगा और इसमें इतनी शक्तियाँ निहित होंगी कि इसके काम-काज पर बहुत कम अंकुश होगा। जनलोकपाल ख़ुद अपने संज्ञान से जाँच शुरू कर पायेगा। (धारा 14.6) किसी के फ़ोन टैप कर पायेगा और संचार के दूसरे तरीक़ों की भी निगरानी कर पायेगा यानी उनकी सूचनाएँ भी हासिल कर पायेगा। (धारा 13-सी) उसे तलाशी लेने और ज़ब्त करने का अधिकार भी दिया गया है। (धारा 9) वह बिना किसी की अनुमति के ही किसी पर

मुक़दमा शुरू कर पायेगा। (धारा 8.6 और धारा 8.7) सुप्रीम कोर्ट के फ़ैसलों से जो स्थिति बनी है उसके अनुसार सरकार किसी फ़ोन को तभी टैप कर सकती है जब इससे आम जनता की सुरक्षा का सवाल जुड़ा हो या सार्वजनिक आपातकाल की स्थिति हो। लोकपाल को दिया गया फ़ोन टैपिंग का अधिकार इससे कहीं दूर जाता है। इसे दी गयी दूसरी शक्तियों को कार्यपालिका और न्यायपालिका के अधिकारों में अनाधिकार प्रवेश कहा जा सकता है। मसलन, किसी लाइसेंस, पट्टे या क़रार को रद्द करने की शक्ति। (धारा 8.2-डी), फर्मों को ब्लैक लिस्ट करने का अधिकार (धारा 8.2-ई) लोक सेवक की जाँच के बाद उसे पद से हटाने का अधिकार (मन्त्रियों, सांसदों और जजों को छोड़ कर), (धारा 18.8) सिटिज़न चार्टर में बदलाव का अधिकार, (धारा 21.5) किसी न्यायिक आदेश की जाँच का अधिकार अगर उसमें गड़बड़ी की शिकायत की गयी है। (धारा 17.2) और अपने आदेशों को कोर्ट को मिले अवमानना के अधिकार के सहारे मनवाने का अधिकार। (धारा 13.4)

बजट और कर्मचारी

किसी संस्था की स्वतन्त्रता और स्वयत्तता उसको मिली वित्तीय स्वतन्त्रता पर निर्भर करती है। लेकिन प्रस्तावित जनलोकपाल में इससे कहीं आगे जा कर अपने अधिकारियों की संख्या और उनकी सेवा की कैटेगरी के निर्धारण करने का अधिकार दिया गया है (धारा 23.2)। वह अपने कर्मचारियों को अपनी मर्ज़ी से विशिष्ट सेवा शर्तों (स्पेशल सर्विस कण्डिशन) और ख़ास तनख़्वाह (स्पेशल पे) पर रख सकता है। यह तनख़्वाह लोकपाल की धारा 23.3 और 23.7 में प्रस्तावित किये गये सामान्य प्रावधानों से अलग या ज़्यादा हो सकती हैं। लोकपाल को पेनल्टी लगाने का अधिकार दिया गया है। इस तरह से जमा हुआ सारा पैसा एक ''लोकपाल फण्ड'' में जमा किया जायेगा। इसी तरह से कामों के निपटारे के लिए मिले सार्वजनिक धन का दस प्रतिशत भी इस फण्ड

में जमा किया जायेगा। यह प्रावधान लोकपाल को मतलब-बेमतलब दण्ड लगाने की प्रवृत्ति के लिए रास्ता तैयार करता है। साथ ही यह सार्वजनिक धन की निगरानी करने के संसद के अधिकार का भी अतिक्रमण करता है।

एक तरह से देखा जाये तो जनलोकपाल के प्रावधान इसे स्वायत्त होने से भी आगे बढ़ कर अपने काम-काज में सम्भावित मनमानेपन की ओर ले जाते हैं। अगर इसे अपने हिसाब से ऊँचे वेतनमान तय करने का अधिकार दिया जायेगा, विशेष न्यायालयों के लिए जजों की नियुक्ति का अधिकार दिया जायेगा और इसे किसी पर लगाये गये जुर्माने आदि की राशि के अपने मन मुताबिक़ इस्तेमाल जैसी शक्ति दी जायेगी तो इसका दुरुपयोग होना मुमकिन है। जनलोकपाल के ऐसे किसी मनमानेपन से निपटने का एकमात्र उपचार संविधान में दी गयी न्यायिक पुनर्समीक्षा की ताक़त है। हालाँकि इसे जनलोकपाल के मनमानेपन पर अंकुश लगाने के हिसाब से बचाव की बहुत प्रभावशाली व्यवस्था नहीं कहा जा सकता है।

जनलोकपाल की जवाबदेही

लोकपाल या लोकायुक्त को लाखों की संख्या में सम्भावित शिकायतों और अर्ज़ियों का निपटारा करना पड़ेगा। ये अर्ज़ियाँ और शिकायतें उनके पास जाँच अधिकारियों के ताक़तवर और स्थानीय स्तर के मज़बूत तन्त्र से आयेंगी। इन अधिकारियों की वास्तविक जवाबदेही सिर्फ़ उन अफ़सरों के प्रति होगी जिनके मातहत वे काम कर रहे होंगे। जनलोकपाल के प्रावधानों के अनुसार जहाँ आज एक पुलिस थाना है वहाँ पर अब तीन थाने होंगे। एक नया लोकपाल थाना और एक लोकायुक्त थाना। यह बात कल्पना से परे है कि लोकपाल के ये अधिकारी उन लोकसेवकों की तरह भ्रष्टाचार में लिप्त होने के प्रलोभनों से कैसे बच जायेंगे जिनकी वे जाँच करेंगे। हमारे मुताबिक़ ज़मीनी स्तर पर इस तरह की व्यवस्था के कारण जनता पर एक और ज़्यादा ग़ैर-ज़िम्मेदार मनमाने सत्ताकेन्द्र के पनपने का

ख़तरा मँडरा रहा है। तो ऐसे में हमारा सुझाव क्या है? यह बात दोहरायी जानी ज़रूरी है कि एन.सी.पी.आर.आई. मौजूदा चिन्ताओं से निपटने के लिए मज़बूत क़ानूनों को लागू किये जाने की हिमायती है। एन.सी.पी.आर.आई. ने इस दृष्टि से कुछ सिद्धान्त और उपाय सुझाये हैं। हर उपाय के साथ एक ड्राफ़्ट बिल भी दिया गया जिसे कई दौर के विचार-विमर्श के बाद बनाया गया। इसी अवधि में संसद की स्टैंडिंग कमेटी के भीतर भी इन मसलों पर गम्भीर विचार-विमर्श चल रहा था। इस विचार-विमर्श का मक़सद उन प्रस्तावों को तैयार करना था जिन्हें संसद के पटल पर शीतकालीन सत्र के दौरान रखा जा सकता था। हमारी ओर से दिये गये दस सुझाव और विधायी उपाय निम्नलिखित हैं :

कुछ सिद्धान्त और सामूहिक, समवर्ती उपाय

1. कोई भी क़ानून से ऊपर नहीं हो सकता—लोकपाल को उनकी निगरानी करने में अपनी भूमिका निभानी चाहिए जो ख़ुद को हर क़ानून से ऊपर मानते हैं, साथ ही उसे वैसे लोक सेवकों को उनके काम के लिए जवाबदेह ठहराना चाहिए जो अपनी शक्ति का दुरुपयोग (चाहे यह दुरुपयोग व्यक्तिगत लाभ के लिए हो या विचारधारा के कारण) करते हैं। इसे सिद्धान्त के तौर पर शासन को बेहतर बनाना चाहिए और नागरिकों का सशक्तिकरण करना चाहिए।

2. एक नहीं कई संस्थाओं की ज़रूरत—जनलोकपाल से हमारा सबसे महत्वपूर्ण मतभेद यह है कि इसकी शक्तियाँ और इसके काम-काज एक संस्था के हिसाब से बहुत ज़्यादा हैं। साथ ही इस पर ज़रूरत से ज़्यादा बड़ी ज़िम्मेदारी डाल दी गयी है। इतनी शक्तियाँ और ज़िम्मेदारियाँ किसी एक संस्था के ऊपर नहीं लादी जानी चाहिएँ। ख़तरा सिर्फ़ यह नहीं है कि इससे लोकपाल ज़रूरत से ज़्यादा शक्तिशाली और ख़ुद में भ्रष्ट बन जायेगा जो दूसरी संस्थाओं के अधिकारों को चट कर जायेगा, बल्कि ख़तरा यह भी है कि वह ख़ुद उम्मीदों के बोझ से चरमरा जायेगा। इसलिए हमें लगता है कि देश को एक नहीं, एक से

ज़्यादा संस्थाओं और क़ानूनों की ज़रूरत है। हम चाहते हैं कि इन सारे उपायों पर एक साथ और सामूहिक तरीक़े से बहस की जाये और उन्हें पारित किया जाये।

3. लोकपाल और भ्रष्टाचार से जुड़े बड़े मामले—जनलोकपाल बिल के पाँच केन्द्रीय लक्ष्य हैं। सांसदों, उच्च नौकरशाही और प्रधानमन्त्री जैसे पदों पर होने वाले भ्रष्टाचार को रोकना, उसकी जाँच करना और उस पर कार्रवाई करना इसके लक्ष्यों में प्रमुख हैं। हमारा मानना है कि यह ज़िम्मेदारी राष्ट्रीय ऐण्टी करप्शन लोकपाल नाम के एक पृथक निकाय पर डाली जानी चाहिए। यह निकाय इस श्रेणी के लोक सेवकों और इनके साथ के सभी सह-अभियुक्तों की जाँच करने का काम करेगा। इन सह-अभियुक्तों में सरकारी तन्त्र के भीतर काम करने वाले निचले स्तर के अधिकारी, कॉरपोरेट्स, मीडिया और यहाँ तक कि एन.जी.ओ. को भी शामिल किया जायेगा। इस संस्था को पूरी तरह से स्वतन्त्रता दी जानी चाहिए, जिसके पास बिना किसी की अनुमति के जाँच करने का हक़ हो। लेकिन इसके कार्यों पर समुचित चेक ऐण्ड बैलेंस की व्यवस्था होनी चाहिए। हमारा मानना है कि लोकपाल के पास मुख्यतः भ्रष्टाचार के बड़े मामलों से निपटने की ज़िम्मेदारी होनी चाहिए। वह भ्रष्टाचार के ऐसे मामलों पर ही अपना ध्यान केन्द्रित करे जिनको उजागर करने और उनमें शामिल लोगों को सज़ा दिलाने का आम आदमी के पास कोई ज़रिया भी नहीं होता। ज़्यादातर मामलों में इस तरह के भ्रष्टाचार के मामले उच्चतम राजनैतिक स्तर पर देखे जाते हैं, जिनमें नौकरशाहों की मिली-भगत होती है। आम जनता इस तरह के भ्रष्टाचार के मामलों के लिए दोषी लोगों पर किसी प्रकार की कार्रवाई को शुरू करने के लिहाज़ से बिलकुल शक्तिहीन है, जबकि इस तरह के बड़े घोटाले भारत के आर्थिक और राजनैतिक ताने-बाने को अकल्पनीय नुक़सान पहुँचा रहे हैं।

4. निचली नौकरशाही में व्याप्त भ्रष्टाचार से निपटने के लिए एक प्रभावी प्रणाली की ज़रूरत—हमारा मानना है कि केन्द्र

सरकार के 58 लाख ग्रुप सी और डी अधिकारियों की निगरानी एक अलग स्वतन्त्र निकाय द्वारा की जानी चाहिए। हमारे विचार से ग्रुप सी और डी के अधिकारियों की संख्या इतनी ज़्यादा है कि इनसे जुड़े मामलों को देख पाना और उन पर कार्रवाई करना किसी एक संस्था के लिए असम्भव होगा। इसलिए हमने यह प्रस्ताव दिया कि लोकपाल और राज्यों में लोकायुक्त को भौगोलिक अधिकार क्षेत्र के मुताबिक़ इस श्रेणी के कर्मचारियों के मामलों में रिव्यू यानी पुनर्विचार का अधिकार होना चाहिए, जबकि इन अधिकारियों के काम-काज की देख-रेख को पुलिस के अधिकार क्षेत्र के भीतर रखना चाहिए। इसका मतलब यह हुआ कि इन अधिकारियों के भ्रष्टाचार को प्रिवेंशन ऑफ़ करप्शन एक्ट के तहत स्थानीय पुलिस स्टेशन में ही दर्ज किया जायेगा। भले ही आरोपी राज्य सरकार या केन्द्र सरकार का कर्मचारी हो। अगर एक निश्चित समय-सीमा के भीतर पुलिस मामले की जाँच नहीं करती है, तो लोकपाल (केन्द्र प्रशासित क्षेत्रों में) और लोकायुक्त (राज्यों में) द्वारा नियुक्त किये गये ज़िला स्तर के अधिकारी के पास पुलिस द्वारा की गयी जाँच की समीक्षा के साथ ही जाँच को अपने हाथ में लेने का अधिकार भी रहेगा। जाँच कितने समय के भीतर पूरी कर ली जाये और इसकी प्रक्रिया क्या हो, इस बाबत साफ़ दिशा-निर्देश की व्यवस्था होनी चाहिए। यह व्यवस्था सी.बी.आई. मैन्युअल की तर्ज़ पर की जा सकती है। इससे लोकपाल और लोकायुक्त की निगरानी के भीतर आने वाले कर्मचारियों की कुल संख्या की समस्या का भी समाधान हो सकेगा। क्योंकि ऐसा करने से निचले स्तर के कर्मचारियों के भ्रष्टाचार पर निगरानी रखने का काम 29 लोकपाल और लोकायुक्त और 33 राज्य और केन्द्र शासित प्रदेशों की पुलिस द्वारा आपस में साझा किया जायेगा। महत्वपूर्ण बात यह है कि इस काम में स्थानीयता का तत्व (एलिमेंट) शामिल रहेगा। इससे यह भी सुनिश्चित किया जा सकेगा कि भ्रष्टाचार की जाँच और उस पर कार्रवाई करने के हर मामले में संसद और विधान सभा के लिए चुने हुए सदस्यों को दरकिनार (बाइपास) नहीं किया जायेगा।

5. एक उपयुक्त और विशिष्ट शिकायत निवारण क़ानून— जनलोकपाल के जिन प्रावधानों पर सबसे ज़्यादा विवाद है, उनमें एक है यह माँग कि लोकपाल को सामान्य शिकायतों को भी सुनना चाहिए। यह एक ऐसा प्रावधान है जिसे बनाया तो जा सकता है, लेकिन चलाया नहीं जा सकता। इस मामले में एक सामान्य-सा अनुमान ही इस काम के बड़े आकार की ओर इशारा करने के लिए काफ़ी है। ऐसा शायद ही कोई घर हो जिसमें कम-से-कम एक दर्जन ऐसी शिकायतें न हों कि उसे सरकारी विभागों और प्रोजेक्ट से लोकसेवा नहीं मिली है, या उससे किया गया वादा नहीं निभाया गया है। ये शिकायतें पेंशन के न पहुँचने, राशन कार्ड मिलने में हो रही परेशानी, सड़कों पर गड्ढे के होने, एफ़.आई.आर. के दायर न होने, मुआवज़ा न मिलने आदि से जुड़ी हो सकती हैं। अब अगर इसे एक अरब घरों से गुणा कर दिया जाये तो लोकपाल के पास आने वाली इस तरह की शिकायतों की संख्या का अनुमान ख़ुद-ब-ख़ुद हो जायेगा। इतनी शिकायतों का निपटारा करना एक केन्द्रीकृत संस्था के बस की बात नहीं है। यही कारण है कि हमने एक तीन-स्तरीय, नीचे से ऊपर की ओर जाने वाले तन्त्र को प्रस्तावित किया है जो पृथक शिकायत निवारण क़ानून के तौर पर काम करेगा। इसके तहत ब्लॉक से लेकर ज़िला और राज्य स्तर तक हर सरकारी विभाग में एक शिकायत निवारण अधिकारी की नियुक्ति का प्रस्ताव है। इस क़ानून में केन्द्रीय योजनाओं के लिए ज़िला और केन्द्रीय अपील संस्था के निर्माण की बात भी की गयी है। हमारा गहरा विश्वास है कि आम लोगों की शिकायतों का निपटारा करना एक अति व्यापक और ज़मीनी स्तर पर जटिलताओं से भरा काम है, जिसका भार उठाना एक अकेले लोकपाल के बस की बात नहीं है। आम लोगों की शिकायतों का निपटारा करने की किसी भी प्रक्रिया को जड़ से ऊपर की ओर जाने वाला ही होना होगा। और इसका निर्माण भी इसी तरह से करना होगा। दूसरी ओर अगर उच्च स्तर पर होने वाले भ्रष्टाचार की ओर निगाह डालते हैं तो आपको प्रशान्त भूषण जैसे लोगों की ज़रूरत महसूस होती

है, जो यह पता लगा सकें कि किस तरह से तन्त्र के भीतर वर्चुअल या आभासी भ्रष्टाचार को अंजाम दिया जाता है। इसके लिए आपको अच्छे एकाउण्टेंट, वकीलों और वित्तीय जानकारों की ज़रूरत होती है। अगर आप यहाँ किसी एम.के.एस.एस. कार्यकर्ता को बहाल कर दें तो उसे यह पता ही नहीं चलेगा कि अन्तरराष्ट्रीय वित्त से जुड़े मसलों या हवाला घोटाला या मेमोरेंडम ऑफ़ अण्डरस्टैंडिंग से जुड़ी जटिलताओं से किस तरह निबटा जाये। इसलिए आपको अलग-अलग चीज़ों के लिए अलग-अलग उपायों और सूझ-बूझ के अलग स्तर की ज़रूरत होती है। जैसा कि हमारे गाँव में कहते हैं कि लहसुन की चटनी और खीर दोनों महत्वपूर्ण और स्वादिष्ट होते हैं लेकिन आप दोनों को आपस में मिला नहीं सकते हैं।

6. एक मज़बूत ज्यूडिशियल स्टैंडर्ड्स ऐण्ड एकाउंटिबिलिटी बिल, नैशनल ज्यूडिशियल कमीशन—मौजूदा जनलोकपाल के भीतर लोकपाल को उच्च न्यायालय में व्याप्त भ्रष्टाचार की जाँच करने और उस पर कार्रवाई करने का अधिकार दिया गया है। हमारा मानना है कि यह संविधान की उस मूल भावना के ख़िलाफ़ है जिसमें न्यायपालिका को कार्यपालिका से स्वतन्त्र रखा गया है। यह एक ख़तरनाक चक्रीय व्यवस्था को भी जन्म दे सकता है, जिसके तहत न्यायपालिका लोकपाल पर और लोकपाल न्यायपालिका के प्रति जवाबदेह होगा। इससे बहुत मुमकिन है कि दोनों संस्थाओं की ईमानदार तरीक़े से काम करने की क्षमता प्रभावित होगी। हमारा मानना है कि संसद में लम्बित ज्यूडिशियल स्टैंडर्ड्स ऐण्ड एकाउंटिबिलिटी बिल कई दोषों से भरा है और इसमें पर्याप्त संशोधन की ज़रूरत है, ताकि न्यायपालिका की स्वतन्त्रता को सुनिश्चित किया जा सके।

7. ह्विसिल ब्लोअरों की सुरक्षा करना—भारत में सूचना का अधिकार क़ानून लागू होने के साथ ही एक ऐसी स्थिति का जन्म हुआ है, जिसमें आर.टी.आई. का इस्तेमाल करने वाला हर व्यक्ति ह्विसिल ब्लोअर बन सकता है। उन लोगों के अलावा जो किसी संस्था के साथ

काम करते हैं, ऐसे सामान्य लोग भी हैं जो आर.टी.आई. का इस्तेमाल करके किसी ऑफ़िस से सूचना हासिल करते हैं और उसे सार्वजनिक करते हैं। यह उनके जीवन को ख़तरे में डालता है। यह ज़रूरी है कि ऐसे लोगों की सुरक्षा की ज़िम्मेदारी ली जाये। हमारा माानना है कि जल्द-से-जल्द एक ह्विसिल ब्लोअर प्रोटेक्शन ऐक्ट बनाया जाये जिसका इस्तेमाल एन.एच.आर.सी., महिला आयोग, अल्पसंख्यक आयोग, लोकपाल, लोकायुक्त या शिकायत निवारण कमीशन उन लोगों की सुरक्षा को सुनिश्चित करने के लिए करेगा जो इनके पास ऐसी गुहार लगायेंगे।

8. प्रिवेंशन ऑफ़ करप्शन ऐक्ट में संशोधन ताकि इसके भीतर वैसे हर समूह या व्यक्ति को शामिल किया जा सके जो किसी तरह से सरकार के साथ वास्ता रखते हैं—आप ऐसा नहीं कह सकते हैं कि उन लोगों में ही ईमानदारी या चरित्रगत दृढ़ता होती है जो सरकार के बाहर होते हैं। हम लोग कई भ्रष्ट एन.जी.ओ., यहाँ तक कि भ्रष्ट आन्दोलनों, भ्रष्ट पेशेवरों, भ्रष्ट जजों, वकीलों, न्यायविदों, शिक्षकों, प्रोफ़ेसरों, शिक्षाविदों और बेशक मीडिया और कॉरपोरेट घरानों के बारे में जानते हैं। इसलिए यह सही नहीं है कि कोई संस्था यह दावा करे कि वह दूसरे की तुलना में ज़्यादा पवित्र है। हमारा मानना है कि प्रिवेंशन ऑफ़ करप्शन ऐक्ट में ज़रूरी और उपयुक्त संशोधन किये जाने की ज़रूरत है ताकि कोई भी व्यक्ति जो सरकार के साथ किसी क़िस्म के लाइसेंस, क़रार, मेमोरेंडम ऑफ़ अंडरस्टैंडिंग आदि में शामिल होता है या दस्तख़त करता है, उसे इस ऐक्ट के अधीन लाया जाये। अगर हर जगह पर और हर स्तर पर भ्रष्टाचार है तो हमें हर स्तर पर इसे दूर करने के लिए सहयोगियों की तलाश करनी होगी। गठबन्धन बनाना होगा। ऐसा करके ही हम भ्रष्टाचार को मिटा सकेंगे। हमारा प्रयास अपने वर्तमान संस्थानों का पुनर्निर्माण करना और उन्हें सुधारना भी है, न कि सिर्फ़ एक नयी संस्था का निर्माण करना।

9. पूर्व विधायी प्रक्रियाएँ—इण्डिया अगेंस्ट करप्शन और जनलोकपाल बिल के साथ हमारे मतभेद का एक अहम बिन्दु संसदीय

और सहभागी लोकतन्त्र की व्यावहारिक समझ को लेकर है। संसद का सबसे महत्वपूर्ण कार्य अलग-अलग विरोधी दृष्टियों और विचारों के भीतर से ऐसी नीतियों का निर्माण करना है जो देश के भविष्य के लिए काम आ सकें। कभी अगर कोई समूह यह दावा करने लगे कि वह "भारत और जनता" की तरफ़ से बोल रहा है तो इसका मतलब यही निकाला जाना चाहिए कि वह ऐसी शक्तियों को हासिल करने की कोशिश कर रहा है जो उसे नहीं मिल सकतीं। अगर हमारे पास राह दिखाने वाली मज़बूत प्रणाली न हो तो यह ऐसी परम्परा को जन्म दे सकता है जो अपने स्वरूप में लगभग फ़ासीवादी हो। ऐसा न हो पाये, इसलिए यह ज़रूरी है कि संसदीय और विधायी प्रक्रिया को मज़बूत किया जाये और लोगों को विधान बनने से पहले वाली प्रक्रिया में शामिल होने का मौक़ा दिया जाये। अगर हमारी संसदीय व्यवस्था में किसी तरह की गड़बड़ी है तो हमें इसे साफ़ करना होगा। यही कारण है कि चुनाव सुधार जैसे कई दूसरे लोकतान्त्रिक उपाय काफ़ी महत्वपूर्ण हैं। इस लिहाज़ से देखें तो सूचना का अधिकार उतना ही महत्वपूर्ण है जितना कि लोकपाल। लेकिन अगर स्टैंडिंग कमेटी जैसे संस्थानों की अवहेलना की जाये, या विधेयक बनाने का मन्त्रिपरिषद का अधिकार उससे छीनने की कोशिश की जाये तो काफ़ी गम्भीर सांस्थानिक मुद्दे उभर कर सामने आते हैं। इस हिसाब से देखें तो लोकपाल बिल के निर्माण के लिए संयुक्त ड्राफ़्टिंग कमेटी का निर्माण करके सरकार ने एक परम्परा की शुरुआत की है। हालाँकि यह संयुक्त समिति संयुक्त तौर पर काम करने में नाकाम रही, लेकिन इसके गठन के कारण निकलने वाले परिणाम अभी देखे जाने बाक़ी हैं।

कल अगर तीन लाख साम्प्रदायिक कार्यकर्ता एक ऐसी संयुक्त समिति की माँग करें जो संविधान को एक धर्म पर आधारित करने की माँग को रखें, तो क्या उनके पास कोई जवाब होगा? या कोई समुदाय बड़ी संख्या में निकल कर आये और अपने लिए आरक्षण की माँग करे तो क्या उनके पास ऐसी किसी समिति का गठन कर पाना मुमकिन

होगा? ये वे सवाल हैं जो हमें अपने आप से पूछने चाहिएँ। एन.सी.पी.आर.आई. की चिन्ता ज़्यादा गम्भीर और व्यापक मसले से जुड़ी है। यह सवाल है नये क़ानून के निर्माण में आम आदमी की भागीदारी के कम होने का। क़ानून निर्माण में उसके अपनी सोच और विचार के सहारे भागीदारी करने की गुंजाइश कम हो रही है। यह ज़रूरी है कि जनता क़ानून बनने से पूर्व की प्रक्रिया को ज़्यादा समावेशी और खुला बनाने के लिए प्रयास करे। ऐसा करके ही जननीति के निर्माण में शुरुआत से लेकर संसद तक हिस्सेदारी की जा सकती है। बग़ैर कार्यपालिका या विधायिका की भूमिका को न्यून किये हुए। अगर यह प्रक्रिया पारदर्शी, समावेशी, लोगों की भागीदारी पर निर्भर होगी, तो बहुत मुमकिन है कि इसमें वक़्त लगे, लेकिन यह लोकतान्त्रिक प्रक्रिया को मज़बूत बनाने में हर तरह से मददगार होगी। लम्बे समय से की जा रही माँगों के बावजूद सरकार पूर्व विधायी प्रक्रिया को संस्थानीकृत करने को लेकर इच्छुक नहीं दिख रही है। अगर नीति के निर्माण से लेकर क़ानून बनाने तक की प्रक्रिया में पारदर्शी तरीक़े से जनता से राय ली जायेगी, तो आम जनता के पास क़ानून के बनने से पहले अपनी चिन्ताओं को दूर करवाने का ज़्यादा मौक़ा होगा। इससे किसी क़ानून पर संसद में चलने वाली बहस भी ज़्यादा समझदारी से भरी होगी, क्योंकि सांसदों को यह ज़्यादा अच्छी तरह से पता रहेगा कि जनता इस विषय पर क्या चाहती है?

10. संसद की भूमिका—आम जनता को किसी मसले पर अपनी राय देने या अपना विरोध दर्ज कराने का पूरा अधिकार है। कोई भी जनता के इस अधिकार पर यह कह कर सवाल खड़े नहीं कर सकता कि इस मसले पर संसद में बहस चल रही है और इस संसद को अन्तिम फ़ैसला लेना है। लेकिन संसद में चल रही बहस को लेकर अपना विचार प्रकट करने और उससे विरोध दर्ज कराने का जैसा अधिकार आम जनता के पास है वैसा ही और उतना ही अधिकार किसी भी व्यक्ति के पास दूसरों के विचारों के प्रति अपना विरोध दर्ज कराने

का भी है। भारत जैसे बहुलतावादी और बड़े देश में, जहाँ लगभग हर मसले पर विरोधी और अलग-अलग विचार मिलना स्वाभाविक है, संसद इन मतभेदों को दूर करने के लिहाज़ से सर्वश्रेष्ठ मंच है। इस दृष्टि से देखें तो संसद की स्टैंडिंग कमेटी की प्रक्रिया संसद में किसी मसले पर निष्पक्ष और विस्तृत विचार-विमर्श के लिहाज़ से सबसे मूल्यवान मंच है। यह एक ऐसा फ़ोरम है जिसमें संसद के बाहर से विशेषज्ञों की राय ली जाती है और उन्हें किसी प्रस्तावित क़ानून की रिपोर्ट में शामिल किया जाता है। लोकपाल पर संसद की स्टैंडिंग कमेटी ने कुछ अर्थों में प्रशंसा लायक़ काम किया है। कमेटी ने कई मसलों पर, मसलन, ह्विसिल ब्लोअर सुरक्षा, नैशनल ज्यूडिशियरी कमीशन और लोकपाल और लोकायुक्त के लिए एक क़ानून बनाने का सुझाव दिया है, जबकि इसने कुछ विवादित मसलों, जैसे सी.बी.आई., प्रधानमन्त्री और निचली नौकरशाही को लोकपाल के दायरे में लाने जैसे मसले पर विकल्प भी सुझाये हैं। अगर स्टैंडिंग कमेटी में यह बहस नहीं होती तो हम लोगों के भीतर इस बारे में समझ की बहुत कमी होती।

लोकतान्त्रिक संवाद और बहस

जब जटिल मसलों को सामान्य नारों में बदल दिया जाता है तो यह ज़्यादा लोगों को अपनी ओर आकर्षित करता है। लेकिन सवाल है कि क्या जटिलताओं को पहचाने बग़ैर बदलाव मुमकिन है? किसी मसले पर आम जनता के समर्थन को हासिल करने के लिए इस तरह के नारों और सामान्य सूत्रीकरण की अहम भूमिका होती है, लेकिन यह कई बार किसी मसले पर असली कामयाबी हासिल करने की दिशा में अवरोध भी बन जाता है। क्योंकि समस्याओं की जटिलताओं को समझे बग़ैर उनका समाधान किया जाना मुमकिन नहीं। अगर जनलोकपाल पर किसी बहस को चन्द नारों तक सीमित कर दिया जाये और सभी से इसी आधार पर अपना पक्ष स्पष्ट करने को कहा जाये तो इसे 'शासन का मज़ाक़' बनाना ही कहा जा सकता है। कितने लोगों ने जनलोकपाल ड्राफ़्ट के प्रावधानों को गम्भीरता के साथ पढ़ा है या कितने लोग ऐसे

हैं जो इस मसले पर दूसरे लोगों की राय या उसी लक्ष्य तक पहुँचने की दूसरी दृष्टियों के बारे में जानते हैं? अगर किसी से यह सवाल पूछा जाये कि क्या वे भ्रष्टाचार को मिटाना चाहते हैं और क़सूरवारों को सजा देना चाहते हैं तो स्वाभाविक है कि जवाब 'हाँ' ही होगा। लेकिन क़ानून के निर्माण से जुड़ी गहरी और जटिल समस्याओं का समाधान खोजना काफ़ी कठिन होता है।

जनलोकपाल पर अपने पक्ष को सार्वजनिक करने का फ़ैसला लोकतान्त्रिक सिद्धान्तों के प्रति अपनी प्रतिबद्धता का इज़हार है। यह फ़ैसला काफ़ी विचार-विमर्श के बाद किया गया, क्योंकि हमें लगा कि भ्रष्टाचार पर चल रही किसी भी बहस के लिए लोकतान्त्रिक उत्तरदायित्व को निभाना सबसे ज़रूरी है। हमारे द्वारा उठाये गये किसी मुद्दे पर बहस का एक हिस्सा यह भी है कि आख़िर इसका लोकतान्त्रिक प्रक्रिया और संस्थाओं पर क्या प्रभाव पड़ेगा?

एन.सी.पी.आर.आई. और एम.के.एस.एस. का यह साफ़ मानना है कि किसी क़ानून के प्रति अपना समर्थन जाहिर करने से कहीं अच्छा है कि हम हर पूर्व विधायी प्रक्रिया में पारदर्शिता लाने को अपना समर्थन दें। जन-संवाद और बहस को हर विधायी प्रक्रिया की अनिवार्य पूर्वपीठिका बनाने को अपना समर्थन दें। एक सहभागी शासन में बहुलतावाद और आपसी विचार-विमर्श सबसे महत्वपूर्ण है। एन.सी.पी.आर.आई. ने यह हमेशा से कहा है कि जनता के लिए बनने वाले किसी भी क़ानून की प्रक्रिया समावेशी और बहुलतावादी होनी चाहिए। हमारी आशा है कि मतभेद और विरोध सार्वजनिक जीवन में अपना तार्किक स्थान ग्रहण करेंगे। किसी की नीयत और चरित्र पर सन्देह करना संवाद के रास्ते को बन्द करने जैसा है। दृष्टियों में अन्तर को कपटी होने की संज्ञा देना खुली बहस को नामुमकिन बनाता है। गाँधीवादी परम्परा में साधनों और साध्य में भेद नहीं होना चाहिए। किसी प्रक्रिया की अवहेलना नहीं की जा सकती। लोगों के बीच जनमत संग्रह और टी.वी. पर बहस के बजाय, जो हमें मुर्ग़ों की लड़ाई की तरह दिखायी देते हैं, अच्छा है कि

हम इस मसले पर गम्भीर और समृद्ध बहस को प्रोत्साहित करें। आख़िरकार भ्रष्टाचार को कम करना हम सबकी सामूहिक ज़िम्मेदारी है। यह ज़िम्मेदारी न सिर्फ़ अकेले सरकार की है और न सिर्फ़ जनता की। लोकतन्त्र अपने आप में द्वैधता से भरा है और हमें इस बात की अनदेखी नहीं करनी चाहिए। भारत जैसे देश में किसी भी चीज़ की शुरुआत बहुलता से होती है। इस बात से फ़र्क़ नहीं पड़ता कि यह रास्ता कितना कठिन है और यह पूर्णता से कितना दूर है, लेकिन यही हमारे पास मौजूद एकमात्र सम्भव राजनैतिक व्यवस्था है जो हमारे आन्तरिक अन्तर्विरोध को हल कर सकती है। डॉ. अम्बेडकर ने संविधान को अंगीकार करते वक़्त चेतावनी दी थी :

> *"26 जनवरी 1950 को हमलोग एक अन्तर्विरोधों से भरी दुनिया में दाख़िल होने जा रहे हैं। जहाँ हमारे राजनैतिक जीवन में समानता होगी, वहीं सामाजिक और आर्थिक जीवन में असमानता का बोल-बाला होगा। राजनीति में हम लोग 'एक व्यक्ति, एक वोट' और 'एक वोट, एक नियम' के सिद्धान्त को तवज्जो देंगे, लेकिन हमारे सामाजिक और आर्थिक जीवन में हमारी सामाजिक और आर्थिक संरचना की विशिष्टता के कारण हम लोग 'एक व्यक्ति, एक मूल्य' के सिद्धान्त को नहीं अपना रहे होंगे। आख़िर कब तक हम लोग इतने अन्तर्विरोध-भरे जीवन को जियेंगे? आख़िर कब तक हम लोग अपने सामाजिक और आर्थिक जीवन में समानता से इनकार करते रहेंगे? अगर हम लोग इस समानता को स्वीकार करने से लम्बे समय तक मुकरते रहे तो हम अपने राजनैतिक लोकतन्त्र को ख़तरे में डाल देंगे। हमें जल्द-से-जल्द इस असमानता को दूर करने की कोशिश करनी चाहिए, नहीं तो वे लोग जो इस असमानता का सामना करते हैं, लोकतन्त्र की संरचना को ही धराशायी कर देंगे, जिसे हमने इतने श्रम के साथ बनाया है।"*

शायद लोकपाल विधेयक को पारित करते समय हमें अपने आप को यह याद दिलाना होगा कि हम लोग अभी भी एक असमानता पर आधारित समाज में रह रहे हैं जिसमें मौजूदा सत्ता संरचना को यह बख़ूबी मालूम है कि वह किसी संस्था को किस तरह अपने फ़ायदे के लिए तोड़े-मरोड़े। जैसा कि डॉ. अम्बेडकर ने चेतावनी दी थी, अगर हम लोग असमानता के आधारभूत सवाल का समाधान नहीं करते हैं, तो भ्रष्टाचार ज़्यादा ग़ुस्से को जन्म देगा जिसे शान्त करने के लिए प्रस्तावित भ्रष्टाचार विरोधी तन्त्र बहुत बौना प्रतीत होगा। हमें भ्रष्टाचार विरोधी तन्त्र के सहारे भी अपने राजनैतिक लोकतन्त्र को मज़बूत करने के लिए क़दम उठाने की कोशिश करनी चाहिए। यह समाज के सबसे निचले पायदान पर खड़े लोगों के सशक्तिकरण द्वारा ही सम्भव होगा। समाज के आख़िरी पायदान पर खड़े लोगों के प्रयासों से ही एक वास्तविक अर्थों में भ्रष्टाचार-मुक्त समाज का निर्माण सम्भव है।

हमारा आभार :

हालाँकि हम लोग अपने इस लेख की पूरी ज़िम्मेवारी लेते हैं, लेकिन हम यह बताना चाहेंगे कि यह लेख शेखर सिंह, हर्ष मन्दर, अंजलि भारद्वाज, वेंकटेश नायक, जस्टिस ए.पी. शाह, प्रशान्तो सेन, रुचि गुप्ता, रक्षिता स्वामी, अमृता जौहरी, इनायत सबीकी, नन्दिनी डे, पाणिनि आनन्द, एम.के.एस.एस. के अपने साथियों और कई दूसरे लोगों की सामूहिक सोच और उनके शब्दों पर आधारित है। हम लोग उनके आभारी हैं कि उन्होंने हमें इसके इस्तेमाल की इजाज़त दी।

अनुवाद : **अवनीश मिश्रा**

अरुणा रॉय और **निखिल डे** मज़दूर किसान शक्ति संगठन से जुड़े हुए हैं। अरुणा रॉय को सन 2000 में रैमन मैग्सेसे पुरस्कार से सम्मानित किया गया था। अरुणा रॉय एन.ए.सी. की सदस्य भी हैं। एन.सी.पी.आर.आई. ने, जिसके अरुणा और निखिल दोनों सदस्य हैं, अपना एक लोकपाल का ड्राफ़्ट बिल तैयार किया है।

बहुजन लोकपाल बिल क्यों?

डॉ. उदित राज

भ्रष्टाचार सामाजिक समस्या कहीं ज़्यादा है, बजाय कि राजनैतिक। वर्तमान में देश के लोगों का ध्यान राजनीति एवं सरकारी विभागों में भ्रष्टाचार की ओर केन्द्रित है। 2-जी स्पेक्ट्रम के घोटाले में जब सी.ए.जी. ने 1 लाख 75 हज़ार करोड़ के भ्रष्टाचार को उजागर किया तो देश के लोगों की आँखें फटी रह गयीं कि एक मन्त्री क्या इतना पैसा लूट सकता है। कॉमनवेल्थ गेम्स में 70 हज़ार करोड़ से अधिक के घोटाले की बात ने और विश्वास दिला दिया कि तमाम सारी समस्याओं की जड़ नौकरशाह एवं राजनैतिक लोगों की लूट ही है। आदर्श सोसाइटी के प्रकरण ने भी लोगों को भ्रष्टाचार के प्रति आक्रोशित कर दिया। देखना यह है कि जितने लोग इस भ्रष्टाचार के प्रति आक्रोशित हैं, क्या वास्तव में वे अपने जीवन में साफ़-सुथरे हैं? लोकपाल विधेयक संसद में 40 वर्षों से अधिक समय से लम्बित है, उसे पास न किया जाना भी आम जनता के ग़ुस्से का कारण है। भ्रष्टाचार के आन्दोलन में तमाम जनता का सहयोग मिलने का कारण यह भी है कि वे स्वयं क्यों इतनी धन-सम्पत्ति से वंचित हैं? राजनैतिक एवं नौकरशाहों की ताक़त, धन एवं सम्मान को देख कर विशेष-रूप से मध्यम वर्ग एवं व्यापारी ईर्ष्या करते हैं और बदले की भावना पैदा होती है। शतप्रतिशत व्यापारी स्वयं कर की चोरी और रिश्वत देने से चूकते नहीं। बाबा रामदेव के साथ तो ज़्यादातर व्यापारियों का जमावड़ा है।

16 अगस्त से अन्ना हज़ारे ने अपना आन्दोलन शुरू किया। मीडिया के भारी समर्थन से जनसैलाब उमड़ने लगा। ऐसा लगा कि मानो देश में एक ही आवाज़ हो और वह हो अन्ना हज़ारे की। विशेष रूप से मध्यम वर्ग भावुक हो गया और उसे एक आशा की किरण नज़र आने लगी कि अब भ्रष्टाचार से मुक्ति प्राप्त की जा सकती है। इस ग़ुस्से एवं आक्रोश के पीछे जातीय भावना भी काम कर रही थी जो देखने और सुनने में नहीं आती। आन्दोलन की रीढ़ सवर्ण मध्यम वर्ग है और उसका कारण है दलित और पिछड़े नेताओं का बढ़ता प्रतिनिधित्व। उन्हें लगता है कि ये कम पढ़े-लिखे होते हैं और आरक्षण जैसे मुद्दों की वक़ालत करने के लिए चुन कर आते हैं। आरक्षण के कारण अयोग्य एवं भ्रष्ट लोग नौकरशाही में प्रवेश कर गये हैं, जिसकी वजह से घोटाले हो रहे हैं और विकास पर भी असर पड़ रहा है, ऐसा ये मध्यमवर्गीय लोग मानते हैं। अभी तक एक भी उदाहरण ऐसा नहीं मिल पाया है कि आरक्षण से दक्षता एवं योग्यता प्रभावित हुई हो। तमिलनाडु में आरक्षण 69 प्रतिशत तक है, मगर वहाँ क़ानून-व्यवस्था लचर-पचर नहीं है, बल्कि सभी राज्यों से बेहतर स्वास्थ्य सूचकांक है।

अन्ना हज़ारे के आन्दोलन के कारण देश में ऐसा वातावरण बन गया था कि लोग कुछ और सोच भी नहीं पा रहे थे। ऐसे में हम सोचने के लिए मजबूर हो गये कि माहौल को भावनात्मक बना देने से भ्रष्टाचार तो नहीं समाप्त होने वाला है। क्या हमारे देश में कड़े क़ानूनों की कमी है? भले ही एक प्रभावशाली लोकपाल क़ानून बन जाये तो क्या गारण्टी है कि भेदभाव के आधार पर जाँच न की जाये। लोकपाल भी भ्रष्ट हो सकता है। इन हालात में हमने 24 अगस्त, 2011 को इण्डिया गेट पर रैली निकाली, जिससे हमारा पक्ष भी अस्तित्व में आया। जो मीडिया भ्रष्टाचार के विरुद्ध लड़ाई में इतना मुखर हो कर लड़ रहा था, उसी ने हमारी आवाज़ दबा दी। मगर सोशल नेटवर्किंग एवं कुछ मीडिया द्वारा हमारी रैली की बात देश में फैल ही गयी। हमने बहुजन लोकपाल बिल बनाया, जिसमें जनलोकपाल बिल, सरकारी बिल

एवं एन.सी.पी.आर.आई. आदि से अलग और कुछ ख़ास बिन्दुओं को ही उसमें रखा गया। बिल का पूरा ढाँचा बनाना आसान था, लेकिन उसी चीज़ को दोहराने की बजाय हमने उन बिन्दुओं को बहुजन लोकपाल बिल में शामिल किया जो सामाजिक न्याय से सम्बन्धित हैं।

बहुजन लोकपाल बिल ने सामाजिक भ्रष्टाचार को ज़्यादा तरजीह दी। हम जानते हैं कि बेईमानी मस्तिष्क की उपज होती है। अतः भ्रष्टाचार का स्रोत हमारी सोच में है। रामायण हो या महाभारत, सभी में धन और महिला को लेकर कहानी आगे बढ़ी है। आज की नौकरशाही एवं राजनैतिक क्षेत्र का भ्रष्टाचार हमारी सामाजिक व्यवस्था की उपज है। यह व्यवस्था हज़ारों वर्षों से चली आ रही है। पाण्डव और कौरव, दोनों जुआ खेलते हैं। जब युधिष्ठिर पक्ष सब कुछ हार जाता है तो कौरव उन्हें समझाते हैं कि पाँच गाँव लेकर अपना गुज़र-बसर करें और आगे जुआ न खेलें। फिर भी ये नहीं मानते और पत्नी को दाँव पर लगा देते हैं। जुए में जीती हुई चीज़ के साथ किस तरह का बर्ताव हो यह तो जीतने वाले पर निर्भर करता है। जब दाँव लगाने वाले ने मान-सम्मान नहीं दिया तो जीतने वाले से क्या उम्मीद? कौन ज़्यादा दोषी है, यह समझना मुश्किल नहीं है। ब्रह्मा के मुख से ब्राह्मण, भुजा से क्षत्रिय, पेट से वैश्य एवं पैर से शूद्र की उत्पत्ति मानी गयी। भले ही आज इस रूप में सामाजिक व्यवस्था न हो, लेकिन भेदभाव के आधार पर जातीय व्यवस्था टिकी है। क्या यह सच नहीं है? क्या यह बौद्धिक बेईमानी नहीं है? भौतिक भ्रष्टाचार तब तक नहीं मिट सकता जब तक कि बौद्धिक भ्रष्टाचार नहीं ख़त्म होता। इस लड़ाई को अन्ना टीम नहीं लड़ रही है। अक्सर कहा जाता है कि एक जापानी को भले ही आप गाली दे दें, वह बर्दाश्त कर जायेगा लेकिन उसके देश के ख़िलाफ़ कुछ बोलना और कहना मुश्किल है। ऐसा इसलिए कि वहाँ के लोगों की भावना देश और आम नागरिक के लिए है, न कि अपने परिवार एवं जाति के लिए ही। किसी भी व्यक्ति की भावना, रुचि, प्रतिबद्धता और प्रेम एक ही जगह ज़्यादा हो सकता है, जब इस देश

के लोगों की भावना, अपने परिवार एवं जाति से है तो समाज और देश दूसरी वरीयता पर ही होगा। ऐसे में व्यक्ति स्वार्थी एवं भ्रष्ट नहीं होगा तो क्या होगा? क्योंकि उसके लिए अपने हित की तुलना में समाज और देश का हित बाद में आता है। यही हमारे आम लोगों के मस्तिष्क की सोच है और भौतिक भ्रष्टाचार का कारण। भले बहुजन लोकपाल बिल सामाजिक दृष्टिकोण को ज़्यादा दर्शाता है, लेकिन इसका यह आशय नहीं है कि अन्ना हज़ारे द्वारा उठाये गये भ्रष्टाचार के मुद्दे से कोई असहमति या विरोध है। इसमें कोई शक नहीं है कि अधिकतर राजनैतिक एवं सरकारी कर्मचारी भ्रष्ट हैं और अपनी पूरी ज़िम्मेदारी नहीं निभाना चाहते। ये समाज से ही आते हैं। इस भ्रष्टाचार की लड़ाई में जो लोग सहयोग दे रहे हैं, अगर उन्हें नौकरशाहों एवं नेताओं की जगह पर बैठा दिया जाये तो उनमें से ज़्यादातर भ्रष्ट हो जायेंगे।

बहुजन लोकपाल बिल में मूल रूप से पिछड़ों, दलितों, आदिवासियों एवं अल्पसंख्यकों को आरक्षण देने की बात कही गयी है। सोच यह है कि लोकपाल क़ानून जब बने तो इन वर्गों का उसको लागू करने में पूरा सहयोगात्मक रवैया हो, न कि नकारात्मक। अभी से इन वर्गों में एक आशंका पैदा हो गयी है कि इस क़ानून का इस्तेमाल इन्हीं वर्ग के नेताओं एवं कर्मचारियों के विरुद्ध अधिक हो सकता है। जाति एक बड़ी सच्चाई है, जिसको नकारा नहीं जा सकता। इन्सान के जीवन में सबसे महत्वपूर्ण विवाह और परिवार होता है और तथाकथित हिन्दू समाज में शतप्रतिशत लोग जाति के भीतर ही इस सामाजिक प्रथा का निर्वाह करते हैं। जब इन्सान के व्यक्तित्व का सृजन जातीय एवं सामाजिक भावना से निर्मित हो जाता है, वह कितनी भी शिक्षा प्राप्त ले या उसमें निष्पक्षता आ जाये, कहीं-न-कहीं वह अपना रंग दिखा ही देगा। हमारी माँग को कुछ लोग ग़लत रूप से पेश कर रहे हैं कि हम लोकपाल के जातीयकरण की माँग कर रहे हैं, लेकिन ऐसा नहीं है। 120 करोड़ की आबादी में क्या 5 या 10 दलित, आदिवासी, अल्पसंख्यक एवं पिछड़े समाज से लोकपाल कमेटी में नहीं लाये जा

सकते? क्या इन वर्गों में सभी निकम्मे एवं अयोग्य ही हैं। हम चाहते हैं कि इस कमेटी में इन वर्गों की भागीदारी हो, ताकि सभी वर्गों का सहयोग क़ानून को सही रूप से लागू करके भ्रष्टाचार मिटाने में मिल सके। जिस तरह से सरकारी नौकरियों में आरक्षण है, उसी तर्ज़ पर इसमें भी आरक्षण दिया जाये।

भ्रष्टाचार के स्रोत पर बिना अंकुश लगाये इसे समाप्त नहीं किया जा सकता। जब रिश्वत देने वाले होंगे तो लेने वाले मिल ही जायेंगे। वर्तमान में उद्योग जगत के काले धन से ही राजनीति चल रही है, इसलिए इन्हें भी लोकपाल के दायरे में लाना चाहिए। स्वयंसेवी संस्थाओं एवं मीडिया को भी लोकपाल के दायरे में लाना चाहिए। भले ही मीडिया ने लोकपाल के मामले में अप्रत्याशित सहयोग दिया हो, लेकिन उसमें भी भारी भ्रष्टाचार और असत्यता है। चुनाव के दौरान बहुत-से पत्रकार उम्मीदवारों को धमका कर पैसा ऐंठते हैं, वरना उल्टा छापते हैं। तोड़-मरोड़ कर ख़बरें छापी जाती हैं। ख़बरों को चटपटी और मसालेदार बनाना और बढ़ा-चढ़ा कर छापना आम बात है। जब अन्ना हज़ारे अनशन कर रहे थे तो मीडिया कह रही थी कि पूरा देश उनके साथ है। यदि पूरा देश उनके साथ में है तो न तो अनशन करने की ज़रूरत थी, न इतने दिनों तक आन्दोलन करने की। राज्यों के चुनाव आ रहे हैं, वे जिसे चाहेंगे वह जीत जायेगा तो वहाँ लोकायुक्त विधेयक पास हो जायेगा और जब लोकसभा का चुनाव होगा तो संसद में या तो उनके लोग स्वयं जीत कर आ जायेंगे या वह जिसको वे आशीर्वाद देंगे। क्या मीडिया के द्वारा यह कहना अपने आप में भ्रष्टाचार नहीं है? असत्य या बढ़ा-चढ़ा कर कहना या बोलना भी तो भ्रष्टाचार है। दलितों के उत्थान के लिए स्पेशल कम्पोनेंट प्लान और आदिवासियों के लिए सबट्राइबल प्लान है, जिसके तहत तमाम योजनाएँ चलती हैं, लेकिन उसमें भारी भ्रष्टाचार है। इससे सिर्फ़ इनके जीवन पर ही प्रतिकूल असर नहीं पड़ रहा, बल्कि विकास पर भी। अतः इस भ्रष्टाचार को भी लोकपाल के दायरे में लाया जाना चाहिए।

अन्ना हज़ारे के आन्दोलन से ख़ास तौर पर दलित इसलिए आशंकित हैं कि कहीं यह संविधान को कमज़ोर करने का प्रयास तो नहीं है। जब लोकपाल के दायरे में प्रधानमन्त्री, न्यायपालिका, संसद के अन्दर की कार्यवाही आदि सभी आ जायेंगे तो इससे संविधान कमज़ोर तो होगा ही। अनुभव यही बताते हैं कि जहाँ राजनैतिक हस्तक्षेप नहीं है, वहाँ भी भारी भ्रष्टाचार है। उदाहरण के लिए तमाम ऑटोनोमस संस्थाएँ हैं, जैसे प्रसार भारती। सेना में भी भ्रष्टाचार है। सुप्रीम कोर्ट के 16 मुख्य न्यायाधीशों में से आठ न्यायाधीश भ्रष्ट कहे जा रहे हैं। कितनी भी निष्पक्षता लोकपाल के चुनाव में बरती जाये, फिर भी गारण्टी नहीं है कि ये भ्रष्टाचार मिटाने में सफल ही होंगे। क्या ये फ़रिश्ते होंगे? जब इन्हें सत्ता और ताक़त मिलेगी, तब जाकर पता लगेगा कि ये कितने ईमानदार हैं? फिर भी मज़बूत लोकपाल बिल बनना चाहिए, क्योंकि इससे आर्थिक भ्रष्टाचार मिटाने में सहयोग मिलेगा।

जाति-व्यवस्था अपने आप में एक भ्रष्टाचार है। इस भ्रष्टाचार से लड़ने में बहुत समय लगेगा, लेकिन अभी जो लड़ाई आर्थिक भ्रष्टाचार के ख़िलाफ़ चल रही है, वह बहुत ज़रूरी है। देश में भ्रष्टाचार के ख़िलाफ़ एक जनमानस बना है, वह बहुत अच्छी बात है। अन्ना टीम के लोगों को एक बात समझनी चाहिए कि इतने आन्दोलन के बाद सरकार क्यों नहीं झुक रही है? भारी मीडिया के समर्थन से विशेष रूप से सवर्ण मध्यम वर्ग आन्दोलन की रीढ़ बन चुका है। जहाँ भी ये आन्दोलन कर रहे हैं, भारी संख्या में लोग इकट्ठा भी हो रहे हैं। 120 करोड़ की आबादी में अगर लाख-पचास हज़ार लोग इकट्ठा भी हो जायें तो यह नहीं समझना चाहिए कि समाज का बड़ा हिस्सा इनके साथ है। कुछ माँगें बड़ी होती हैं और आन्दोलन भी कम होते हैं, फिर भी सरकार को झुकना पड़ता है, क्योंकि उनके पीछे बड़ा वोट बैंक होता है। इनके पीछे देश का बहुजन समाज नहीं के बराबर है और उन्हीं के वोट से सरकार बनती और बिगड़ती है। हमने 1997 में अनुसूचित जाति/जनजाति संगठनों का अखिल भारतीय परिसंघ बनाया। मुद्दा था

पाँच आरक्षण-विरोधी आदेशों की वापसी का, जो देश की लगभग 25 प्रतिशत आबादी से सम्बन्धित था। अनुसूचित जाति/जनजाति संगठनों के अखिल भारतीय परिसंघ के आन्दोलन की वजह से सरकार ने 81वाँ, 82वाँ एवं 85वाँ संवैधानिक संशोधन किया। अन्ना टीम को मध्यम वर्ग एवं मीडिया के समर्थन की सीमा को भी समझना चाहिए। इन्हें जनलोकपाल बिल में आरक्षण का प्रावधान रखना चाहिए, उससे बड़े तबक़े का समर्थन हासिल होता है। आरक्षण के पक्ष में बयानबाज़ी ज़रूर किया, लेकिन मन से उठाया नहीं। 24 अगस्त को जब हमने इण्डिया गेट पर रैली की तो दूसरे दिन अन्ना जी ने बिना मेरा नाम लिये कहा कि एक दलित नेता उन पर जात-पात करने का आरोप लगा रहे हैं और जब अनशन तोड़ रहे थे तो डॉ. अम्बेडकर भी याद आये और संविधान में आस्था भी व्यक्त की गयी। अगर हम 24 अगस्त को अपना कार्यक्रम न करते तो शायद अन्ना हज़ारे ऐसा न करते। उसके पहले न डॉ. अम्बेडकर याद आये थे और न ही दलित। हम उनकी टीम पर जात-पात का आरोप नहीं लगा रहे हैं, लेकिन यह सलाह दे रहे हैं कि इस देश की सामाजिक सच्चाई को जानें और समझें। बौद्धिक भ्रष्टाचार को मिटाये बिना आर्थिक भ्रष्टाचार समाप्त नहीं किया जा सकता।

डॉ. उदित राज इण्डियन जस्टिस पार्टी के राष्ट्रीय अध्यक्ष हैं, साथ ही अनुसूचित जाति/जनजाति संगठनों के अखिल भारतीय परिसंघ के राष्ट्रीय चेयरमैन भी हैं। इन्होंने अपना एक बहुजन लोकपाल बिल बनाया है।

कुछ नया सोचने का नाम है अन्ना

आशुतोष

मौसम गुनगुना था, वर्ल्ड कप जीत की ख़ुमारी थी, ख़बरों का अकाल था, और अन्ना नाम के एक शख़्स को दिल्ली में भूख हड़ताल पर बैठना था। किसी को उनका इन्तज़ार नहीं था। बात 4 अप्रैल, 2011 की थी। मेरी एडिट मीटिंग चल रही थी। मैंने पूछा, अन्ना हज़ारे दिल्ली आ रहे हैं, वह भ्रष्टाचार के मसले पर जन्तर-मन्तर पर आमरण अनशन पर बैठने वाले है, हमारी क्या योजना है? जवाब आया, "भेज देंगे किसी को। कवर कर लेंगे"। मीटिंग में किसी ने कोई उत्साह नहीं दिखाया। मुझे थोड़ी झल्लाहट हुई। मैंने थोड़े तीखेपन से कहा, "तिहत्तर साल का बुड्ढा है, अगर कुछ हो गया तो सरकार हिल जायेगी। आप लोग कृपया हल्के में न लें। फौरन दो तीन टीमें भेजे। ठीक से कवर करें।" मुझे क्या मालूम था कि अपने ये शब्द आने वाले दिनों में कभी मुझे ही लिखने पड़ेंगे। यक़ीन जानिये मुझे क़तई अन्दाज़ा नहीं था कि अन्ना के अनशन से देश में कहीं किसी तरह की हलचल होगी। उस दिन कोई ख़बर नहीं थी। ऐसे में कुछ ख़बरें जो आम तौर पर हम छोड़ दिया करते हैं वह भी कवर करनी पड़ी थीं। मैं नहीं कहता कि अन्ना की ख़बर वैसी ही कोई ख़बर थी, लेकिन अगर उस दिन कुछ दूसरी बड़ी ख़बर होती तो शायद प्रेस कॉन्फ़रेन्स से काम चल जाता।

इसके बावजूद अगले दिन किसी बड़े कवरेज की कोई योजना नहीं बनी, लेकिन जब अनशन होते ही जन्तर-मन्तर पर भीड़ जुटने

लगी और देर शाम तक लोगों का जमावड़ा बढ़ने लगा तो मुझे लगा अब ज़्यादा हल्के से लेना ठीक नहीं होगा। हमें इस ख़बर को तमीज़ से कवर करना ही होगा। पाँच अप्रैल को अन्ना हज़ारे दिल्ली में बैठे। देश के क़रीब साठ शहरों से जो ख़बरें आयीं, वह हैरतअंगेज़ थीं। ख़ास तौर पर मुम्बई में काफ़ी लोग अन्ना के समर्थन में खुल कर आये। बच्चे और बुज़ुर्ग भारी संख्या में दिखे। दूसरे शहर भी पीछे नहीं रहे। शाम होते-होते यह लगने लगा कि कहीं कुछ हो रहा है जिसे हम तब तक नहीं पकड़ पाये थे। पत्रकार जगत चौंक गया था। अगले दिन सभी चैनलों ने अपने सीनियर लोगों को जन्तर-मन्तर भेज दिया। ओ.बी. वैन लगने लगी। चैनलों पर ख़बरों की कवरेज का दायरा बढ़ने लगा। लोगों में बहस की गुंजाइश बनने लगी और छः अप्रैल की शाम तक नज़ारा बदल गया। पत्रकार तो चौंके ही, सरकार को भी चौंकना पड़ा। मिस्र के तहरीर चौक की तस्वीरें सबके ज़ेहन में घूमने लगीं। ख़ुफ़िया एजेंसियों की रिपोर्ट ने सरकार के कान खड़े कर दिये। बड़े-बड़े मन्त्री भी पत्रकारों को फ़ोन करके फ़ीडबैक लेने लगे।

सात अप्रैल की दोपहर तक सरकार ने अन्ना की टीम से सम्पर्क कर लिया। भीड़ तब तक विकराल रूप ले चुकी थी। सिर्फ़ दिल्ली, मुम्बई ही नहीं, देश के सभी कोनों से, छोटे-बड़े शहरों से, गाँव-मुहल्लों से ख़बर थी कि लोग अन्ना के समर्थन में मोर्चे निकाल रहे हैं, सड़कों पर उतर रहे हैं, प्रभात फेरियाँ हो रही है, बच्चे तक उपवास की ज़िद कर रहे हैं। वर्चुअल वर्ल्ड यानी इण्टरनेट की दुनिया में तहलका मच गया था। समर्थन की झड़ी लग गयी, बहस का नया सिलसिला शुरू हो गया। जितने समर्थक सड़क पर थे, उससे कई गुना वर्चुअल पर मोर्चा सँभाले हुए थे। किसी को मिस्र की क्रान्ति याद आ रही थी तो किसी को आज़ादी की दूसरी लड़ाई। किसी ने कहा नया महात्मा आ गया है तो किसी ने लिखा अगर 73 साल का बुज़ुर्ग हमारे लिये भूखा रह सकता है तो हम क्यों नहीं? सोया समाज अचानक जाग गया। उसे अपने चारों तरफ़ भ्रष्टाचार दिखने लगा। उसे लगा ये दुनिया

रहने और सहने लायक़ नहीं है, इसे बदलना होगा। और अन्ना इस बदलाव की आग है। उनकी आग में घी डालने का वक़्त हो गया है, वक़्त अब घर पर बैठने का नहीं है।

आठ अप्रैल की शाम तक जनता का दबाव रंग लाया और सरकार अन्ना की माँग मानने को तैयार हो गयी। पहली बार देश के इतिहास में यह तय हुआ कि संसद में क़ानून बनाने के लिए सरकार के साथ-साथ आम जनता की भी भागीदारी होगी। सरकार ने मान लिया कि लोकपाल बिल ड्राफ़्ट करने के लिए बनी कमेटी में अन्ना समेत उनकी टीम के पाँच सदस्य भी होंगे। यह ऐतिहासिक था। ऐसा पहले कभी संसदीय इतिहास में नहीं हुआ था। चार अप्रैल को जिस व्यक्ति के अनशन को कवर करने के लिए रिपोर्टर आनाकानी कर रहे थे, वही पत्रकार अब उनके इण्टरव्यू के लिए नाक रगड़ रहे थे। यह बदलाव क्षणिक नहीं था। इन पाँच दिनों ने देश के विमर्श को बदल दिया। अन्ना के सन्दर्भ के बिना न तो आपस में बातचीत सम्भव थी और न ही सार्वजनिक। जो उनका विरोध कर रहे थे वे भी उन पर चर्चा कर रहे थे और जो उनके समर्थन में थे वे भी। आग दोनों तरफ़ लग गयी थी। मैंने अपने पत्रकार जीवन में विमर्श के विषय में इतनी जल्दी इतना बड़ा बदलाव नहीं देखा था।

इस बीच मैं सोचता जा रहा था कि आख़िर हुआ क्या है? पिछले बीस सालों से आर्थिक सुधार की बयार बह रही है। देश आर्थिक विकास के रथ पर सवार है। समृद्धि के टीले दिखायी पड़ रहे हैं। लोगों के चेहरों पर रौनक़ बढ़ती जा रही है। जिनके घरों में फ़्रिज नहीं था, जो बसों में धक्के खाते थे, वे कारों में चलने लगे। जिनके घरों में दो वक़्त का खाना मुश्किल से बनता था, अब उन्ही घरों में हफ़्ते में एक बार बाहर जा कर खाने का प्रोग्राम बनने लगा। जो ट्रेन से चलते थे, वे हवाई जहाज़ में उड़ने का ख़्वाब पालने लगे। बच्चे सरकारी स्कूलों से निकल कर निजी स्कूलों में पढ़ने लगे। सरकारी नौकरी के लिए मेरे

पिताजी मुझ पर दबाव डालते थे, लेकिन आज के माता-पिता को कोई दिक़्क़त नहीं अगर बच्चा निजी संस्थानों में नौकरी करे। पहले रिटायरमेंट के बाद मकान हो जाये यह आम मध्य वर्ग का सपना था, अब नौकरी में जाते ही बैंकों से लोन लेकर फ़्लैट ख़रीदने की कवायद में लग जाते हैं। हमारे घरों में टी.वी. नहीं था, रेडियो से ख़बरें सुनते थे। दूर किसी का हाल जानने के लिए चिट्ठी लिखते थे या फिर ट्रंक कॉल बुक कर घण्टों इन्तज़ार करते थे लेकिन आज समय बदल गया है। आप 120 की रफ़्तार से चल रही कार में बैठ कर अलास्का में अपने किसी दोस्त से कभी किसी भी वक़्त बात कर सकते हैं। हम अन्ताक्षरी खेल कर अपना मनोरंजन करते थे, पेन फ़्रेंड बनाते थे, आज बच्चे फ़ेसबुक और वर्चुअल वर्ल्ड में खेल करते हैं। इन सालों में हिन्दुस्तान बदल गया, इस बहस के बीच कि देश में अमीर और ग़रीब के बीच खाई बढ़ती जा रही है। बीच बहस में नयी पीढ़ी जवान हो गयी। टेक्नॉलोजी के विस्तार ने हमारी-आपकी दुनिया बदल दी है, सोच का दायरा बदल दिया। पिता घर के मुखिया की जगह दोस्त हो गये। रिश्तों की बुनियाद बदल गयी। स्त्री-पुरुष के रिश्तों में नये आयाम दिखने लगे। वह अब मुँह छिपा कर चुपचाप सुनने वाली अबला नहीं रह गयी। वह पलट के जवाब भी देने लगी और ज़्यादा तकलीफ हुई तो तलाक़ देने से भी पीछे नहीं हटती।

नये संस्कारों ने नये बच्चों को जन्म दिया। नया हिन्दुस्तानी सामने आने लगा। कुछ पुरानी सोच के लोग आज भी इस बदलाव को महसूस नहीं कर रहे हैं। उनकी नज़र में नयी पीढ़ी गर्त में जा रही है। उसकी दिलचस्पी पैसों में है। वह शराब पी कर मस्त रहता है। वह माता पिता की जगह ख़ुद को प्राथमिकता देता है। वह एकनिष्ठ हो गया है। वह अब प्यार करने लगा है। शादी के फ़ैसले ख़ुद कर रहा है। वह दिन गये जब माता-पिता जीवनसंगिनी का चुनाव करते थे और बेचारा सिर झुका कर मान लेता था। उसे शादी के पहले अपनी पत्नी से मिलने का अधिकार नहीं था। अब वह रात हो या दिन अपनी गर्लफ़्रेंड को

लेकर घूमता है। उसके साथ पब जाता है। और अगर पटी तो शादी कर लेता है; नहीं तो वह किसी और दोस्त की तलाश में निकल पड़ता है। उसके जीवन में किसी रूढ़ि का नाम नहीं है। वह ख़ुद नये मूल्य का सृजन कर रहा है। वह हमारी और आपकी पीढ़ी से कहीं ज़्यादा समझदार और कॉन्फ़िडेण्ट है, यह पुरानी पीढ़ी मानने को तैयार नहीं है। ऐसे में पिछले बीस सालों में इस नये हिन्दुस्तानी के बारे में भ्रान्तियाँ ज़्यादा फैलायी गयीं, उसको समझने की कोशिश कम की गयी। उसके बारे में कहा गया कि वह राजनैतिक बिलकुल नहीं है। उसे इससे कोई फ़र्क़ नहीं पड़ता कि कोई चुनाव लड़ रहा है, कौन देश का प्रधानमन्त्री है? किस पार्टी का चुनावी एजेंडा क्या है? वह सिर्फ़ पैसा कमाने में मशग़ूल है। अन्ना के अनशन में जब यही कम उम्र हिन्दुस्तानी सड़कों पर निकला तो लोगों की आँखें फटी-की-फटी रह गयीं। चाहे जन्तर-मन्तर हो या फिर रामलीला मैदान, सबसे ज़्यादा शिरकत इसी नये हिन्दुस्तानी की दिखी। वह सड़कों पर दिखा, वह फ़ेसबुक पर दिखा, उसने नारे लगाये, उसने मोर्चा निकाला। ये वे लोग थे जिनसे लोगों को कोई उम्मीद नहीं थी।

ग़लती हमारी थी। दोष हम नये हिन्दुस्तानी को दे रहे थे। इस पीढ़ी ने जब देखा की अन्ना नाम का एक शख़्स राजनैतिक सिस्टम के ख़िलाफ़ खड़ा हो गया है, इस उम्र में, तो उसे उनमें सादगी दिखी, उनकी नैतिक आभा में उसे उम्मीद नज़र आयी। उसने तो कई दशकों पहले ही राजनीतिज्ञों से आस लगानी छोड़ दी थी। उसने देखा था कि राजनेता कहते कुछ हैं, करते कुछ हैं, वे धर्म और जाति के नाम पर उसे बरग़लाते हैं और वोट का उल्लू साधते हैं। ऐसे में अगर वह अराजनैतिक हो गया था तो इसमें उसका दोष नहीं था। दोष कहीं और था। वरना अन्ना और इस पीढ़ी में कहीं कोई पुल नहीं बनता। अन्ना तिहत्तर साल के हैं। सिर पर गाँधी टोपी, शरीर पर सफ़ेद रंग का धोती और कुर्ता, चेहरे पर शाहरुख़-सा तेज नहीं, एक गँवई की चमक दिखती है। वे अंग्रेजी नहीं बोल सकते, और न ही समझ सकते हैं।

हिन्दी भी पूरी तरह से नहीं जानते। मराठी उनकी मातृभाषा है। मराठी ही उनकी अभिव्यक्ति का माध्यम। दिल्ली से अनजान। यह सही है कि महाराष्ट्र में उन्होंने कई अनशन किये। उनकी वजह से कई मन्त्रियों को इस्तीफ़े भी देने पड़े। लेकिन दिल्ली आने के पहले उन्होंने कभी सोचा भी नहीं था कि वे देश के स्तर पर अनशन करेंगे। अरविन्द केजरीवाल ने जब उनसे कहा कि लोकपाल के लिए उन्हें दिल्ली में भूख हड़ताल करनी चाहिए तो वे शुरू में हिचके, तैयार नहीं थे। उन्हे लगा था अनजान जगह और अनजान लोगो के बीच उनकी हँसी ज़्यादा उड़ेगी। वे सिर्फ़ चाहते थे कि उनके अनशन में हज़ार लोग आ जायें। अरविन्द की टीम ने जब यह भरोसा दिया कि इतने लोग आ जायेंगे तो वे राज़ी हुए। अन्ना को केवल एक हज़ार लोग चाहिए थे। जब अनशन पर बैठे तो देश के हर कोने से हज़ार लोग निकलेंगे यह तो अन्ना ने ख़्वाब में भी नहीं सोचा था, न ही उनकी टीम ने। वे ख़ुद हतप्रभ थे। उन्हें अन्दाज़ा नहीं था कि जन्तर-मन्तर और बाद में रामलीला मैदान में इतना ऐतिहासिक समर्थन मिलेगा। लोग जे.पी. के आन्दोलन से उनकी तुलना करने लगेंगे। यह कैसे हुआ? यह सवाल हमें अपने आप से पूछना चाहिए।

संसद में बैठे लोग कहते हैं कि उनकी सत्ता को चुनौती दी जा रही है। उनकी साख को बट्टा लगाया जा रहा है। लोगों में राजनीति और राजनैतिक सत्ता के ख़िलाफ़ अविश्वास फैलाया जा रहा है। उनकी बात सही हो सकती है। लेकिन अविश्वास अन्ना की वजह से नहीं फैला। यह तो देश की राजनीति ख़ुद बड़ी मेहनत से साठ के दशक से अविश्वास फैला रही है। यह अविश्वास ही था कि लोग सत्तर के दशक में जयप्रकाश नारायण के नेतृत्व में सड़कों पर निकले। लोगों को लगा था कि देश में भ्रष्टाचार और सत्ता में बैठे लोगों का चरित्र इस क़दर गिर गया है कि वे जनता से चुने गये हैं, लेकिन जेब अपनी भर रहे हैं। और शर्म भी नहीं आती। राजनीति में नैतिकता शून्य हो गयी, तो लोगों ने बग़ावत कर दी और इन्दिरा गाँधी जैसी ताक़तवर शख़्सियत

को कुर्सी से उखाड़ फेंका। इन्दिरा गाँधी और उनके बेटे संजय गाँधी दोनों अपनी सीट हार गये। कुछ तो बदला होगा जो यह हुआ।

यही हाल अस्सी के दशक में हुआ। वी.पी. सिंह की अगुवाई में बोफ़ोर्स भ्रष्टाचार का प्रतीक हो गया। लोगों ने फिर विद्रोह किया। 415 सीट लेकर प्रधानमन्त्री बनने वाले राजीव गाँधी को 1989 में नेता विपक्ष बनने पर मजबूर होना पड़ा। यह पीढ़ी थी जिसको तब भी राजनीति से उम्मीद थी। इसलिए उसने सत्ता पक्ष को हटाने के लिए राजनेताओं का साथ दिया और भ्रष्टाचार विरोधी आन्दोलन में जम कर हिस्सा लिया। बदक़िस्मती से दोनों बार वह ठगा गया। दोनों बार भ्रष्टाचार विरोधी आन्दोलन की आड़ में सत्ता का खेल खेला गया। दोनों बार इन्दिरा गाँधी और राजीव गाँधी के भ्रष्टाचार को निशाना बनाने वाले उनसे ज़्यादा अपने स्वार्थ में डूबे दिखे। जनता की जगह अपने हित साधते दिखे। इसलिए दोनों बार कांग्रेस जल्द सत्ता में वापस लौटी। लोगों को लगा सत्ता का चरित्र एक है। वह सिर्फ़ अपना पेट भरती है, जनता की चिन्ता, उनकी चिन्ता नहीं है। दो बार की चोट खायी जनता को अब राजनीति पर विश्वास नहीं रह गया। फिर उसने यह भी देखा कि कैसे नब्बे के दशक में धर्म और जाति का सहारा लेकर लोगों को बरग़लाया गया। और मतलब निकलने के बाद जनता को चूस के छोड़ दिया गया। सब तरह से निराश जनता अगर ऐसे में अ-राजनैतिक हो गयी तो दोष जनता का नहीं है।

अन्ना जब अनशन पर बैठे तब भी हम सिर्फ़ परम्परागत तरीक़े से ही चीज़ों को देख रहे थे, इसलिए हमें वह नहीं दिख रहा था जो हमें देखना चाहिए था। हमें नहीं दिखा कि देश की जनता में राजनीति को लेकर अरुचि बढ़ती जा रही है और उसे एक ऐसे शख़्स का इन्तज़ार है जो उसके मुद्दों को शिद्दत से उठा सके, उसकी बात कर सके, उसके लिए लड़ सके। अन्ना महामानव नहीं थे। वे बस जनता की बात जनता की आवाज़ में उठा रहे थे। यह कामयाबी उनकी नहीं

थी, यह कामयाबी जनता की थी, राजनीति का नकार नहीं था, ये राजनीतिज्ञों का नकार था, क्योंकि इस देश की जनता और ख़ास तौर पर नयी पीढ़ी अब राजनेताओं के भुलावे में नहीं आने वाली और जो भी इसको नहीं समझेगा, उसको रसातल में जाने में वक़्त नहीं लगेगा। इसलिए जो इसे राजनीति में अविश्वास का नाम देते हैं, वे नहीं जानते कि देश की जनता को नये तरीक़े की राजनीति की दरकार है। वह भी राजनीति करना सीख गयी है, और राजनेताओं से बेहतर तरीक़े से। अन्ना की ख़ासियत यह थी कि वे इसको समझते थे और इसलिए उस मुद्दे के प्रतीक बने जिसको लाने में राजनेताओं ने चालीस साल से ज़्यादा वक़्त लगा दिया। हर बार लोकपाल बिल लाने का स्वाँग किया और हर बार जनता को छला। और इस गुनाह में हर पार्टी बराबर की भागीदार थी।

जो लोग यह समझ रहे थे कि आर्थिक विकास के साथ देश की नयी पीढ़ी और समाज का एक तबक़ा देश की संस्कृति और परम्पराओं से कट गया है उन्हें एक बार फिर बैठ कर सोचना चाहिए। हिन्दुस्तान की आत्मा आध्यात्मिकता और अध्यात्मवाद में बसती है। पिछले दिनों कुछ लोगों को सार्वजनिक जीवन में आध्यात्मिकता का ह्रास होता दिखा है। लोग पैसों के पीछे भागते नज़र आये, उपभोक्तावादी संस्कृति में विस्तार हुआ और आत्मा और परमात्मा के द्वन्द्व में पदार्थ आगे बढ़ गया। लेकिन यह कहना कि पदार्थवाद ही भारतीय जीवन का नया सत्य हो गया है, यह चिन्तन ग़लत है। आर्थिक स्तर पर जीवन में थोड़ा और आराम मिल जाये, उसका जीवन और बेहतर हो जाये, यह कौन नहीं चाहता। ग़रीबी में रहना अभिशाप है, पैसों के अभाव में जीवन नरक हो जाये, यह कहाँ तक तर्कसंगत है? पैसा बटोरने का मतलब यह क़तई नहीं है कि आम हिन्दुस्तानी ने अपने जीवन के बुनियादी उसूलों को तिलांजलि दे दी है। उसके दिल और दिमाग़ में आज भी वही भारतीय परम्परा और मूल्य जीवित हैं जो किसी भी इन्सान को गाँधी जी से जोड़ देते हैं। जो बापू में महात्मा की तलाश कर लेते हैं, जो

जे.पी. पर आँख मूँद कर यक़ीन करने की क्षमता रखते हैं। उसने वी.पी. सिंह में भी एक युगपुरुष को ही देखा था। लेकिन वी.पी. सिंह ने जब ख़ालिस राजनीति की, उन्हीं मूल्यों में जा बैठे जिसके विरोध में उसने उनका साथ दिया था तो जनता ने उनको किसी लायक़ नहीं रखा।

गाँधी जी, जे.पी. और वी.पी. सिंह (शुरुआती दिनों में) में लोगों को एक सन्त दिखा था। वह सन्त जो निस्वार्थ भाव से जीवन को ग्रहण करता है, जो व्यावहारिक जीवन में रहते हुए भी उसमें लिप्त नहीं है। जिसकी नैतिक आभा पर विश्वास किया जा सकता है। अन्ना में भी लोगों को स्वार्थ नहीं दिखा। उसने देखा कि गाँधी जी की तरह एक व्यक्ति है जो मन्दिर में रहता है, संग्रहण जिसकी प्रवृत्ति नहीं है। जो किसी स्वार्थ से वशीभूत हो अनशन नहीं कर रहा है। अन्ना की ईमानदारी पर उसे शक नहीं हुआ। उसने सहज ही अन्ना पर विश्वास किया। सवाल यह है कि आम हिन्दुस्तानी एक लगभग अजनबी-से व्यक्ति पर विश्वास कर लेता है और किसी राजनेता पर नहीं, क्यों? क्योंकि आज के राजनेताओं में नैतिक आभा नहीं है। उनके पास सत्ता की ताक़त ज़रूर है, लेकिन नैतिक ताक़त का अभाव उन्हें अन्ना के सामने शक्तिविहीन कर देता है। यह अन्ना की नैतिक शक्ति ही है कि लोग उनसे जुड़े, यह नैतिक ताक़त किसी राजनीतिज्ञ में होती तो ये जनता उनसे भी जुड़ती। गाँधी जी के देश में यह राजनेताओं की हार है। क्योंकि वे गाँधी के आदर्शों से भटके। गाँधी जी हमेशा मूल्य आधारित राजनीति की वकालत करते थे।

गाँधी जी के ज़माने में एक से एक दिग्गज थे। उनसे ज़्यादा गुणी लोग थे। ज़्यादा पढ़े-लिखे लोग थे। ज़्यादा अच्छे वक्ता थे। ज़्यादा ख़ूबसूरत लोग थे। ज़्यादा सम्पन्न लोग थे, लेकिन लोगों को उन पर कभी उतना यक़ीन नहीं था। लोगों को गाँधी जी में इन तमाम नेताओं की भीड़ में एक सन्त दिखा था। और सन्त सिर्फ़ वह नहीं होता जो गेरुआ वस्त्र धारण करता है। सन्त वह होता है जो नैतिकता के तक़ाज़े

पर खरा हो। जिस पर आँख मूँद कर यक़ीन किया जा सके। मैं यह नहीं कहता कि अन्ना गाँधी हैं, लेकिन गाँधी जी का अक्स लोगों ने अन्ना में देखा। ख़ास तौर से उस पीढ़ी ने जिसे पुरानी पीढ़ी ग़ैरज़िम्मेदार बताती नहीं थकती। अन्ना का आन्दोलन इस मिथ को तोड़ता है कि नयी पीढ़ी अपनी जड़ों से कट गयी है। वे कई दार्शनिक सवाल भी खड़े करती है। अन्ना के पहले किसी भी राजनेता ने, यहाँ तक कि जे.पी. ने भी गाँधीवादी मूल्यों के आधार पर राजनीति नहीं की। अनशन नहीं किया। सत्याग्रह नहीं किया। अन्ना ने केवल अहिंसा की बात नहीं की, बल्कि उसे अपने आन्दोलन का मूल मन्त्र भी माना। आन्दोलन में हिस्सा लेने वालों को अहिंसा का सिपाही बनाया। लोगों को इस बात पर तकलीफ़ होगी कि जब मैं यह कहूँगा कि जे.पी. का आन्दोलन अपने स्वभाव में अहिंसक नहीं था। वो हिंसक था। बिहार आन्दोलन के नेता जब जे.पी. के पास गये और उनसे कहा कि वह आन्दोलन की बागडोर सँभालें तब जे.पी. ने कहा था कि वे ऐसा तब करेंगे जब आन्दोलन अहिंसा के रास्ते पर चलेगा। लेकिन जे.पी. के आन्दोलन में हिंसा बड़े पैमाने पर हुई। सड़कों पर अराजकता दिखी। स्कूल-कॉलेजों को ज़बर्दस्ती बन्द कराया गया था और बाज़ार और दुकानें लूटी गयीं। पुलिस फ़ायरिंग हुई, आगज़नी की गयी। और ख़ुद जे.पी. ने पुलिस, सेना और प्रशासन के अधिकारियों से कहा था कि वे सरकार के ग़लत आदेश का पालन न करें। उन्होंने एक जगह कहा था कि अभी तो उनका आन्दोलन गाँधी वादी रास्ते पर चल रहा है, लेकिन वह वक़्त भी आ सकता है जब वे लोगों से बग़ावत करने की अपील भी कर सकते हैं। वे इस बात के हिमायती भी थे कि अगर विपक्ष को राज्यों में कांग्रेस की सरकार को हटाने के लिए हिंसा का सहारा लेना पडे तो उन्हें लेना चाहिए।

अन्ना के आन्दोलन में कहीं अनुशासन नहीं टूटा। किसी सरकारी सम्पत्ति को नुक़सान नहीं पहुँचा। किसी बस का शीशा नहीं तोड़ा गया। कहीं आगज़नी नहीं हुई। अन्ना की टोपी पहनने वालों ने किसी से

बदतमीज़ी नहीं की। जो एक घटना रामलीला मैदान के बाहर हुई भी थी, उसके लिए अन्ना ने मंच से बाकायदा सार्वजनिक तौर पर माफ़ी भी माँगी। जे.पी. ने ऐसा कभी भी नहीं किया, बल्कि आन्दोलन की कमान सँभालने के पहले जब वह गुजरात गये थे तो उन्होंने कहा था कि गुजरात के छात्रों ने उनको राह दिखाई है। वह राह जिसकी तलाश वे बरसों से कर रहे थे। छात्रों का ये आन्दोलन हिंसक था। जे.पी. को हिंसा में उम्मीद दिखी थी। यहाँ मेरा मक़सद अन्ना को जे.पी. से बड़ा या बेहतर साबित करना नहीं है। सिर्फ़ दो बातें कहनी हैं। जो लोग ये कहते हैं कि अन्ना का आन्दोलन लोकतन्त्र विरोधी है, संविधान विरोधी है, संसद विरोधी है, उन्हें या तो इतिहास की समझ नहीं है या फिर वे सरकार के इशारे पर आरोप लगा रहे हैं। जे.पी. का आन्दोलन महँगाई और भ्रष्टाचार से शुरू हो कर इन्दिरा गाँधी हटाओ पर जाकर टिक गया था और इन्दिरा को हटाने के लिए जे.पी. ने सेना तक को भड़काने से गुरेज़ नहीं किया था। अन्ना तो सिर्फ़ संसद से ये अपील कर रहे थे कि भाई देश में भ्रष्टाचार से निपटने के लिए एक क़ानून बना दो और उस क़ानून बनाने में आम आदमी को हिस्सा लेने का मौक़ा दे दो। क्या अन्ना की ये माँग इन्दिरा गाँधी हटाओ से ज़्यादा ख़तरनाक है? जब क़ानून बनाने की माँग पर सरकार इस क़दर भड़क रही है, अंग्रेजी के कुछ तथाकथित प्रबुद्ध वर्ग को संविधान का विरोध नज़र आ रहा है तो अगर अन्ना ने यह कह दिया कि मनमोहन इस्तीफ़ा दो, तो फिर क्या होगा?

दूसरी बात, अन्ना का आन्दोलन अपनी मूल आत्मा में गाँधीवादी है। अन्ना ने उन गाँधी जी को नये सिरे से ज़िन्दा किया है जिनको कांग्रेस पार्टी सिर्फ़ दो अक्टूबर को याद करने का नाटक करती है और फिर भूल जाती है और पूरे साल जवाहर लाल नेहरू, इन्दिरा गाँधी, राजीव गाँधी से बाहर नहीं आ पाती। मैंने बच्चों को यह कहते हुए सुना है कि मैंने किताबों में गाँधी जी को पढ़ा है, अब मैं अपने युग के गाँधी को देखने आया हूँ। यह मामूली वक्तव्य नहीं है। गाँधी टोपी बच्चों ने

नहीं पहनी, लेकिन अन्ना टोपी में उन्हे गाँधी जी की याद हो आती है और उनसे जुड़ने का एहसास उनको ऊर्जा देता है। यह एहसास किसी नेता की बात से नहीं आता यह बात समझने की है और अन्तरमन में बैठ कर सोचने की, कि ऐसा क्यों होता है कि लोग अन्ना से जुड़ते हैं, नेता से नहीं? अन्ना ने साबित कर दिया कि देश की आत्मा में आज भी गाँधी जी ही बसते हैं। क्योंकि गाँधी जी ने देश की आत्मा से जुड़ कर राजनीति की थी। गाँधी जी ने भी सिर्फ़ सत्ता परिवर्तन की बात नहीं की थी। वे आज़ादी की लड़ाई को भी देश के समाज से जोड़ कर देखते थे। उनको पता था कि सिर्फ़ अंग्रेजों को हटाने से देश नहीं बदलेगा। देश तभी बदलेगा और आज़ादी तभी सार्थक होगी जब समाज भी बदलेगा। मानस बदलेगा। इसलिए गाँधी जी ने स्वतन्त्रता के संघर्ष को दलित उत्थान से जोड़ा, हिन्दू-मुसलमान की एकता से जोड़ा। जाति और धर्म के बन्धन से ऊपर उठ कर समाज के परिष्कार की बात की। दुर्भाग्य से गाँधी जी के इस मन्त्र को राजनीतिज्ञों ने भुला दिया। ऐसे में अगर अन्ना आज यह कहते हैं कि अंग्रेज़ चले गये लेकिन काले अंग्रेज़ अभी देश पर शासन कर रहे हैं तो वे ग़लत नहीं कहते।

गाँधी जी सत्ता के साथ पूरी व्यवस्था को बदलने के हिमायती थे। जे.पी. ने भी आन्दोलन की शुरुआत में सम्पूर्ण क्रान्ति की वकालत की, यह सन्देश दिया कि वे सिर्फ़ सत्ता बदल नहीं, व्यवस्था को बदलने की बात कर रहे हैं लेकिन जैसे-जैसे उनका आन्दोलन परवान चढ़ता गया जे.पी. उन्हीं राजनीतिज्ञों के चंगुल में फँस गये जो देश के अन्दर की बुराइयों के लिए ज़िम्मेदार थे। राजनीति ने जे.पी. को धोखा दिया था। इसलिए जे.पी. कहीं यह कहते पाये गये थे कि मेरी दुनिया क्यों खण्ड-खण्ड हो गयी, मुझसे कहाँ ग़लती हो गयी। उनकी ग़लती यही थी कि वह राजनीति के स्वरूप को उसकी सम्पूर्णता में नहीं समझ पाये। अगर जे.पी. का आन्दोलन समाज परिवर्तन को लेकर चलता तो शायद हमें आज अन्ना का आन्दोलन देखना नसीब न होता।

अन्ना का आन्दोलन सत्ता के ख़िलाफ़ विद्रोह है, उस सत्ता के ख़िलाफ़ जो स्वार्थ पर टिकी है। वे भी सत्ता में बुनियादी बदलाव की बात कर रहे हैं। लेकिन वे जे.पी. की तरह राजनीति में "इनसाइडर" की भूमिका में नहीं है। अन्ना राजनीति के "आउटसाइडर" हैं। वे दूर से सत्ता के चरित्र को देख रहे हैं। उसे बदलने की बात कर रहे हैं। लेकिन वे सत्ता बदल के खेल में शामिल नहीं हैं। न ही फ़िलहाल अभी वे किसी चुनावी गेम का हिस्सा हैं, वे राजनैतिक दल बनाने के मूड में नहीं हैं और न ही वे चुनाव लड़ कर संसद जाने के पक्ष में हैं और न ही उनकी मन्त्री बनने की मंशा है। यह नये तरह का प्रयोग है। कितना कामयाब होगा, कहना मुश्किल है। लेकिन उनके आन्दोलन का दबाव दिख रहा है। बदलाव दिखने लगा है। सत्ता अपराधबोध से ग्रस्त नज़र आ रही है। पर क्या यह प्रयोग देश के, समाज के, राजनीति के मिज़ाज में कुछ बुनियादी बदलाव ला पायेगी? अभी कुछ लोगों को इस पर पूरी तरह से यक़ीन नहीं होगा, लेकिन मुझे भरोसा है कि व्यवस्था में ऐसे बदलाव आयेंगे जो राजनीति को नये सिरे से परिभाषित करेंगे और राजनीति का स्वरूप बदलेगा। यह मेरा यक़ीन है। यह सही है कि अन्ना ने किसी क्रान्ति का उदघोष नहीं किया है, न ही समाज में आमूल-चूल परिवर्तन का नारा बुलन्द किया है, उनका आर्थिक-सामाजिक-राजनैतिक दर्शन अभी अधूरा है। पर यह सवाल भी उठना चाहिए कि क्या वाक़ई आज ऐसे किसी दर्शन का इन्तज़ार देश को करना भी चाहिए? क्या वाकई वामपन्थी सोच के मुताबिक़ क्रान्ति तभी सम्भव है जब पूरा तन्त्र बदलने की बात की जाये? हक़ीक़त ये है कि आज देश लोकतन्त्र के उस मुक़ाम पर खड़ा है, जहाँ पुराने पैमाने अपनी सार्थकता खो चुके हैं, नये मानदण्ड और नये पैमाने ही नये समाज का ढाँचा खड़ा करेंगे। आज ज़रूरत नये सिरे से सोचने की है। नये मूल्यों का गठन करना है। नया आदर्श बनाना है। और इस नयेपन में पुराने गाँधी को नये सिरे से खोजना है। क्योंकि गाँधी कभी पुराने नहीं होते। यह अन्ना के आन्दोलन ने साबित कर दिया है, क्योंकि गाँधी शाश्वत हैं,

सनातन हैं, समय और देश से परे हैं, आत्मा और परमात्मा के द्वन्द्व के पार। किसी भी इन्तज़ार के मुहताज नहीं। इसलिए अब मैं अपनी एडिट मीटिंग में अन्ना का ज़िक्र आने पर झल्लाता नहीं। बस गाँधी जी को याद कर लेता हूँ।

आशुतोष 'आई.बी.एन. 7' के मैनेजिंग एडिटर हैं। 'आई.बी.एन. 7' से पहले आशुतोष 'आज तक' और 'हिन्दुस्तान' के साथ भी काम कर चुके हैं।

भ्रष्टाचार विरोधी आन्दोलन से उभरे कुछ सवाल

संदीप पाण्डेय

इसमें कोई दो राय नहीं कि अन्ना हज़ारे के नेतृत्व वाले भ्रष्टाचार विरोधी आन्दोलन ने लोकतन्त्र में जन-शक्ति के महत्व को स्थापित करने का काम किया है। जैसा जाने-माने चुनाव विश्लेषक योगेन्द्र यादव कहते हैं 'इसने जनता को प्रजा से नागरिक बना दिया।' जन-प्रतिनिधियों का अहंकार, कि इस व्यवस्था के वे ही ठेकेदार हैं, टूटा। यह सभी दलों को समझ आ गया कि जन-भावना को नज़रअन्दाज़ नहीं किया जा सकता।

असल में जो संघर्ष अन्ना हज़ारे, अरविन्द केजरीवाल और प्रशान्त भूषण ने शुरू किया है, वह व्यवस्था-परिवर्तन की दिशा में ले जाता है। भ्रष्टाचार भारतीय राजनीति और समाज की हक़ीक़त बन चुका है। मुख्य धारा के सभी राजनैतिक दलों की राजनीति, कुछ कम-कुछ ज़्यादा, भ्रष्टाचार से ही पोषित होती है। ऐसे में भ्रष्टाचार समाप्ति की माँग इन दलों के अस्तित्व पर ही सवाल खड़ा करती है। इसका मतलब यह हुआ कि बिना वैकल्पिक राजनीति के, जिसकी कार्य-शैली भिन्न होगी, भ्रष्टाचार ख़त्म नहीं किया जा सकता। वर्तमान में जो दल राजनीति पर हावी हैं, यदि वे ही राजनीति के अखाड़े के प्रमुख खिलाड़ी रहे तो वे एक भ्रष्टाचार विरोधी क़ानून बन जाने के बाद भी अपना रास्ता इस व्यवस्था में निकाल लेंगे और भ्रष्टाचार ज्यों-का-त्यों

कायम रहेगा।

अब अन्ना हज़ारे और अरविन्द केजरीवाल कहते हैं कि वे पूर्णतया अराजनैतिक हैं और कभी चुनाव नहीं लड़ेंगे। उन्होंने कांग्रेस को वोट न देने का आह्वान किया है। किन्तु कांग्रेस को वोट न देने का मतलब कि प्रमुख विपक्षी को इसका सीधा लाभ मिलेगा। राष्ट्रीय स्तर पर भारतीय जनता पार्टी लाभान्वित होगी जिसके संकेत मिलने शुरू भी हो गये हैं। दिक़्क़त यह है कि कांग्रेस तो सिर्फ़ भ्रष्ट है, भाजपा तो भ्रष्ट और साम्प्रदायिक दोनों है। यानी गड्ढे से निकले तो खाई में।

भ्रष्टाचार विरोधी आन्दोलन की तार्किक परिणति तो तभी होगी जब जनता के सामने साफ़-सुथरा राजनैतिक विकल्प खड़ा होगा जो नयी व्यवस्था की नींव डाल सके। यह काम पुराने लोग नहीं कर पायेंगे, क्योंकि उनकी एक क़िस्म की राजनीति करने की आदत पड़ चुकी है। यह काम नये लोग ही करेंगे। इस सवाल पर अन्ना हज़ारे और अरविन्द केजरीवाल को सोचना पड़ेगा।

दूसरे, भ्रष्टाचार विरोधी आन्दोलन ने सिर्फ़ भ्रष्ट राजनैतिक व्यवस्था पर ही निशाना साधा है। निश्चित रूप से भ्रष्ट राजनीतिज्ञों को जाना होगा। लेकिन इस देश में सबसे बड़ा भ्रष्टाचार यह है कि नीतियाँ ही ग़लत बनायी जाती हैं। नीतियाँ ऐसी बनती हैं जो सम्पन्न वर्ग को फ़ायदा पहुचाती हैं और ग़रीब पर कहर ढाती हैं। मनमोहन सिंह-मोंटेक सिंह की जोड़ी ने सिर्फ़ 9 प्रतिशत विकास दर पर ही ध्यान केन्द्रित रखा और महँगाई और मुद्रा स्फीति बढ़ती गयी। कृत्रिम तरीक़े से मध्यम वर्ग की तनख़्वाहें बढ़ा कर उन्हें बाज़ार के लिए एक ख़रीददार वर्ग के रूप में तैयार किया गया जिसका सीधा फ़ायदा निजी कम्पनियों को हुआ। आर्थिक नीतियों के निर्माण को देशी-विदेशी कम्पनियों, अन्तर्राष्ट्रीय वित्तीय संस्थानों और अमरीका और सम्पन्न देशों ने प्रभावित किया। दूसरी तरफ़ ग़रीबी, बेरोज़गारी, कुपोषण, मातृत्व मृत्यु दर, किसानों की आत्महत्या जैसी चीज़ों पर कोई प्रभाव नहीं पड़ा। जानबूझ कर ऐसी

नीतियाँ बनाना जिनमें देश के बहुसंख्यक वर्ग को नज़रअन्दाज़ किया जाये, एक क़िस्म का भ्रष्टाचार है जिस पर फ़िलहाल भ्रष्टाचार विरोधी आन्दोलन ने कोई भूमिका नहीं ली है।

वहीं हम देखते हैं कि भ्रष्टाचार विरोधी आन्दोलन को कॉर्पोरेट जगत का प्रत्यक्ष-अप्रत्यक्ष सहयोग भी मिला। चन्दे से लेकर, अपने कर्मचारियों को आन्दोलन में भाग लेने के लिए छूट देना और बड़े उद्योगपतियों द्वारा प्रधानमन्त्री को मज़बूत लोकपाल क़ानून बनाने के लिए पत्र लिखना इसके उदाहरण है। अब कॉर्पोरेट जगत में कितना भ्रष्टाचार है, यह किसी से छुपा नहीं है। लेकिन यदि भ्रष्टाचार विरोधी आन्दोलन के निशाने पर सिर्फ़ राजनीतिज्ञ ही रहेंगे तो कॉर्पोरेट जगत की तुलना में राजनैतिक व्यवस्था कमज़ोर होगी जो किसी लोकतन्त्र के लिए अच्छी बात नहीं है। हम किसी भी सूरत में भ्रष्ट राजनेताओं से तो छुटकारा चाहते हैं, लेकिन इसका यह अर्थ नहीं हो सकता कि हम राजनैतिक व्यवस्था को ही ख़त्म कर दें। नौकरशाही के माध्यम से कॉर्पोरेट जगत इस देश की नीतियाँ तय करेगा तो स्थिति बड़ी भयावह होगी। इस बात का भी ध्यान अन्ना हज़ारे और अरविन्द केजरीवाल को रखना होगा कि जाने-अनजाने में कॉर्पोरेट जगत को राजनीति पर हावी न होने दें। निदान तो राजनीति से ही निकलेगा। एक नयी क़िस्म की राजनीति से।

आख़िरी बात यह कि जब आप समाज-परिवर्तन का बीड़ा उठाते हैं तो आपको समाज की अन्य समस्याओं से भी दो-चार तो होना ही पड़ेगा। यदि भ्रष्टाचार विरोधी आन्दोलन सही मायने में लोकतन्त्र में विश्वास रखता है तो कश्मीर के सवाल पर उसको स्टैंड लेना ही पड़ेगा। प्रशान्त भूषण ने वाराणसी में जो बात कही, वही सही है। यदि अन्ना कहते हैं कि ग्राम सभा की ज़मीन किसी परियोजना हेतु दी जानी है अथवा नहीं, यह फ़ैसला ग्राम सभा का होगा तो कश्मीर के भविष्य का फ़ैसला तो कश्मीर के लोग ही करेंगे। सैन्य बलों को विशेष छूट देने वाले क़ानून को हटाने की इरोम शर्मिला की माँग, जिसको पूर्वोत्तर

की जनता का भी समर्थन प्राप्त है, के पक्ष में भूमिका लेनी होगी। यदि भ्रष्टाचार के अलावा अन्य मुद्दों पर जनता की तैयारी नहीं है तो जनता के मानस को तैयार करने का काम भी आन्दोलन का ही है। इन पेचीदा सवालों को पीछे नहीं ढकेला जा सकता। अन्ना के आन्दोलन ने राष्ट्रवाद के प्रतीकों का बख़ूबी इस्तेमाल किया है, लेकिन इसका यह मतलब नहीं कि वह उसकी संकीर्णता में फँस कर रह जाये। गाँधी जी ने भी राष्ट्रीय आन्दोलन का नेतृत्व किया, लेकिन उनका नज़रिया उदार था। उन्होंने पाकिस्तान की मदद करने की बात की न कि उससे युद्ध करने की। बिना एक व्यापक नज़रिये और स्पष्ट विचारधारा के यह आन्दोलन इतना परिपक्व नहीं हो सकता कि वह राजनैतिक विकल्प पेश कर सके। इस बात पर भी अन्ना हज़ारे और अरविन्द केजरीवाल को ग़ौर करना होगा।

यह भी भ्रष्टाचार है

समाज में स्वीकार्य नैसर्गिक मानव-मूल्यों का उल्लंघन भ्रष्टाचार होता है; जबकि ईमानदारी एक सामाजिक रूप से स्वीकार्य मूल्य है। सामान्य तौर पर कोई भी बेईमानी को जायज़ नहीं ठहरायेगा। अतः धन का अवैध लेन-देन भ्रष्टाचार माना जाता है। कुछ वर्षों से यह कहा जाने लगा है की अब भ्रष्टाचार हमारे तन्त्र का हिस्सा बन गया है और यह ख़त्म नहीं किया जा सकता। किन्तु अन्ना हज़ारे के आन्दोलन के दौरान जन-भावना ने यह साबित कर दिया कि जनता अब भी भ्रष्टाचार को स्वीकार करने को तैयार नहीं है।

ईमानदारी का कोई एक रूप नहीं होता, सिर्फ़ वित्तीय मामलों तक सीमित नहीं है यह शब्द। ईमानदारी की व्यापक परिभाषा काफ़ी बड़ी है। अपनी प्रतिबद्धता और रिश्तों को निष्ठापूर्वक निभाना भी ईमानदारी है। वादा तोडना भी भ्रष्टाचार है। अपनी ज़िम्मेदारी - औपचारिक अथवा अनौपचारिक - को पूरा न करना भी भ्रष्टाचार है। विवाहेतर सम्बन्ध भ्रष्टाचार है। आम तौर पर पूरी दुनिया में एक पुरुष-एक स्त्री के रिश्ते

को ही समाज की मान्यता है। इसके उल्लंघन पर दोनों में से एक साथी अपने साथ धोखा महसूस करता है। यह अन्य रिश्तों में भी लागू होता है। यदि दो लोगों के बीच आपसी विश्वास कोई भंग करता है तो दूसरे साथी को आघात पहुँचता है। साम्प्रदायिकता भी एक प्रकार का भ्रष्टाचार है।

प्रकृति के साथ तालमेल बना कर चलना स्वीकार्य मानव-मूल्य है। मगर हमारे तौर-तरीक़ों से अगर इस सिद्धान्त का उल्लंघन होता है तो वह भ्रष्टाचार है। हमारी गतिविधियों से यदि पर्यावरण में प्रदूषण होता है, कार्बन उत्सर्जन से धरती का तापमान बढ़ता है जो मौसम में प्रतिकूल परिवर्तन लाने वाला है, तो यह सब भ्रष्टाचार में शामिल है, ख़ास कर यदि हम जानते हुए भी ऐसा कर रहे हैं तो। हाँ कई बार ऐसा भी होता है कि वैज्ञानिक हमें किसी प्रौद्योगिकी या अपने शोध के ख़तरनाक असर के बारे में अन्धकार में रखते हैं, तो यह भी बेईमानी है।

समता एक स्वीकार्य मानव-मूल्य है। यदि नीति-निर्माता ऐसी नीतियाँ बनाते हैं जिनसे समाज के सम्पन्न वर्ग को ही फ़ायदा पहुँचता है और ग़रीब लगातार ग़रीबी में जीने के लिए ही मजबूर रहता है तो यह भी भ्रष्टाचार है। भारत में कहने को ही लोकतन्त्र है। हम विभिन्न वर्गों के लिए पक्षपातपूर्ण नीतियाँ देख सकते हैं। एक आधुनिक हवाई अड्डे और रेलवे स्टेशन की सुविधाओं का अन्तर देखिए। रेल यात्रियों को यदि साफ़-सुथरा शौचालय भी नसीब हो जाये तो उन्हें अपने को बहुत सौभाग्यशाली समझना चाहिए। जब ग़रीब किसी ज़मीन के टुकड़े पर रह रहे होते हैं तो माना जाता हैं कि वे अवैध क़ब्ज़ा करके रह रहे हैं और जब वही ज़मीन किसी बिल्डर को बहुमंजलीय इमारत या शॉपिंग मॉल बनाने के लिए दी जाती है तो उनका मालिकाना हक़ वैध हो जाता है। यह सिर्फ़ भ्रष्टाचार नहीं, यह तो एक बड़ा घोटाला है।

प्राकृतिक संसाधन मानव की मूलभूत आवश्यकताओं को पूरा करने के लिए हैं और उन्हें इसी रूप में देखा जाना चाहिए। जो जीव

धरती पर सबसे आख़िर में आया उसके द्वारा प्राकृतिक संसाधनों पर मिलकियत का दावा अप्राकृतिक है। यह हास्यास्पद है कि धरती पर कम समय व्यतीत करने वाला मनुष्य अपने आप को हज़ारों-लाखों वर्ष से अस्तित्व में जो चीजें हैं उनका मालिक माने। यह भ्रष्टाचार है और इसीलिए इन्सानों में प्राकृतिक संसाधनों पर दावेदारी झगड़े का सबसे बड़ा कारण है - चाहे वह दो भाइयों के बीच ज़मीन के बँटवारे का मामला हो या फिर दो मुल्कों के बीच। किसी निजी कम्पनी द्वारा जल, जंगल, ज़मीन या खनिज जैसे प्राकृतिक संसाधनों पर मुनाफ़ा कमाने के उद्देश्य से दावेदारी करना भ्रष्टाचार की श्रेणी में आयेगा। जिन संसाधनों का सृजन हमने नहीं किया और जिनकी उपयोगिता हमारी मौलिक भौतिक आवश्यकताओं की पूर्ति करना है, उन्हें बाज़ार में ख़रीद-बिक्री की वस्तु मानना अनैतिक है।

स्वीकार्य मानव-मूल्य है सहयोग। किन्तु पहले सरकार ने और फिर बाज़ार ने प्रतिस्पर्धा को काफ़ी गौरवान्वित किया है। इससे भ्रष्टाचार पनपा है। प्रतिस्पर्धा से भ्रष्टाचार को बढ़ावा मिलता है जबकि सहयोग से भ्रष्टाचार से छुटकारा। यह रोचक है कि सभी नैसर्गिक स्वीकार्य मानव-मूल्यों के बीच समन्वय होता है। जैसे, शान्ति, सहयोग, संसाधनों का बँटवारा, समता, समानता, साम्प्रदायिक सद्भावना और व्यवहार में पारदर्शिता का आपस में तालमेल है। भ्रष्टाचार से बस टकराव पैदा होता है।

सन्दीप पाण्डेय सामाजिक कार्यकर्ता हैं। काफ़ी समय से आर.टी.आई. समेत कई सामाजिक सारोकार के कार्यों से जुड़े हुए हैं। सन्दीप को 2002 में रैमन मैग्सेसे पुरस्कार से सम्मानित किया गया था।

लक्ष्य हो एक भ्रष्टाचार-मुक्त भारत का निर्माण : श्री श्री रविशंकर के साथ बातचीत

अरुणोदय : अन्ना हज़ारे के नेतृत्व में चलाये जा रहे जनलोकपाल आन्दोलन की शुरुआत से लेकर अब तक के सफ़र को आप किस रूप में देखते हैं?

श्री श्री : भ्रष्टाचार के ख़िलाफ़ पहले आन्दोलन की शुरुआत 1 मार्च, 2009 को दिल्ली के युवाओं ने की थी। अरविन्द केजरीवाल और किरण बेदी को आर्ट ऑफ़ लिविंग की तरफ़ से इस मसले पर बोलने के लिए बुलाया गया था। एक साल के बाद हममें से कई लोग एक छतरी के नीचे आये और इण्डिया अगेंस्ट करप्शन की शुरुआत की। इसी समय अन्ना हज़ारे को इस आन्दोलन की कमान सँभालने के लिए दिल्ली आने का न्योता दिया गया। इसके बाद कई संगठनों की तरफ़ से अनेक जुलूसों आदि के सहारे कई जागरूकता अभियान चलाये गये। आर्ट ऑफ़ लिविंग ने इस आन्दोलन में महत्वपूर्ण भूमिका निभायी है। अप्रैल 2011 में जब अन्ना हज़ारे ने आमरण अनशन पर बैठने का फ़ैसला किया, उसके बाद से यह आन्दोलन ज़्यादा ठोस और मज़बूत हुआ। अन्ना के साथ 150 और लोग अनशन पर बैठे। अगस्त महीने में इस आन्दोलन ने एक राष्ट्रीय स्वरूप ग्रहण कर लिया। इसके लिए मीडिया और वे सारे कार्यकर्ता धन्यवाद के पात्र हैं, जिन्होंने इस आन्दोलन के लिए अनथक तरीक़े से काम किया है।

अरुणोदय : क्या आपको लगता है कि लोकपाल बिल को हू-ब-हू वैसा होना चाहिए जैसा अन्ना और उनकी टीम के लोग माँग कर रहे हैं?

श्री श्री : मैं यह नहीं कहूँगा कि कोई ड्राफ़्ट या बिल पूरी तरह से दोषरहित हो सकता है। वैसे भी मैं कोई क़ानूनी आदमी नहीं हूँ जो इस पर टिप्पणी कर सके। अगर इसमें किसी बदलाव की ज़रूरत है, तो इस पर निश्चय ही विचार होना चाहिए। बहरहाल, मैं यह ज़रूर कहना चाहूँगा कि जो बिल सरकार ने पेश किया, वह किसी भी तरह से जनलोकपाल बिल की बराबरी नहीं कर सकता।

अरुणोदय : क्या आपको यह लगता है कि भ्रष्टाचार के ख़िलाफ़ संघर्ष में केवल टीम अन्ना का पक्ष सही है। मेज़ पर सिविल सोसाइटी के दूसरे समूहों की तरफ़ से लोकपाल के मसले पर तैयार किये गये अन्य ड्राफ़्ट बिल भी तो हैं?

श्री श्री : सवाल यह नहीं है कि किसके ड्राफ़्ट को स्वीकार किया जाता है। हम बस लोकपाल बिल पर सबसे अच्छा ड्राफ़्ट चाहते हैं। अगर किसी ड्राफ़्ट में कोई अच्छी बात है तो उसे ज़रूर शामिल किया जाना चाहिए। हमारा मक़सद सबसे मज़बूत लोकपाल बिल को लाना है। इस बात से कोई फ़र्क़ नहीं पड़ता कि इसे किसने तैयार किया है।

अरुणोदय : क्या आप लोकपाल बिल को पास कराने के लिए टीम अन्ना की तरफ़ से अपनाये जा रहे तरीक़े का समर्थन करते हैं? मसलन, भूख हड़ताल करना, किसी एक राजनैतिक दल के ख़िलाफ़ प्रचार करना? क्या आपको लगता है कि भ्रष्टाचार को मिटाने का कोई दूसरा रास्ता भी हो सकता है?

श्री श्री : इसमें कोई शक नहीं कि भ्रष्टाचार की समस्या से लड़ने के लिए लोकपाल एक बेहद महत्वपूर्ण हथियार है। इसे राजनैतिक दलों ने काफ़ी लम्बे समय से लटका कर रखा है। सत्याग्रह या अपनी

न्यायोचित माँगों के लिए अनशन की परम्परा की शुरुआत महात्मा गाँधी ने की थी। हालाँकि इसका बार-बार इस्तेमाल नहीं किया जाना चाहिए, लेकिन इन हालात में इसे ज़रूर उचित ठहराया जा सकता है।

इस आन्दोलन को किसी एक राजनैतिक दल के ख़िलाफ़ नहीं मानना चाहिए। यह बेहद स्वाभाविक है कि यह आन्दोलन उस राजनैतिक दल के ख़िलाफ़ खड़ा दिखाई देगा, जो सत्ता में है और जिसमें इस बिल को पारित करने की क्षमता है। सिर्फ़ एक विधेयक भ्रष्टाचार की समस्या को नहीं मिटा सकता है। यह तो हमेशा एक प्राथमिक उपचार की तरह ही हो सकता है। मैं यह बात काफ़ी गहराई से महसूस करता हूँ कि आगे का रास्ता जागरूकता के प्रसार और लोगों में सेंस ऑफ़ बिलांगिंगनेस की भावना भरने से हो कर जाता है। केवल तब, जब लोग आध्यात्मिक रूप से जागृत होंगे, भ्रष्टाचार की समस्या को मिटाया जा सकेगा। भ्रष्टाचार की शुरुआत ही तब होती है जब लोगों में सेंस ऑफ़ बिलांगिंगनेस समाप्त हो जाता है, यानी वे अपने आस-पास की चीज़ों में अपनी हिस्सेदारी या कहें भागीदारी महसूस करना बन्द कर देते हैं। समाज में मानवीय मूल्यों के प्रसार और सेंस ऑफ़ बिलांगिंगनेस के निर्माण के द्वारा भ्रष्टाचार को निश्चय ही मिटाया जा सकता है। हम लोगों ने अपनी इस धारणा को लेकर कई छोटे शहरों और गाँवों में प्रयोग किये हैं और वे सफल रहे हैं।

अरुणोदय : आख़िर क्यों सभी समूह, मसलन टीम अन्ना, बाबा रामदेव और आप एक साथ मिल कर भ्रष्टाचार के ख़िलाफ़ संघर्ष में एकजुट नहीं हो पाये? क्या आप लोगों में मदभेद है?

श्री श्री : हम लोगों ने मिल कर इण्डिया अगेंस्ट करप्शन की शुरुआत की। हम लोगों ने अपनी-अपनी पहचान को इससे अलग रख कर इसे शुरू किया। हम सब एक साथ और एकजुट हैं।

अरुणोदय : क्या आपको लगता है कि टीम अन्ना का हिसार वाला निर्णय उचित था?

श्री श्री : मैं इस मामले में कोई टिप्पणी नहीं करना चाहूँगा। हम सभी का काम करने का अपना-अपना तरीक़ा है। कुछ ख़ास चीज़ें हम साथ मिलकर करते हैं। कुछ ख़ास चीज़ें हम अपने-अपने हिसाब से और अपने-अपने तरीक़े से करते हैं। हम-लोग एक-दूसरे के कामों का परीक्षण नहीं करते हैं और न ही एक-दूसरे के कामों पर कोई टिप्पणी ही करते हैं, क्योंकि हम सब मूल रूप से एक ही लक्ष्य को प्राप्त करने के प्रयासों में लगे हैं। यह लक्ष्य है—एक भ्रष्टाचार-मुक्त भारत का निर्माण।

अरुणोदय : टीम अन्ना के सदस्यों पर भ्रष्टाचार के आरोप लगे हैं। क्या इन सदस्यों को तब तक अन्ना की टीम से हट नहीं जाना चाहिए, जब तक कि वे इन आरोपों से मुक्त न हो जायें? जैसा कि भ्रष्टाचार का आरोप लगने के बाद राजनीतिज्ञों से माँग की जाती है?

श्री श्री : अगर दूसरे की बातों या किसी के आरोपों को ज़रूरत से ज़्यादा तवज्जो दे कर काम किया जाने लगे तो कोई भी व्यक्ति किसी भी काम को नहीं कर पायेगा। अगर आरोप सही साबित होते हैं तो निश्चित तौर पर वे ख़ुद टीम से अलग हो जायेंगे। कई मौक़ों पर किसी भी व्यक्ति पर निराधार आरोप सिर्फ़ भ्रष्टाचार के ख़िलाफ़ संघर्ष को कमज़ोर करने के मक़सद से लगाये जा सकते हैं। एक बिन्दु पर जब टीम अन्ना को भंग करने का विचार आया था, तब मैंने इसका पुरज़ोर विरोध किया था और इसके ख़िलाफ़ अपनी राय दी थी।

अरुणोदय : आपको क्या लगता है, इस देश में भ्रष्टाचार की जड़ क्या है? क्या किसी को इसके लिए दोषी ठहराया जा सकता है?

श्री श्री : मूल्यों का पतन, भ्रष्टाचार को नियन्त्रित करने के लिए प्रभावशाली क़ानूनों का अभाव, आज़ादी के पहले से अब तक चली आ रही लालफीताशाही, पुराने और बेअसर हो चुके क़ानून, राजनीतिज्ञों के स्वार्थ, लोगों के बीच बलिदान की घटती भावना और राजनीति को समाज सेवा का ज़रिया मानने की जगह अपना निजी व्यापार मानने की

प्रवृत्ति को ही मैं इसका ज़िम्मेदार मानता हूँ।

अरुणोदय : जिस तरह सरकार ने टीम अन्ना और बाबा रामदेव के साथ व्यवहार किया, उसमें एक फ़र्क़ साफ़ नज़र आता है। आपको क्या लगता है इसके पीछे कारण क्या है?

श्री श्री : अन्ना हज़ारे के पहले अनशन के दौरान सरकार ने उनकी माँगें मान ली थीं। उस अनशन की तुलना में बाबा रामदेव का अनशन का कार्यक्रम बड़े पैमाने पर आयोजित किया गया था। सरकार इसे दबाना चाहती थी। जिस तरह से सरकार ने 4 जून 2011 को इस अनशन के साथ सलूक़ किया वह भारतीय राजनीति पर एक धब्बा है। दरअसल ऐसा करके सरकार ने अन्ना के अगस्त 2011 के अगले आन्दोलन में घी डालने का काम किया।

अरुणोदय : कांग्रेस के एक वरिष्ठ नेता ने आपको, बाबा रामदेव और टीम अन्ना को आर.एस.एस. और भाजपा का गेम प्लान कहा है। आपकी प्रतिक्रिया?

श्री श्री : यह कहना और मानना कि वैसा हर कोई जो भ्रष्टाचार के ख़िलाफ़ बात करता है, वह संघ से जुड़ा हुआ है, अपने आप में नासमझी-भरा और ग़लत है। यह समझदार फैसला नहीं था, क्योंकि यह उलटे उन पर ही वार कर गया। उन्होंने भ्रष्टाचार के ख़िलाफ़ उठ रही आवाज़ को विपक्ष का स्टण्ट करार दे कर चुप कराना चाहा, लेकिन जनता इतनी होशियार है कि इस तरह के बहकावे में नहीं आयी। लोगों ने इसके पीछे की चाल को समझ लिया। उन्होंने मुझे भी एक ख़ास पार्टी से जोड़ने की कोशिश की।

अरुणोदय : 'उन्हें' क्यूँ लगता है कि आर.एस.एस. का समर्थन लेना ग़लत है, भले ही आर.एस.एस., भाजपा इस मुहिम को समर्थन देती हो?

श्री श्री : यह मसला देश के व्यापक हित से जुड़ा हुआ है।

इसलिए राजनैतिक या वैचारिक पक्षधरता की बहुत परवाह किये बग़ैर हर तरफ़ से मिलने वाले समर्थन का स्वागत किया जाना चाहिए।

अरुणोदय : यू.पी. चुनाव के ठीक पहले आप, बाबा रामदेव और टीम अन्ना इस राज्य पर अपना पूरा ध्यान लगा रहे हैं। क्या आपकी नज़र यू.पी. चुनाव और यू.पी. के महत्व पर है?

श्री श्री : मैं जहाँ भी जाता हूँ, उस जगह पर ध्यान लगाता हूँ। यह कोई ख़ास बात नहीं है। हक़ीक़त में, मेरा किसी भी राज्य में जाना वहाँ के लोगों के लिए यात्रा के समान होता है। लोग मुझसे मिलने के लिए आते हैं। इस बार आदिवासी इलाकों में लोग तीस-तीस किलोमीटर चलकर सत्संग में भाग लेने के लिए पहुँचे। हमारे सत्संग में भाग लेने को कई लोग तीर्थ यात्रा की तरह मानते हैं। इस यात्रा की योजना कई दिनों से थी। इसका चुनावों से कोई लेना-देना नहीं था।

अरुणोदय : प्रधानमन्त्री ने एक मज़बूत लोकपाल बिल का वादा किया है। ऐसा ही वादा सोनिया गाँधी की तरफ़ से भी आया है। क्या आपको लगता है कि कोई ऐसा बिल पारित हो पायेगा जो सभी सिविल सोसाइटी समूहों को स्वीकार्य होगा?

श्री श्री : हमें इन्तज़ार करना चाहिए और आगे क्या होता है, यह देखना चाहिए।

अरुणोदय : अगर सरकार ऐसा बिल पारित नहीं करती जो टीम अन्ना को स्वीकार्य हो, तो क्या आप अन्ना हज़ारे के एक और अनशन का समर्थन करेंगे?

श्री श्री : हम लोग इस पर तब सोचेंगे, जब इसकी नौबत आयेगी।

अरुणोदय : क्या आप सारे सिविल सोसाइटी के कार्यकर्ताओं—टीम अन्ना, बाबा रामदेव, ख़ुद आप, स्वामी अग्निवेश, अरुणा रॉय, मेधा पाटकर को एक मंच पर लाना चाहेंगे?

श्री श्री : हम एक मंच पर आयें या न आयें, लेकिन जब तक हम एक मसले पर एकजुट हैं तब तक यह देश के लिए अच्छा है।

अरुणोदय : क्या आप यू.पी. चुनावों के लिए अपने अनुयायियों को कोई सन्देश देना चाहेंगे?

श्री श्री : मैंने उन सब को पहले ही कह दिया है कि वे सब वोट करने के लिए जायें और सौ फ़ीसदी मतदान के लिए जागरूकता पैदा करें।

श्री श्री रवि शंकर अध्यात्मिक गुरु हैं और पूरे विश्व में शान्ति के दूत के तौर पर देखे जाते हैं। श्री श्री का आर्ट ऑफ़ लिविंग कोर्स विश्व विख्यात है जो जीने की कला सिखाता है। श्री श्री भ्रष्टाचार के ख़िलाफ़ आन्दोलन से जुड़े हुए हैं।

क्या देश तीसरी बार धोखा खायेगा?

शकील अहमद

क्या देश तीसरी बार धोखा खायेगा? यह सवाल इसलिए क्योंकि इससे पहले भी दो बार देश के लोगों ने अफ़वाहों के बाज़ार पर ध्यान दे कर कांग्रेस को सत्ता से बाहर किया और कुछ ही दिनों में जब अपनी ग़लती का आभास हुआ तो वापस कांग्रेस की सरकार लौटी। यह देश की जनता को बरग़लाने का तीसरा सबसे बड़ा षड्यन्त्र है। इससे पहले आपातकाल के दौरान 1977 में और बोफ़ोर्स के नाम पर 1989 में इसी तरह की मुहिम चलायी गयी थी। दोनों बार ये ताक़तें कांग्रेस को हटाने में सफल रहीं, मगर जल्द ही सबको भान हो गया कि ग़लती हुई है, और कांग्रेस वापस सत्ता में आयी। आज एक बार फिर वही ताक़तें एकजुट हो कर इस देश के आम आदमी को बरग़लाने की पूरी कोशिश में लग गयी हैं।

1975 में देश के हालत को देखते हुए तत्कालीन प्रधानमन्त्री श्रीमती इन्दिरा गाँधी ने आपातकाल की घोषणा की। 1977 के चुनाव तक देश में अफ़वाहों के बाज़ार को पूरी तरह गर्म कर दिया गया, कांग्रेस चुनाव हार गयी। किसी तरह जोड़-तोड़ करके विपक्ष ने सरकार बनायी। मगर दो साल में ही लोगों को समझ में आ गया कि उनसे कितनी बड़ी भूल हुई। कांग्रेस भारी बहुमत से सत्ता में वापस आयी। आपातकाल के दौरान किस तरह अफ़वाह फैलायी गयी, इसका एक उदहारण एक समाचार-पत्र में आपातकाल के बाद छपा। एक समाचार-

पत्र के एक रिपोर्टर को यह ख़बर मिली की हरियाणा के एक गाँव के सभी मर्दों की नसबन्दी कर दी गयी है। ख़बर लिखने के लिए वह रिपोर्टर उस कथित गाँव की तलाश में निकला। जब वहाँ पहुँचा तो गाँव वालों ने कहा 'जी ये वाक़या तो हुआ है मगर इस गाँव नहीं, यहाँ से क़रीब 6 किलोमीटर आगे वाले गाँव में,' रिपोर्टर वहाँ पहुँचा। जवाब वहाँ भी कुछ ऐसा ही मिला, 'वाक़या तो हुआ है मगर यहाँ से क़रीब 5 किलोमीटर आगे वाले गाँव में'। सुबह से शाम हो गयी मगर वह गाँव मिला ही नहीं। इस वाक़ये को यहाँ लिखने का मक़सद था यह बताना कि किस तरह कोरी अफ़वाहों के दम पर ये ताक़तें काम करती हैं।

1989 के दौरान भी ऐसा ही कुछ हुआ देश में। बोफ़ोर्स के नाम पर देश के लोगों को छला गया। कांग्रेस फिर सत्ता से बाहर हुई। मगर जोड़-तोड़ वाली सरकार ज़्यादा दिन फिर नहीं टिक पायी और अगले चुनाव में फिर कांग्रेस की वापसी हुई।

मगर दोनों बार एक चीज़ हुई जो ग़ौर करने योग्य है। दोनों बार एक ही तरह की शक्तियों को फ़ायदा हुआ और देश कमज़ोर हुआ। 1977 में जनसंघ को तो 1989 में उन्हीं शक्तियों के नये नाम से बनाये गये राजनैतिक दल भाजपा को। 1989 में तो इनकी संख्या 1984 के आम चुनाव के आँकड़े 2 सीट से सीधा 85 पहुँच गयी। 1977 में पहली बार जनसंघ राजनीति की मुख्यधारा में आयी और इसके दो बड़े नेता—अटल बिहारी वाजपेयी और लालकृष्ण अडवाणी केन्द्र सरकार में मन्त्री बने।

अगर हम आज की परिस्थितियों को देखें तो यह साफ़ हो जाता है कि देश के अन्दर और बाहर की वही ताक़तें एक बार फिर कांग्रेस और उसके एलाइज़ को सत्ता से बाहर करने के लिए एकजुट हुई हैं। यह तीसरा मौक़ा है जब देश को कहीं भ्रष्टाचार, कहीं महँगाई और कहीं आतंकवाद के नाम पर बरग़लाने की कोशिश की जा रही है। यू.पी.ए.

सरकार की मंशा बहुत साफ़ है, हम इस तरह की हर समस्या से दो-चार हैं और इन्हें मिटाने की पूरी कोशिश हो रही है। इनसे लड़ने के लिए कड़े-से-कड़े क़ानून बनाने के लिए हम प्रतिबद्ध हैं।

बाबा रामदेव का वाक़या ही ले लीजिये। किसी देश के प्रमुख को लाने भी एअरपोर्ट पर एक ही मन्त्री जाता है, वह मिनिस्टर ऑफ़ स्टेट भी हो सकता है। मगर उनके दिल्ली आगमन पर उनसे सभी मुद्दों पर बात करने सरकार के वरिष्ठ मन्त्रियों का पूरा दल गया। प्रधानमन्त्री जी ने भी उन्हें पहले पत्र लिखा था और कहा था कि उनसे सरकार बात करेगी, उनकी सराहना की थी और कहा था कि मुझे उम्मीद है कि अब आप अनशन पर नहीं बैठेंगे। सरकार ने अपनी तरफ़ से पूरी कोशिश की, मगर रामदेव नहीं माने। जब रामदेव के असली रंग सामने आये तो सरकार ने कठोर क़दम उठाये। इन सबने सरकार की मंशा और संवेदनशीलता को कमज़ोरी समझा।

टीम अन्ना की बात। अप्रैल में सरकार ने आगे बढ़ कर उनसे बात की। उनके पाँच सदस्यों को ड्राफ़्ट समिति में रखा। हम उनसे बात कर रहे थे। सरकार के वरिष्ठ सदस्य उनके सम्पर्क में थे। ख़ुद सोनिया गाँधी जी और प्रधानमन्त्री जी ने आश्वासन दिया कि हम एक सशक्त लोकपाल लायेंगे। एन.ए.सी. की सदस्य अरुणा रॉय ने भी लोकपाल का एक मसौदा तैयार किया है, उन्होंने भी लोकपाल को और ताक़तें देने की बात की है, मगर टीम अन्ना अपने जनलोकपाल को छोड़ अन्य सबको ख़ारिज कर रही है।

यहाँ कई सवाल उठते हैं। जनलोकपाल के दायरे से टीम अन्ना ने स्वयं सेवी संगठनों को क्यों बाहर रखने की बात की है। हाल में आयी एक रिपोर्ट से पता चला है कि डेनमार्क से पैसे भारत के कुछ एन.जी.ओ. को दिये जा रहे हैं जिनका इस्तेमाल सरकार की नीतियों के ख़िलाफ़ आन्दोलन और प्रदर्शन के लिए किया जाना है। ऐसी स्थिति में कैसे ऐसी संस्थाओं को बाहर रखा जा सकता है। भारत सरकार ने

पूरे मामले की जाँच के आदेश दे दिये हैं। ये लोग देश के संविधान के — 'ऑफ़ द पीपुल, बाई द पीपुल, फ़ॉर द पीपुल' को बदल कर 'ऑफ़ द एन.जी.ओ., बाई द एन.जी.ओ., फ़ॉर द एन.जी.ओ.,' बनाना चाह रहे हैं। इन स्वयंसेवी संस्थाओं के मार्फ़त देश में बाहरी ताक़तें अव्यवस्था फैलाना चाह रही हैं। इन एन.जी.ओ. की कड़ी स्क्रूटिनी होनी चाहिए। अभी हाल में एक अख़बार में छपी रिपोर्ट के मुताबिक़, सालाना देश में एन.जी.ओ. फण्डिंग के लिए 10 हज़ार करोड़ रुपये आते हैं। एक तरफ़ अन्ना रिटेल में विदेशी निवेश का विरोध करते हैं, कहते हैं कि इससे देश ग़ुलाम हो गया। दूसरी तरफ़ एन.जी.ओ. में विदेशों से आने वाले पैसे पर मौन हैं। यहाँ तक कि उसे लोकपाल के अधीन भी नहीं लाना चाहते। इसकी वजह कहीं यह तो नहीं कि उनके टीम के लगभग हर सदस्य का अपना एक एन.जी.ओ. है।

अन्ना की टीम दावा करती है कि हमें बदनाम किया जा रहा है, कांग्रेस और सरकार हमें बदनाम कर रही है। अरविन्द केजरीवाल के मामले में कहाँ है सरकार का हाथ। अरविन्द केजरीवाल ने 'विथ पे' छुट्टी ली, बॉण्ड भरा। मगर बाद में आगे काम करने से मना कर दिया, जिस बॉण्ड को उन्होंने ख़ुद भरा था, उसे तोड़ दिया, फिर कहते हैं सरकार का हाथ है। कहा जनता का काम कर रहे थे। ख़ूब हल्ला मचाया। जब उनको सरकार से यह नोटिस भेजा गया तो उनके साथ दो और आई.आर.एस. अमिता शर्मा और अम्बिका प्रसाद को हू-ब-हू वैसे ही नोटिस भेजे गये, इन दोनों के बारे में कोई बात क्यों नहीं की। क्यों नहीं कोई चर्चा हुई इन दो अधिकारियों के बारे में टीम अन्ना के द्वारा। इसलिए कि ये टीम अन्ना के सदस्य नहीं थे?

अब किरण बेदी का ही मामला ले लीजिए। क्या सरकार ने उन्हें कहा था बिल बढ़ा कर देने को? दो लोगों के किरण बेदी के बारे में दिये गये बयानों पर ग़ौर कीजिये। नामी अवकाश-प्राप्त पुलिस अधिकारी जूलियो रिबेरो ने किरण बेदी के कृत्य को "चीटिंग" का नाम दिया।

वहीं पूर्व मुख्य-न्यायाधीश जे.एस. वर्मा ने इसे "पाकेटमारी" की संज्ञा दी। अब पुलिस और जज दोनों ने ऐसा कहा, तो फिर सजा से क्यों डर रही हैं। हाल के दिनों में इन पर मामला दर्ज हुआ तो अदालत पर ही सवाल खड़े कर दिये। यहाँ यह लगता है कि देश में बस टीम अन्ना के लोग सही हैं, बाकी सब ग़लत।

प्रशान्त भूषण के बयान पर ख़ूब बवाल मचा, थू-थू हुई। क्या उन्हें ऐसा बयान देने को सरकार ने कहा था?

अन्ना के बग़ैर अरविन्द केजरीवाल या मनीष सिसोदिया क्या थे? अन्ना की उँगली पकड़ कर यहाँ तक आये हैं। अरविन्द के घर के बाहर उनकी टीम के ही लोगों ने नारेबाज़ी की। पैसे और चन्दे के हिसाब को लेकर बवाल मचाया। उनके टीम के पूर्व सदस्य स्वामी अग्निवेश ने उन पर कई आरोप लगाये, जवाब देना चाहिए टीम अन्ना को इन सवालों का। आख़िर यह पैसा जनता का था।

असल में रामदेव और टीम अन्ना के पीछे आर.एस.एस. और विश्व हिन्दू परिषद् जैसे संगठनों का हाथ है और यह आन्दोलन 2014 के चुनाव तक चलेगा। आजकल इन सबका ध्यान उत्तर प्रदेश पर ज़्यादा है, और उसका कारण है वहाँ होने वाले चुनाव। वैसे इनका वहाँ कोई प्रभाव नहीं पड़ने वाला। दावे ये कितना भी करें इनका कोई सकारात्मक प्रभाव हिसार लोक सभा चुनाव में भी नहीं हुआ। इनके प्रचार के बाद एक 'भ्रष्ट' उम्मीदवार के वोट बढ़े। कांग्रेस तो वहाँ पहले से कमज़ोर थी। जिन समस्याओं की ये बात करते हैं अपने उत्तर प्रदेश दौरे के दौरान, वे तो देश में हर जगह हैं, फिर सिर्फ़ उत्तर प्रदेश का चुनाव क्यूँ? जाने अनजाने में श्री श्री रविशंकर भी इनके द्वारा इस्तेमाल हो रहे हैं।

अन्ना हज़ारे ख़ुद बहुत कन्फ़्यूज़्ड हैं। एक तरफ़ कहते हैं की मैं चुनाव लड़ूँगा तो ज़मानत भी नहीं बचेगी, क्योंकि चुनाव में शराब और पैसे पर वोटिंग होती है, दूसरी तरफ़ कहते हैं कि जनता मेरे साथ है।

ये दोनों बयान एक-दूसरे के विपरीत हैं।

हर बीते दिन के साथ जनता के सामने इनकी मंशा साफ़ होती जा रही है, इस बार लोग क़तई धोखा खाने के मूड में नहीं हैं। असल में यह आन्दोलन एक-दो चुनाव हार जाने के बाद परेशान हो जाने वाली शक्तियों के इशारे पर चल रहा है, और जल्द ही इनका असली चेहरा जनता के सामने साफ़ हो जायेगा।

हिसार का सच

हरियाणा के हिसार लोक सभा का उप-चुनाव तथा उसके मतगणना के परिणाम की घोषणा के बाद सामान्य रूप से यह बात चर्चा में है कि हिसार में कांग्रेस की हार का मुख्य कारण हिसार की जनता से टीम अन्ना की कांग्रेस को वोट न देने की अपील थी। लोकसभा का चुनाव एक ऐसे राज्य में जहाँ कांग्रेस का शासन पिछले सात साल से चल रहा हो तथा देश में जिसकी सरकार हो और साथ में कांग्रेस का उम्मीदवार वह व्यक्ति हो, जो इसी क्षेत्र से तीन बार सांसद रह चुका हो, उसका न केवल चुनाव हारना बल्कि अपनी ज़मानत भी गँवाना आम लोगों के लिए, जो चुनावी विश्लेषण से दूर हों, समझ पाना थोड़ा कठिन ज़रूर है। लेकिन लोग यह समझते हैं कि चुनाव का गणित उतना सीधा नहीं होता है जितना नज़र आता है और हिसार की स्थिति भी इससे कुछ भिन्न नहीं है।

यहाँ यह प्रश्न भी दिलचस्प है कि टीम अन्ना ने हिसार का ही चयन क्यों किया, जबकि उसी समय अन्ना हज़ारे के गृह राज्य महाराष्ट्र में अन्ना के घर से लगभग 200 कि.मी. की दूरी पर ही खड़कवासला विधान सभा का भी उप-चुनाव हो रहा था जहाँ एन.सी.पी. का कांग्रेस समर्थित उम्मीदवार चुनाव लड़ रहा था।

लेकिन अन्ना ने अपने घर के निकट का क्षेत्र छोड़ कर अपने सहयोगी अरविन्द केजरीवाल के घर के निकट का क्षेत्र क्यों चुना? क्या

इसका कारण यह था कि यह उप-चुनाव की एकमात्र सीट थी जहाँ लोक सभा के लिए चुनाव हो रहा था और बाक़ी जगहों पर चुनाव विधान सभाओं के लिए हो रहे थे। कारण जो भी रहा हो, लेकिन अरविन्द केजरीवाल और अन्ना को हिसार की ज़मीनी हक़ीक़त की पूरी जानकारी थी। उन्हें यह पूरा विश्वास था कि हिसार लोक सभा क्षेत्र में कांग्रेस के प्रत्याशी की हार निश्चित है और यहाँ वोटों का ध्रुवीकरण मुख्य रूप से जनहित कांग्रेस के उम्मीदवार और स्व. भजनलाल के पुत्र कुलदीप बिश्नोई और स्व. देवीलाल के पौत्र और ओम प्रकाश चौटाला के पुत्र अजय चौटाला के बीच होगा, जो लोक दल के उम्मीदवार हैं। इस निष्कर्ष के लिए किसी विशेष ज्ञान की आवश्यकता नहीं थी। लोक सभा के पिछले दो चुनाव परिणामों के आँकड़े इसे पूरी तरह स्पष्ट कर रहे थे कि हिसार में कांग्रेस का क्या होगा।

वर्ष 2004 के लोक सभा चुनाव के समय श्री भजनलाल कांग्रेस पार्टी में ही थे और उस चुनाव में हिसार में कांग्रेस के प्रत्याशी के रूप में श्री जय प्रकाश अच्छे मतों के अन्तर से विजयी हुए थे। इस जीत में भजनलाल जी का सहयोग महत्वपूर्ण था। परन्तु वर्ष 2004 से 2009 को बीच में ही श्री भजनलाल और पार्टी के बीच मतभेद के कारण भजनलाल जी कांग्रेस से अलग हो गये और अपनी पार्टी बना कर 2009 के चुनाव में हिसार से लोक सभा के उम्मीदवार बन गये। हिसार में 2009 में भी 2011 की तरह तीन मुख्य उम्मीदवार थे। हरियाणा जनहित पार्टी के भजनलाल, लोक दल के सम्पत सिंह और कांग्रेस के जय प्रकाश, जय प्रकाश उस समय सांसद थे और 2004 से 2009 तक उन्होंने उस क्षेत्र का प्रतिनिधित्व किया था।

लेकिन जब चुनाव परिणाम आया तो भजनलाल जी पहले स्थान पर रहे, लोक दल के सम्पत सिंह दूसरे स्थान पर और सांसद रहते हुए भी कांग्रेस के जय प्रकाश तीसरे नम्बर पर आये।

टीम अन्ना यह अच्छी तरह जानती थी कि 2009 में कांग्रेस की

ज़बरदस्त लहर में दस लोक सभा सीटों में से नौ सीटें जीतने वाली पार्टी का मौजूदा सांसद तीसरे स्थान पर जा सकता है तो 2011 में उसका जीतना सम्भव नहीं है। उनके इस आकलन को इस एक बात से भी बल मिला था कि 2009 के चुनाव में नम्बर दो पर रहने वाले सम्पत सिंह और नम्बर तीन पर रहने वाले जय प्रकाश दोनों ही उम्मीदवार जाट थे, जबकि नम्बर एक पर रहने वाले भजनलाल ग़ैर जाट बिरादरी से आते थे। अतः जिन जाट मतदाताओं ने 2009 में सम्पत सिंह जी या जय प्रकाश जी को केवल जातिगत आधार पर वोट दिया होगा वह 2011 में किसी एक जाट उम्मीदवार की ओर गोल बन्द होंगे और स्वाभाविक रूप से तीन नम्बर उम्मीदवार से ज़्यादा अच्छी सम्भावनाएँ नम्बर दो पर आने वाले उम्मीदवार के पक्ष में थी, वह भी तब जब 2009 के लोक दल के उम्मीदवार सम्पत सिंह की जगह इस बार देवीलाल जी के परिवार का राजनैतिक उत्तराधिकारी अजय चौटाला उम्मीदवार के रूप में मैदान में है और सम्भवतः हुआ भी ऐसा ही, क्योंकि कुलदीप बिश्नोई के वोट में वृद्धि का कारण जनहित कांग्रेस-भाजपा गठबन्धन और बी.एस.पी. उम्मीदवार का नहीं होना माना जा रहा है। लेकिन लोक दल के उम्मीदवार को पिछले चुनाव से लगभग एक लाख से अधिक वोट मिलना इस बात की ओर संकेत करता है कि 2009 में जय प्रकाश जी को मिलने वाले वोटों की एक बड़ी संख्या का अजय चौटाला की तरफ़ स्थानान्तरित हो जाना है।

अन्ना के सहयोगी अरविन्द केजरीवाल के स्थानीय होने के कारण भी टीम अन्ना को यह गणित समझने में कोई परेशानी नहीं हुई और उन्होंने एक मँजे हुए नेता और राजनैतिक दल की तरह राइट टू रिजेक्ट का प्रावधान न रहते हुए भी कांग्रेस को रिजेक्ट करने का आह्वान कर दिया और चुनाव का परिणाम अपेक्षित ही रहा और किसी को भी इस पर आश्चर्य नहीं हुआ।

चुनाव परिणाम आते ही मौन व्रत पर रहते हुए भी अन्ना हज़ारे ने अपनी ख़ुशी लिखित रूप में प्रकट की और कांग्रेस की हार का सेहरा भी अपने सर बाँध लिया, परन्तु अन्ना हज़ारे यह भूल गये कि कांग्रेस और उसके सहयोगी दलों से उनकी नाराज़गी की जानकारी केवल हिसार की जनता को ही नहीं, बल्कि पूरे देश को है और पूरे देश में अन्ना को मानने वालों की एक बड़ी संख्या है। अन्ना अपनी हर माँग को देश की माँग बताते हैं, लेकिन अन्ना को यह भी सोचना पड़ेगा कि उनके ही गृह राज्य महाराष्ट्र में 2009 के विधान सभा चुनाव में जो सीट कांग्रेस समर्थित एन.सी.पी. उम्मीदवार ने लगभग तेईस हज़ार मतों से हारी थी, वह सीट इस बार एन.सी.पी. यहाँ से केवल तीन हज़ार मतों के अन्तर से क्यों हारी? एक और भी बात टीम अन्ना के लिए चिन्ता का विषय हो सकती है, वह यह कि कांग्रेस प्रत्याशी जय प्रकाश को 2009 की तुलना में 2011 में लगभग 55 हज़ार अर्थात 7 प्रतिशत कम मत मिले। अभी कुछ ही महीने पहले कपिल सिब्बल के क्षेत्र में जनता का समर्थन 85 प्रतिशत था। इतने कम समय में समर्थन का प्रतिशत इतनी तेज़ी से कम होना टीम अन्ना के लिए चिन्ता का विषय भी है। टीम अन्ना के लिए यह बात भी चिन्ता का विषय है कि उनके भ्रष्टाचार के आन्दोलन के बाद भी पिछले चुनाव के मुक़ाबले जिस पार्टी को सबसे ज़्यादा मतों की वृद्धि हुई है, वह लोकदल है जिसके उम्मीदवार श्री अजय चौटाला के विरुद्ध एक जानकारी के अनुसार भ्रष्टाचार के एक मामले में आरोप-पत्र दाख़िल हुआ है। अतः हिसार में टीम अन्ना के आन्दोलन का सबसे अधिक लाभ एक चार्जशीटेड भ्रष्टाचारी को मिला। पिछले चुनाव के मुक़ाबले में इस पार्टी को 1 लाख 9 हज़ार वोट अधिक मिले हैं जो जीतने वाले उम्मीदवार के वोटों की बढ़ोत्तरी से अधिक है। यहाँ यह भी उल्लेख करना ज़रूरी है कि 13 अक्टूबर, 2011 को जहाँ भी चुनाव हुए, चाहे वह हिसार लोक सभा हो या कोई विधान सभा, पिछले चुनाव में कहीं से भी कांग्रेस या उसके किसी सहयोगी दल का कोई प्रत्याशी

विजयी नहीं हुआ था।

इस तरह यह स्पष्ट है कि 17 अक्टूबर, 2011 के चुनाव परिणाम कांग्रेस के साथ-साथ टीम अन्ना के लिए भी चिन्तनीय हैं।

शकील अहमद कांग्रेस के नेता हैं और पूर्व केन्द्रीय मन्त्री भी।

भ्रष्टाचार विरोधी आन्दोलन से खुलती नयी सम्भावनायें

आनन्द प्रधान

तमाम सीमाओं और कमियों के बावजूद यह एक जनतान्त्रिक आन्दोलन है

कहना मुश्किल है कि अन्ना हज़ारे के नेतृत्व में चल रहे भ्रष्टाचार विरोधी और जनलोकपाल समर्थक आन्दोलन से अन्ततः क्या निकलेगा? जो सम्भावनाएँ और आशंकाएँ ऐसे सभी जनान्दोलनों के साथ होती हैं, वह इस आन्दोलन के साथ भी हैं। सम्भव है कि यह आन्दोलन नाकाम रहे, यह भी सम्भव है कि अपने ही अन्तर्विरोधों और सत्ता प्रतिष्ठान के तिकड़मों में उलझ कर बिखर जाये और सम्भव यह भी है कि इसे सरकार विभाजित कर दे, कुचल दे। यह भी सम्भव है कि आख़िर में सरकार और अन्ना टीम में कोई डील हो जाये और एक बार फिर लोग छले जायें।

इससे भी इनकार नहीं किया जा सकता है कि यह एक खिचड़ी क्रान्ति भर बन कर रह जाये जिससे यह भ्रष्ट व्यवस्था और मज़बूत हो कर निकले। इस आशंका को भी नकारा नहीं जा सकता कि इस आन्दोलन को भगवा फ़ासीवाद हाइजैक कर ले जाये। इस आन्दोलन की कई आलोचनाओं में भी काफ़ी दम है। जैसे यह काफ़ी हद तक सही है कि इस आन्दोलन के केन्द्र में मूलतः 'शहरी, अभिजात, हिन्दू-सवर्ण

और मध्यमवर्गीय' तबक़े शामिल हैं। यह भी कि इस आन्दोलन का एजेंडा बहुत सीमित, सपाट और छिछला है और इसे 'क्रान्ति' और 'आज़ादी की दूसरी लड़ाई' बतानेवाले एक भावुक अतिरेक और अति-उत्साह के शिकार हैं।

यह भी कि इस आन्दोलन में भाँति-भाँति के समूह शामिल हैं जिनमें मनुवादी आरक्षण विरोधियों से लेकर भगवा हिन्दुत्ववादियों जैसी प्रतिक्रियावादी शक्तियाँ भी हैं। इसके अलावा ख़ुद अन्ना और उनकी टीम के कई साथियों का अतीत और उनके पिछले और नये बयान अन्तर्विरोधी, भ्रामक, छिछले और यहाँ तक कि जनविरोधी रहे हैं। यह भी कि इस आन्दोलन के पक्ष में खड़े कई नेताओं, पूर्व नौकरशाहों, एन.जी.ओ. और कारपोरेट मीडिया का ख़ुद का चरित्र भ्रष्ट रहा है और उन्हें इनके साथ खड़े देख कर निराशा और बढ़ जाती है।

यही नहीं, इस आन्दोलन ने एक ऐसा राजनीति विरोधी माहौल बनाया है जो भ्रष्ट-सत्तापरस्त-अपराधी राजनीति और बदलाव की राजनीति करनेवालों को एक साथ खड़ा कर देता है। कहने का आशय यह कि आप चाहें तो इस आन्दोलन में कई कमियाँ, कमज़ोरियाँ और अन्तर्विरोध खोज सकते हैं, इसके सीमित एजेंडे पर कई सवाल खड़े कर सकते हैं और इसे सिरे से ख़ारिज कर सकते हैं। निश्चय ही, अन्ना के नेतृत्व वाले भ्रष्टाचार विरोधी आन्दोलन को लेकर ये सवाल उठाये जाने चाहिए, उसकी कमियों की ओर इशारा किया जाना चाहिए और उसकी आलोचना भी होनी चाहिए। इससे यह आन्दोलन वैचारिक, राजनैतिक रूप से और समृद्ध, व्यापक और मज़बूत होगा।

यह भी और ज़ोर देकर कहने की ज़रूरत है कि देश को ग़रीबों के नेतृत्व में एक रैडिकल बदलाव के जन आन्दोलन की ज़रूरत है और इसका कोई विकल्प नहीं है। लेकिन इसका मतलब यह क़तई नहीं है कि जब तक क्रान्ति नहीं होगी, देश में विभिन्न तबक़ाई, लोकतान्त्रिक मुद्दों और सवालों पर होने वाले आन्दोलन बेमानी हैं।

सवालों के बावजूद इस आन्दोलन के योगदान को ख़ारिज मत कीजिए

ज़ाहिर है कि तमाम सवालों और आलोचनाओं के बावजूद भ्रष्टाचार विरोधी इस आन्दोलन को ख़ारिज नहीं किया जा सकता है। इस आन्दोलन की तमाम सीमाओं के बावजूद इससे कौन इनकार कर सकता है कि इसने नव उदारवादी आर्थिक नीतियों के सबसे मुखर प्रवक्ता बन गये मध्यमवर्ग को भ्रष्टाचार जैसे महत्वपूर्ण मुद्दे पर सड़कों पर उतरने के लिए मजबूर कर दिया है। यह भी कि इस आन्दोलन ने भ्रष्टाचार के सवाल को राष्ट्रीय एजेंडे पर स्थापित कर दिया है, अन्ना की गिरफ़्तारी के सवाल पर लड़ कर विरोध करने के जनतान्त्रिक अधिकार को हासिल किया है और सबसे बढ़ कर, लोगों की राजनैतिक चेतना को आगे बढ़ाया है।

साफ़ बात है कि जिन्हें क्रान्ति और मुकम्मल बदलाव से कम कुछ भी मंज़ूर नहीं है, वे इसके लिए तैयारी करें। इस आन्दोलन से उनके लिए ज़मीन तैयार हो रही है। लेकिन जो बुद्धिजीवी और सामाजिक-राजनैतिक बदलाव के आन्दोलनों से जुड़े मित्र अनेक ज्ञात-अज्ञात कारणों से इस आन्दोलन को लोकतन्त्र, संविधान और संसद के ख़िलाफ़ बता रहे हैं, वे भी एक दूसरे अतिरेक के शिकार हैं। अगर यह क्रान्ति नहीं है तो प्रतिक्रान्ति भी नहीं है। अगर यह मुकम्मल बदलाव की लड़ाई नहीं है तो यह अलोकतान्त्रिक आन्दोलन भी नहीं है। इससे कुछ नहीं बदलेगा, यह मानना भी सामाजिक-राजनैतिक बदलाव की प्रक्रियाओं से आँख चुराना और निराशावाद का चरम है।

अगर इस तर्क को मान लें तो तमाम तबक़ाई संगठनों और उनकी छोटी-बड़ी माँगों को लेकर चलनेवाले आन्दोलन बेमानी दिखने लगेंगे। याद रहे, 1974 का जयप्रकाश आन्दोलन भी गुजरात में भ्रष्टाचार और छात्रावासों में मेस फ़ीस में बढ़ोत्तरी जैसे मुद्दों पर शुरू हुआ था और धीरे-धीरे व्यापक लोकतान्त्रिक अधिकारों की लड़ाई में बदल गया।

भ्रष्टाचार विरोधी मौजूदा आन्दोलन में भी ऐसी सम्भावनाएँ हैं। अगर यह आन्दोलन आगे बढ़ा तो इसमें कारपोरेट भ्रष्टाचार और ग़रीबों-किसानों-आदिवासियों-दलितों के जल-जंगल-ज़मीन-खनिज की लूट के सवाल जुड़ते चले जायेंगे। रैडिकल बदलाव के आन्दोलनों के अगुवा संगठनों और समूहों को इसके लिए कोशिश करनी चाहिए।

लेकिन इसके लिए सबसे पहले ज़रूरी है कि जो सत्तापरस्त, भ्रष्ट और जनविरोधी ताक़तें अपने भ्रष्ट और अलोकतान्त्रिक तौर-तरीक़ों को लोकतन्त्र, संविधान और संसद की आड़ लेकर इस आन्दोलन को ख़ारिज करने की कोशिश कर रही हैं, उनकी पोल खोली जाये। इसे कहते हैं, सूप तो सूप, चलनी भी हँसे, जिसमें सैकड़ों छेद। जिनका पूरा इतिहास लोकतन्त्र की धज्जियाँ उड़ाने, संविधान को तोड़ने-मरोड़ने और उसका मजाक़ बनाने और संसद को अपने हितों और स्वार्थों के लिए रबर स्टैम्प की तरह इस्तेमाल करने का है, वे लोकतन्त्र, संविधान और संसद की सर्वोच्चता की दुहाई दे रहे हैं।

माफ़ कीजिए, इन महानुभावों से लोकतन्त्र, संविधान और संसद की महत्ता पर कोई प्रवचन नहीं सुनना है। अगर इस देश में लोकतन्त्र ज़िन्दा है तो श्रेय सिर्फ़ और सिर्फ़ इस देश की ग़रीब जनता को है। लोकतन्त्र में जनता से बड़ा कोई नहीं है। न संविधान, न संसद, न क़ानून और न ख़ुद भगवान। संविधान की दुहाई देनेवाले यह क्यों भूल जाते हैं कि संविधान की प्रस्तावना की शुरुआत "हम भारत के लोग" वाक्यांश से होती है। संसद भी लोगों की इच्छाओं और भावनाओं की अभिव्यक्ति का मंच है। अगर आज लोग एक मज़बूत और प्रभावी जनलोकपाल चाहते हैं तो यह अलोकतान्त्रिक, असंवैधानिक और प्रतिक्रियावादी माँग कैसे है?

कुछ मित्र जिन्हें "खाये-पिये-अघाये" मध्यवर्ग बता रहे हैं और जो उनके मुताबिक़, "संसद, संविधान और लोकतान्त्रिक प्रक्रियाओं" को उलटने की तैयारी के साथ इस आन्दोलन में कूदा है और जिसे

"कारपोरेट पूँजी और उससे निर्देशित मीडिया" का पूरा समर्थन मिल रहा है, उन मित्रों की कल्पनाशक्ति, तर्कशक्ति और राजनैतिक समझ की दाद देनी पड़ेगी। अगर वह "खाया-पिया-अघाया" मध्यवर्ग है तो इसका मतलब इस व्यवस्था के बने रहने में उसका निहित स्वार्थ है। फिर वह इस व्यवस्था को "ऊपर से पलटने" की कोशिश क्यों कर रहा है? क्या इसलिए कि "राज्य और उसकी शक्तियों और सार्वजनिक सेवाओं को और अधिक निजी हाथों यानी बड़ी कारपोरेट पूँजी" को सौंपा जा सके?

नयी अर्थव्यवस्था के नये मज़दूरों की निराशा और हताशा

सवाल है कि जिसे "खाया-पिया-अघाया" मध्यवर्ग बताया जा रहा है, वह कौन है? अगर ग़ौर से देखें तो वह भारतीय अर्थव्यवस्था में पिछले बीस वर्षों में ख़ास कर शहरों में तेज़ी से फले-फूले और लगातार फैलते सेवा क्षेत्र में काम करनेवाला 20 से लेकर 40 वर्ष का वह युवा है जो औसतन 10 से लेकर 25 हज़ार रुपये महीने की तनख़्वाह पर काल सेंटरों, होटलों-रेस्तराओं, शापिंग मालों, स्टोर्स, बैंक-बीमा-वित्तीय संस्थाओं, मार्केटिंग, सेल्स, प्राइवेट स्कूलों से लेकर मीडिया आदि विभिन्न सेवा क्षेत्रों में काम कर रहा है। अगर इनमें आटोमोबाइल से लेकर उपभोक्ता सामान बनानेवाली मैन्युफ़ैक्चरिंग कम्पनियों के कुशल और अकुशल मज़दूरों को जोड़ दिया जाये तो नयी अर्थव्यवस्था के इन नये श्रमिकों का दायरा बहुत बड़ा हो जाता है।

निश्चय ही, नयी अर्थव्यवस्था के इन सेवाकर्मियों की तनख़्वाहें और उनका रहन-सहन देश के असंगठित क्षेत्र में काम करनेवाले उन 78 फीसद श्रमिकों की तुलना में काफ़ी बेहतर है जो सिर्फ़ 20 रुपये प्रतिदिन पर गुज़ारा करने के लिए मजबूर हैं। लेकिन यह भी एक कड़वा सच है कि अपेक्षाकृत बेहतर वेतन के बावजूद शहरों में लगातार बढ़ती महँगाई और दैनिक रहन-सहन की बढ़ती लागत ने इन तनख़्वाहों को भी बेमानी बना दिया है। अधिकतर शहरी परिवारों में पति-पत्नी दोनों

के काम किये बिना गुज़र मुश्किल है।

यही नहीं, नयी अर्थव्यवस्था के उजाले के पीछे का गहरा और घुटन भरा अँधेरा भी कम लोगों को दिखाई देता है। तथ्य यह है कि इन सेवाकर्मियों की सेवा शर्तें बहुत बदतर हैं। कोई जॉब सिक्योरिटी नहीं है। श्रमिकों को मिलनेवाली क़ानूनी सुविधाएँ भी नहीं मिलती हैं। काम के लम्बे, थकाऊ और तनाव-भरे घण्टों के बावजूद छुट्टी से लेकर स्वास्थ्य सुविधा का कोई ठिकाना नहीं है। ऊपर से बैंक, कार, टी.वी.-फ़्रिज से लेकर घर की ख़ातिर लिये गये बैंक लोन की ई.एम.आई. का दबाव। ऐसा लगता है जैसे इसमें काम करनेवालों का कोई भविष्य नहीं है। आप कभी इन युवाओं से बात करें, आपको उनकी कुण्ठा, चिन्ता, निराशा-हताशा, आशंकाओं, मुश्किलों का अन्दाज़ा होगा। नयी अर्थव्यवस्था के इन सबसे बड़े पैरोकारों का इससे मोहभंग होने लगा है।

यह सही है कि किसी बड़े लोकतान्त्रिक आन्दोलन में शिक्षित-प्रशिक्षित न होने के कारण उसके अन्दर राजनीति को लेकर एक ख़ास तरह की नाराज़गी, ऊब और नफ़रत भी है। यह भी सही है कि इसका एक बहुत छोटा हिस्सा 90 के दशक और 2006-07 के आसपास आरक्षण विरोधी या उससे पहले साम्प्रदायिक फ़ासीवादी अभियानों में भी शामिल रहा है। लेकिन यह भी सच है कि वह अब वहीं नहीं खड़ा है और उसने पिछले और उसके पहले के चुनावों में भाजपा के ख़िलाफ़ वोट दिया है।

यही नहीं, वह आर.एस.एस. के साम्प्रदायिक फ़ासीवाद की असलियत समझ चुका है। आश्चर्य नहीं कि पिछले एक-डेढ़ दशक में आर.एस.एस. की शाखाओं में न सिर्फ़ युवाओं की संख्या घटी है, बल्कि इस कारण उनकी कुल शाखाओं में गिरावट आयी है। सच यह है कि धीरे-धीरे आर.एस.एस. अप्रासंगिक होने की ओर बढ़ रहा है। इसके बावजूद साम्प्रदायिक फ़ासीवाद के ख़तरे को कम करके नहीं आँकने की भूल नहीं करूँगा। बेशक, आर.एस.एस. और उसके सहोदरों को अलग-थलग

करना और उनके ख़िलाफ़ राजनैतिक-वैचारिक अभियान चलाना जारी रहना चाहिए लेकिन उसके ख़तरे को बहुत बढ़ा-चढ़ा कर भी नहीं दिखाया जाना चाहिए। निश्चय ही, कांग्रेस और कुछ कथित सेक्युलर राजनैतिक दलों और नेताओं को यह मुफीद बैठता है लेकिन उनकी धर्मनिरपेक्षता की असलियत अब किसी से छुपी नहीं है।

क्या है आर.एस.एस.-भाजपा का डर दिखाने का मक़सद?

सच पूछिए तो भाजपा के राजनैतिक पुनरुज्जीवन के लिए भ्रष्टाचार विरोधी आन्दोलन नहीं, बल्कि ख़ुद कांग्रेस सबसे ज़्यादा ज़िम्मेदार है। भाजपा अगर आयेगी तो इसलिए कि कांग्रेस उसे यह मौक़ा दे रही है। अगर कांग्रेस भ्रष्टाचार से दूर रहती, महँगाई पर लगाम लगाती और ग़रीबों के हित में क़दम उठा रही होती तो भाजपा के लिए मौक़ा कहाँ आता? पिछले आम चुनावों के बाद भाजपा जिस मरणासन्न स्थिति में पहुँच गयी थी, उसे फिर से खाद-पानी किसने दिया है? मुख्य विपक्षी दल होने और तीसरे मोर्चे की दुर्गति के कारण कांग्रेस की राजनैतिक ग़लतियों और अपराधों का फ़ायदा स्वाभाविक तौर पर भाजपा को मिलेगा। मौजूदा राजनैतिक और चुनावी ढाँचे में इसमें कुछ भी अस्वाभाविक नहीं है।

तथ्य यह है कि अन्ना हज़ारे के भ्रष्टाचार विरोधी आन्दोलन के शुरू होने तक भाजपा ने ही कांग्रेस के ख़िलाफ़ राजनैतिक मोर्चा खोल रखा था। वह भ्रष्टाचार विरोधी अभियान से राजनैतिक कमाई करने के लिए ख़ूब ज़ोर लगाये हुए थी, लेकिन भ्रष्टाचार के मामले में ख़ुद उसकी गन्दी कमीज़ किसी से छुपी नहीं थी। इसलिए उसकी मुहिम को कोई ख़ास सफलता नहीं मिल रही थी। अलबत्ता, तमिलनाडु चुनावों में जयललिता बाज़ी मार ले गयीं, जबकि केरल में वाम मोर्चे के हाथ बाज़ी आते-आते रह गयी। इससे साफ़ था कि कांग्रेस का राजनैतिक ग्राफ़ नीचे गिर रहा है। कांग्रेस की राजनैतिक ढलान की अन्य वजहों में आन्ध्र प्रदेश में तेलंगाना और जगन मोहन रेड्डी के मुद्दे पर आगे कुआँ,

पीछे खाई में फँस जाना और महाराष्ट्र जैसे राज्य में शासन पर पकड़ ढीली पड़ते जाना भी है।

बहरहाल, यह पहली बार है कि भ्रष्टाचार विरोधी आन्दोलन के ज़रिये नयी अर्थव्यवस्था का यह मध्यमवर्गीय मज़दूर तबक़ा अपनी सीमित, अकेली और बन्द दुनिया से न सिर्फ़ बाहर आया, बल्कि मौजूदा व्यवस्था में व्यापक बदलाव के प्रति उसकी ललक साफ़ दिखी। सबसे बड़ी बात यह कि उसका ज़बरदस्त राजनैतिकरण हुआ है। वह आज की राजनीति पर बात कर रहा है, उसके विकल्पों पर बात करने और सुनने के लिए तैयार दिख रहा है और इस आन्दोलन को आगे ले जाने की प्रतिबद्धता ज़ाहिर कर रहा है। निश्चय ही, बड़े बदलाव के वाम-रैडिकल आन्दोलनों के लिए ज़मीन तैयार है और वाम-रैडिकल राजनैतिक शक्तियों को यह मौक़ा नहीं गँवाना चाहिए।

आप अब भी चाहें तो इसे "खाया-पिया-अघाया" मध्यवर्ग कहें, लेकिन मुझे तो यही आज और ख़ास कर भविष्य का मज़दूर वर्ग दिखता है। याद रखिए, अगले 10-15 वर्षों में देश में गाँवों से ज़्यादा लोग शहरों में होंगे और उनमें से सबसे ज़्यादा इसी नयी 'होटल-रेस्तराँ' अर्थव्यवस्था (गेल ओम्वेट से उधार) में काम कर रहे होंगे। और हाँ, उसमें सबसे ज़्यादा दलित-पिछड़े ही होंगे। यही नहीं, देश के सैकड़ों विश्वविद्यालयों और हज़ारों कॉलेज परिसरों में लाखों छात्र एक अनिश्चित भविष्य की आशंकाओं के बीच बेचैन अपनी राह खोज रहे हैं। क्या इन्हें अनदेखा करके देश में कोई भी जनतान्त्रिक आन्दोलन चल सकेगा या सफल हो सकेगा? यहाँ तक कि किसानों-मज़दूरों-आदिवासियों-दलितों और अल्पसंख्यक समुदायों के तबक़ाई आन्दोलन भी बिना इन्हें साथ लिये कामयाब नहीं हो सकते हैं।

भ्रष्टाचार के ख़िलाफ़ ग़रीबों का ग़ुस्सा

आज देश में भ्रष्टाचार के ख़िलाफ़ आम आदमी का ग़ुस्सा बढ़ता जा रहा है तो इसकी वजह किसी से छुपी नहीं है। असल में, भ्रष्टाचार की

सबसे अधिक मार उसी पर पड़ रही है। हालाँकि कई विश्लेषकों को यह लगता है कि भ्रष्टाचार मूलतः अमीर और मध्यम वर्गों तक सीमित परिघटना है और आम आदमी, ख़ास कर ग़रीबों को इससे कोई ख़ास फ़र्क़ नहीं पड़ता है, लेकिन सच्चाई यह है कि भ्रष्टाचार की सबसे अधिक मार ग़रीबों पर ही पड़ती है जिन्हें अपने वाजिब हक़ों और ज़रूरतों—जैसे राशन से अनाज, स्कूल में दाख़िले, पानी-बिजली के कनेक्शन, अस्पताल में इलाज, ट्रेन में यात्रा, रेहड़ी-फेरी लगाने आदि—के लिए सरकारी अधिकारियों और कर्मचारियों को घूस देने के लिए मजबूर होना पड़ता है।

सेंटर फ़ॉर मीडिया स्टडीज़ (सी.एम.एस.) की हाल में जारी रिपोर्ट के अनुसार, पिछले साल अनुसूचित जाति, जनजाति और पिछड़े वर्गों के 40 फ़ीसदी लोगों ने अपने अनुभव के आधार पर यह कहा कि देश में सार्वजनिक सेवाओं में भ्रष्टाचार बढ़ा है जबकि 28 फ़ीसदी ने कहा कि हालात कमोबेश पिछले साल की तरह ही हैं। असल में, सी.एम.एस. ने देश भर में कोई दो हज़ार गाँवों के 9960 ग्रामीण परिवारों के बीच चार जन सेवाओं—पी.डी.एस., स्कूली शिक्षा, पेयजल और अस्पताल सुविधाओं—में भ्रष्टाचार की पड़ताल के लिए एक सर्वेक्षण किया था जिससे यह चौंकानेवाला तथ्य सामने आया कि देश के बारह राज्यों में अकेले इन चार सेवाओं के लिए ग्रामीण ग़रीबों को लगभग 471.8 करोड़ रुपये की घूस देनी पड़ी।

कहने की ज़रूरत नहीं है कि मध्यम और उच्च वर्गों ने धीरे-धीरे इन सरकारी सेवाओं का उपयोग करना छोड़ दिया है, इसलिए उन्हें इस भ्रष्टाचार से शायद उतना फ़र्क़ नहीं पड़ता है, लेकिन ग़रीबों के लिए ये सार्वजनिक सेवाएँ जीवन रेखा की तरह हैं।

इसके बावजूद इन चार महत्वपूर्ण सार्वजनिक सेवाओं में भ्रष्टाचार का घुन उन्हें न सिर्फ़ अन्दर से खोखला करता जा रहा है, बल्कि उसकी क़ीमत ग़रीबों को जान तक दे कर चुकानी पड़ रही है। विश्वास

नहीं हो तो कभी सरकारी प्राइमरी हेल्थ सेंटर और जिला अस्पताल जा कर देखिए कि वहाँ आम आदमी और ग़रीबों का क्या हाल है? यही नहीं, आज देश के किसी भी राज्य में चले जाइए, सबसे भ्रष्ट विभागों में पी.डी.एस., स्कूली शिक्षा और स्वास्थ्य विभाग सबसे ऊपर चल रहे हैं। ख़ास कर जबसे स्कूली शिक्षा, सर्व शिक्षा और ग्रामीण स्वास्थ्य मिशन के लिए केन्द्र से हज़ारों करोड़ की रकम हर साल राज्यों में पहुँच रही है, हालात और बिगड़ गये हैं। हालाँकि 2-जी और कामनवेल्थ घोटालों के शोर में इनकी चर्चा कहीं नहीं हो रही है।

लेकिन सच्चाई यह है कि बिना किसी अपवाद के, विकास और सार्वजनिक कल्याण की सभी योजनाओं को भ्रष्टाचार का घुन चाटता जा रहा है। ख़ुद कांग्रेस महासचिव राहुल गाँधी ने भी स्वीकार किया है कि विकास और सार्वजनिक कल्याण की योजनाओं के लिए दिल्ली या राज्य की राजधानियों से चलनेवाले हर एक रुपये में से सिर्फ़ पाँच पैसे ही ग़रीब तक पहुँच रहे हैं। याद रहे कि उनके पिता और तत्कालीन प्रधानमन्त्री राजीव गाँधी के ज़माने में एक रुपये में से 15 पैसे गाँव तक पहुँचते थे। साफ़ है कि पिछले दो-ढाई दशकों में न सिर्फ़ भ्रष्टाचार का दायरा बढ़ा है, बल्कि भ्रष्टाचार में होनेवाली सार्वजनिक धन की लूट भी कई गुना बढ़ गयी है।

लेकिन विडम्बना देखिए कि जिस समय देश में भ्रष्टाचार के ख़िलाफ़ एक प्रभावी लोकपाल की ज़रूरत पर बहस चल रही है, उसी समय वित्त मन्त्रालय के मुख्य आर्थिक सलाहकार कौशिक बसु ने बाकायदा एक विमर्शपत्र जारी करके 'नायाब और रैडिकल' सुझाव दिया है कि निचले स्तर के भ्रष्टाचार को एक तरह का क़ानूनी दर्जा दे दिया जाये। बसु के मुताबिक़, आम आदमी को रोज़-रोज़ की ज़रूरतों के लिए जो घूस देनी पड़ती है, वह एक तरह का उत्पीड़क भ्रष्टाचार है। उनके अनुसार, लोगों को मजबूरी में ऐसी घूस देनी पड़ती है, इसलिए इस तरह मजबूरी में घूस देनेवाले को भ्रष्टाचार के आरोप से बरी कर देना

चाहिए। उन्हें उम्मीद है कि इससे घूस देनेवाले लोग इसकी शिकायत कर सकेंगे और यह भ्रष्टाचार को रोकने में मददगार साबित होगा।

बसु के 'क्रान्तिकारी' सुझाव की सीमाएँ, अन्तर्विरोध और विसंगतियाँ बताने की ज़रूरत नहीं है। इसे लागू करने का मतलब भ्रष्टाचार को न सिर्फ़ एक तरह की क़ानूनी मान्यता देना है, बल्कि यह भ्रष्टाचार को एक तरह की सामाजिक स्वीकृति देना भी है। लेकिन सबसे हैरानी की बात यह है कि जो सरकार छोटे और मझोले स्तर के अधिकारियों को लोकपाल के दायरे में लाने के लिए तैयार नहीं है, उसका सबसे बड़ा आर्थिक सिद्धान्तकार उसे क़ानूनी बनाने की सिफ़ारिश कर रहा है। साफ़ है कि भ्रष्टाचार की सेहत पर कोई फ़र्क़ नहीं पड़नेवाला है, बल्कि उसे किसी-न-किसी रूप में वैध बनाने की कोशिश हो रही है। एक मानी में यह भ्रष्टाचार के इस व्यवस्था का अनिवार्य हिस्सा बनने की स्वीकृति है।

भ्रष्टाचार से निपटने के लिए चुनौती देनी होगी नव उदारवादी पूँजीवाद को

नव उदारवादी पूँजीवादी व्यवस्था को चुनौती दिये बिना यह मानना एक बहुत बड़ी भूल है कि लोकपाल बनते ही मौजूदा सर्वव्यापी और सर्वग्रासी भ्रष्टाचार और घोटाले ख़त्म हो जायेंगे। सच पूछिए तो भ्रष्टाचार इस पूँजीवादी व्यवस्था का वह ग्रीस है जो इसके सुचारू संचालन में मदद करता है। यही कारण है कि यह भ्रष्टाचार इस पूँजीवादी व्यवस्था का अभिन्न हिस्सा बन चुका है। लेकिन अन्ना के नेतृत्व वाले भ्रष्टाचार विरोधी आन्दोलन की सबसे बड़ी सीमा यह है कि वह न तो नव उदारवादी आर्थिक नीतियों को चुनौती देता है और न ही पूँजीवादी व्यवस्था को निशाना बनाता है। इस मानी में, यह इस पूँजीवादी व्यवस्था में आन्तरिक सुधार का सीमित आन्दोलन है जिसमें ख़ुद इस व्यवस्था के भी बड़े दाँव लगे हुए हैं।

यह संयोग नहीं है कि इन्हीं दिनों अमरीका में 'ऑक्यूपाई वॉल स्ट्रीट' के नारे के साथ जो एक जनान्दोलन शुरू हुआ है, उससे अन्ना का आन्दोलन बहुत कुछ सीख़ सकता है। अमरीका में 'वॉल स्ट्रीट क़ब्ज़ा' आन्दोलन बहुत हद तक अन्ना के भ्रष्टाचार विरोधी आन्दोलन के अन्दाज़ में चौंकाता हुआ शुरू हुआ और उससे ज़्यादा हैरान करता हुआ फैलता जा रहा है। किसी को यह उम्मीद नहीं थी कि पूँजीवाद के दुर्ग माने जानेवाले अमरीका में भी 'एक फ़ीसदी बनाम ९९ फ़ीसदी' की बहस शुरू हो सकती है। यह भी कि पूँजीवाद को लेकर इतने गम्भीर सवालों और मुद्दों के साथ ऐसी नाराज़गी और ग़ुस्से का इज़हार अमरीका और वह भी वॉल स्ट्रीट में हो सकता है।

आप विश्वास करें या न करें लेकिन यह सच है। अमरीकी सत्ता प्रतिष्ठान पर अमरीकी शहर न्यू यॉर्क में शेयर बाज़ार, बड़े बैंकों और वित्तीय संस्थाओं की गढ़ माने जानेवाली वॉल स्ट्रीट के असीमित दबदबे, आवारा वित्तीय और कारपोरेट पूँजी के अन्तहीन लालच और उसके कारण अमरीकी समाज में बढ़ती आर्थिक ग़ैर बराबरी, बेरोज़गारी और गिरते जीवन स्तर के ख़िलाफ़ 'वॉल स्ट्रीट क़ब्ज़ा करो' के नारे के साथ कुछ सौ लोगों ने लिबर्टी पार्क पर डेरा-डण्डा डाल कर एक मुहिम की शुरुआत की थी। आज यह आन्दोलन जंगल की आग की तरह न सिर्फ़ पूरे अमरीका में फैल गया है बल्कि दुनिया भर, ख़ास कर यूरोप, के ९०० से अधिक शहरों में उसकी आँच महसूस की जा रही है।

इसमें कोई दो राय नहीं है कि यह एक स्वतःस्फूर्त मुहिम थी और इसके आयोजकों को भी अन्दाज़ा नहीं था कि यह इतनी जल्दी, इतना बड़ा और प्रभावी आन्दोलन बन जायेगा। जैसाकि अधिकांश स्वतःस्फूर्त आन्दोलनों के साथ होता है, इस आन्दोलन को भी सत्ता प्रतिष्ठान, राजनैतिक दलों और कारपोरेट मीडिया ने पहले अनदेखा करने की कोशिश की। यह कहा गया कि ये कुछ अराजक लोगों की भीड़ है, हाशिये के लोग हैं, मौजूदा आर्थिक मन्दी से त्रस्त लोग हैं जो कुछ

दिनों में अपना ग़ुस्सा और ग़ुबार निकाल कर लौट जायेंगे या जब ठण्ड बढ़ेगी तो डेरा-डण्डा उठा ले जायेंगे।

लेकिन ऐसा कुछ नहीं हुआ है। अपनी तमाम अन्तर्निहित कमज़ोरियों और अन्तर्विरोधों के बावजूद यह आन्दोलन दिन-पर-दिन मज़बूत ही होता जा रहा है। स्वाभाविक तौर पर इसकी सबसे बड़ी वजह यह है कि इस आन्दोलन ने अमरीका और यूरोप के विकसित पूँजीवादी देशों सहित पूरी दुनिया में 99 फ़ीसदी लोगों के दिल-दिमाग़ को झकझोर दिया है। इस कारण अमरीकी सत्ता प्रतिष्ठान से लेकर कारपोरेट मीडिया तक को मजबूरी में इसका नोटिस लेना पड़ रहा है। हालाँकि अब इस आन्दोलन को तोड़ने, कमज़ोर करने, बदनाम करने और हड़प लेने की कोशिशें हो रही हैं, लेकिन तमाम विपरीत परिस्थितियों के बावजूद यह आन्दोलन न सिर्फ़ टिका हुआ है, बल्कि उसके उठाये सवालों और मुद्दों की प्रतिध्वनि अमरीका से लेकर पूरी दुनिया में सुनाई दे रही है।

इस आन्दोलन को मिल रहे समर्थन से साफ़ है कि यह एक ऐसा विचार था जिसका समय आ गया था। यह ठीक है कि इस आन्दोलन के लिए फ़्लैश-पॉयण्ट और ट्रिगर मौजूदा वैश्विक आर्थिक संकट और उससे निपटने के लिए सरकारी ख़र्चों में कटौती का फ़ैसला बना है, लेकिन तथ्य यह है कि लोगों में मौजूदा पूँजीवादी अर्थव्यवस्था के ख़िलाफ़ यह ग़ुस्सा पिछले कई वर्षों से पल रहा था।

एक अनुमान के मुताबिक़, अकेले अमरीका अब तक वॉल स्ट्रीट की कम्पनियों पर बेल आउट पैकेज के रूप में कोई 16 खरब डॉलर लुटा चुका है। मज़े की बात है कि एक ओर आम लोगों को इसकी क़ीमत चुकानी पड़ रही है, दूसरी ओर, वॉल स्ट्रीट की कम्पनियों में एक बार फिर लाखों-करोड़ों डॉलर के बोनस बाँटने की होड़ लगी हुई है। उन्हें देख कर लगता ही नहीं है कि देश और दुनिया में कोई आर्थिक संकट है।

ज़ाहिर है कि यह सिर्फ़ अमरीका और यूरोप तक सीमित परिघटना

नहीं है। भारत भी इससे अछूता नहीं है। वह भी पिछले दो दशकों से विश्व बैंक-मुद्रा कोष और बड़ी विदेशी आवारा पूँजी से प्रेरित नव उदारवादी आर्थिक सुधारों की प्रयोगस्थली बना हुआ है। इन दो दशकों में देश में आर्थिक समृद्धि बढ़ी है, लेकिन इसके साथ ही यह भी उतना ही सच है कि देश में आर्थिक असमानता और विषमता भी तेज़ी से बढ़ी है। अमीरों और ग़रीबों की आय के बीच की खाई और चौड़ी और गहरी हुई है। तीव्र आर्थिक विकास का फ़ायदा मुट्ठी भर लोगों के हाथ में सिमट कर रह गया है।

यही नहीं, आम लोगों ख़ास कर ग़रीबों, किसानों, श्रमिकों, दलितों, आदिवासियों और अन्य कमज़ोर वर्गों में लगातार पीछे छूटने और वंचित होने का एहसास बढ़ता जा रहा है। उन्हें यह महसूस होने लगा है कि इस अर्थव्यवस्था में उनके लिए कुछ ख़ास नहीं है। दूसरी ओर, कारपोरेट क्षेत्र और विदेशी आवारा पूँजी के सौ गुनाह माफ़ हैं। ज़मीन-जंगल-जल और खनिज जैसे सार्वजनिक संसाधनों की कारपोरेट लूट का नया रिकार्ड बन गया है। पिछले तीन वर्षों से आसमान छूती महँगाई के बावजूद सरकार ग़रीबों और कमज़ोर वर्गों के लिए दोनों जून भरपेट भोजन के लिए अनाज भण्डार का मुँह खोलने के बजाय करोड़ो टन अनाज दबाये बैठी हुई है।

हैरानी की बात नहीं है कि देश भर में जहाँ भी सरकार या कारपोरेट औद्योगिकीकरण, रियल इस्टेट या खनिजों के दोहन के लिए ज़मीन, जंगल, पानी और खदानें अधिग्रहीत करने की कोशिश कर रहे हैं, आम लोगों की ओर से उसका कड़ा प्रतिरोध हो रहा है। आम लोग अब और त्याग और क़ुर्बानी के लिए तैयार नहीं हैं। वे अपनी ज़मीन-जंगल और जल छोड़ने के लिए तैयार नहीं हैं। पिछले कुछ वर्षों में न सिर्फ़ यह प्रतिरोध और मुखर और व्यापक हुआ है, बल्कि इनके कारण नव उदारवादी सुधारों का चक्का जाम-सा हो गया है।

कहने की ज़रूरत नहीं है कि भ्रष्टाचार विरोधी आन्दोलन को इन

आन्दोलनों से जुड़ना और उनके साथ खड़ा होना होगा। इसके बिना यह आन्दोलन बहुत आगे तक नहीं जा पायेगा।

आनन्द प्रधान भारतीय जनसंचार संस्थान में असोशिएट प्रोफ़ेसर के पद पर कार्यरत हैं और साथ-साथ स्तम्भकार भी हैं।

हुंकार से मौन तक, मौन की हुंकार

विजय विद्रोही

इस साल मार्च के आख़िरी हफ़्ते में मेरे न्यूज़ चैनल के प्रबन्ध सम्पादक ने मुझे कुछ काग़ज़ और दस्तावेज़ सौंपते हुए कहा कि अन्ना हज़ारे जन्तर-मन्तर पर अनशन पर बैठने वाले हैं, उन लोगों की शिकायत है कि मीडिया इस पर ज़्यादा ध्यान नहीं दे रहा है। आप इसे पढ़ लीजिए और एक अच्छी-सी कापी लिख दीजिए। मैंने काग़ज़ देखे। एक छपे हुए दस्तावेज़ में अन्ना हज़ारे का ज़िन्दगीनामा उकेरा गया था। उसमें लिखा था हज़ारे महाराष्ट्र के हैं, पुणे के पास एक गाँव में रहते हैं, सेना में नौकरी कर चुके हैं, गाँव को नशामुक्त बनाया है, सैकड़ों भ्रष्ट अफ़सरों को नौकरी से हटा चुके है, आधा दर्जन मन्त्रियों की लाल बत्ती की गाड़ी छीन चुके हैं, आदि, आदि। मैं अन्ना हज़ारे के बारे में पहले से जानता था। मेरे लिए दस्तावेज़ ख़ास महत्व के नहीं थे। अलबत्ता साथ में कुछ अन्य काग़ज़ थे। उन्हें टटोला तो टटोलता ही चला गया। उनमें जनलोकपाल का पूरा ड्राफ़्ट छपा था। इससे पहले टुकड़ों-टुकड़ों में मैं जनलोकपाल के प्रावधानों के बारे में पढ़ चुका था। कुछ नोट भी मैंने लिए थे।

इस बीच सरकार की तरफ़ से तैयार लोकपाल का ड्राफ़्ट भी अख़बारों में छप चुका था। अब दोनों ही ड्राफ़्ट मेरे सामने थे। जनलोकपाल बिल में पूरे विस्तार के साथ समझाया गया था कि

लोकपाल का चयन किस तरह से होगा, उसके दायरे में प्रधानमन्त्री से लेकर जज, मन्त्री, सांसद से लेकर अफ़सर और सरकारी कर्मचारी सभी आयेंगे, तय समय सीमा में जाँच पूरी होगी, दोषी को आजीवन कारावास और सम्पत्ति कुर्क, झूठी शिकायत करने वाले के लिए भी सज़ा का प्रावधान और ख़ुद भ्रष्ट निकलने पर लोकपाल को भी हटाने के रास्तों का पूरे विस्तार से उल्लेख...एक ही साँस में पूरा जनलोकपाल बिल पढ़ गया। फिर सोचने लगा क्या यह सम्भव है। जिस देश में 42 साल से लोकपाल अटका हुआ हो, कांग्रेस से लेकर भा.ज.पा. और तीसरे मोर्चे की सरकारें लोकपाल बिल को संसद में सिर्फ़ पेश करने का ही साहस जुटा पायी हों, उस देश में क्या मौजूदा राजनैतिक व्यवस्था ऐसे जनलोकपाल को सहन कर लेगी जो बेहद दबंग होगा। एकदम कड़क।

ख़ुद से सवाल पूछने के बाद मैंने ख़ुद को ही जवाब भी देने शुरू किये। नहीं, यह सम्भव नहीं है। क़तई सम्भव नहीं है। अन्ना हज़ारे एक हारी हुई लड़ाई लड़ने जा रहे हैं। दो-चार दिनों का तमाशा होगा। फिर कोई आश्वासन भर आयेगा और मौक़ा पाते ही अनशन पर बैठे अन्ना हज़ारे जूस पीते नज़र आयेंगे। बात आयी-गयी हो जायेगी। दिल कह रहा था कि जनलोकपाल का यही समय है। दिमाग़ कह रहा था कि ये सब ख़याल-ही-ख़याल हैं। ख़ैर, मैंने दो स्टोरी तैयार की। एक में अन्ना के बारे में जानकारी थी। क्योंकि अन्ना के बारे में तब तक बहुत कम लोग जानते थे। एक दूसरी स्टोरी में सरकारी लोकपाल और जनलोकपाल की तुलना की गयी थी। सरसरी तौर पर। मुझे यही लग रहा था कि अन्ना के अनशन पर बैठने का बहुत ज़्यादा असर नहीं होगा। क्योंकि भ्रष्टाचार से जूझती नाउम्मीद हो चुकी जनता को भी जनलोकपाल एक सपने की तरह ही लगेगा। जिस देश में घूस को सुविधा शुल्क मान लिया गया हो, जिस देश में नेताओं और अफ़सरों के घोटालों को अनिवार्य बुराई कह कर छोड़ दिया जाता रहा हो, जिस देश में कभी किसी अफ़सर या नेता को बड़ी सज़ा नहीं हुई हो, जिस

देश में भ्रष्टाचार कभी चुनावी मुद्दा नहीं बना हो उस देश में गाँव का आठवीं पास धोती-कुर्ता पहनने वाला, गाँधी टोपी धारण करने वाला एक शख़्स कुछ कर देगा ......ऐसा पहली नज़र में लग नहीं रहा था। लेकिन अन्ना हज़ारे महाराष्ट्र में कामयाब रहे हैं, सूचना के अधिकार को लेकर उन्होंने लम्बा संघर्ष किया है। उनका यह इतिहास आश्वस्त ज़रूर कर रहा था।

ख़ैर, अन्ना ने राजघाट से अपना आन्दोलन शुरू किया और रंग जमा दिया। राजघाट से लेकर जन्तर-मन्तर तक का सफ़र जिस तरह से आयोजित किया गया था, इस बात को साफ़ करने के लिए काफ़ी था कि अन्ना हज़ारे तो सिर्फ़ अनशन पर बैठेंगे, लेकिन आन्दोलन को कुछ दूसरे ही लोग चलायेंगे। अरविन्द केजरीवाल, प्रशान्त भूषण, किरण बेदी, शान्ति भूषण, आदि, आदि। जन्तर-मन्तर पर कैमरे-ही-कैमरे लगे थे और भीड़ जुटने लगी थी। शाम को तो मेला-सा ही लगता था। कुछ मीडिया वालों ने मिस्र की राजधानी काहिरा के तहरीर चौक पर इसी साल जनवरी-फ़रवरी में हुए आन्दोलन से इसकी तुलना करनी शुरू कर दी। मैं ख़ुद काहिरा के तहरीर चौक पर मौजूद था जब वहाँ पहुँचे हज़ारों की तादाद में लोग सड़कों पर कम्बल बिछा कर सो जाते थे, सेना के टैंक तहरीर चौक की तरफ़ बढ़ते तो लोग टैंकों के आगे एक कम्बल नीचे बिछाते, सोते और एक कम्बल ओढ़ लेते। फ़ेसबुक और सोशल मीडिया के ज़रिये सारा आन्दोलन चल रहा था। वहाँ तीन सौ से ज़्यादा लोग पुलिस और सेना की गोली से मारे गये थे, लेकिन महात्मा गाँधी से प्रेरित लोग वहाँ से उठते नहीं थे। कोई घर से कम्बल लाता तो कोई खाने का सामान तो कोई दवाइयाँ.....जन्तर-मन्तर पर ऐसा तो कुछ नहीं था, लेकिन लोग ज़रूर थे जो रोज़ बढ़ते ही जा रहे थे। काफ़ी लोग न तो सरकारी लोकपाल के बारे में जानते थे और न ही जनलोकपाल के बारे में। लेकिन उमड़ रहे थे। वे इस विश्वास से आ रहे थे कि अन्ना हज़ारे अनशन पर बैठ गये हैं और अब कुछ होगा। जो होगा, वह अच्छा होगा।

पहली बार बनी संयुक्त कमेटी

कोई सोच भी नहीं सकता था कि पाँच दिनों के भीतर ही सरकार की चूलें हिल जायेंगी। सरकार को अन्ना की तमाम शर्तों को मानने के लिए मजबूर होना पड़ा। पहली बार किसी बिल को ड्राफ़्ट करने के लिए एक संयुक्त ड्राफ़्टिंग कमेटी बनी। पाँच सदस्य सरकार के और पाँच सदस्य सिविल सोसाइटी के। सरकार को भी लगा, चलो एक प्रयोग यह भी सही। अन्ना भ्रष्टाचार हटाना चाहते हैं, सरकार भी लोकपाल लाकर वाहवाही लूटने की फ़िराक़ में थी। सरकार के मन्त्रियों को लगा होगा कि टीम अन्ना के सदस्यों के साथ बैठ कर, मिल-मिला कर लोकपाल का एक ड्राफ़्ट तैयार कर लिया जायेगा और पूरे देश में कांग्रेस सरकार की जयजयकार हो जायेगी। शायद यही वजह रही कि सरकार ने सिविल सोसाइटी के पाँच सदस्यों में अपनी पसन्द के लोगों को शामिल करने पर ज़ोर नहीं दिया। यहाँ तक कि विपक्ष से न तो कोई राय ही ली और न ही उनके किसी प्रतिनिधि को ही संयुक्त कमेटी में लिया गया। बैठकों का दौर शुरू हुआ तो सरकार की समझ में आया कि टीम अन्ना सिर्फ़ लोकप्रियता हासिल करने के लिए जनलोकपाल का नारा नहीं लगा रही है।

प्रधानमन्त्री, संसद के अन्दर सांसदों का आचरण, जज, सभी सरकारी कर्मचारी, सी.वी.सी., सी.बी.आई. और लोकपाल की तर्ज़ पर ही राज्यों में लोकायुक्त की नियुक्ति जैसी माँगों पर टीम अन्ना अड़ गयी तो सरकार के लिए बीच का रास्ता निकालना मुश्किल हो गया। हर बैठक के दिन दिलचस्प नज़ारा रहता। सारा मीडिया साउथ ब्लॉक के बाहर सुबह से ही जुट जाता। टीम अन्ना की माँगों को सारे चैनल दोहराते। सरकार के आधे-अधूरे रुख़ पर टिप्पणी होती। बैठक ख़त्म होती तो सरकारी पक्ष का जवाब होता कि बैठक अच्छे माहौल में हो रही है और अधिकांश बातों पर सहमति बन रही है। इसके बाद टीम अन्ना की बारी आती तो वह बैठक का सारा चिट्ठा खोल कर रख

देती। लोकपाल के चयन के तरीक़े से लेकर उसे हटाने के मुद्दों पर असहमति की पोल खोली जाती। तय था कि सरकार भले ही कुछ कहे, लेकिन बात बन नहीं रही थी। बात बनते-बनते बिगड़ रही थी। टी.वी. चैनल पूरा नहीं बता पाते और अगले दिन अख़बार बैठक की एक-एक बात सामने रख देते। बात बननी नहीं थी और बनी भी नहीं।

छह माँगों पर बात बिगड़ी। हैरत की बात है कि इन माँगों पर विपक्ष भी टीम अन्ना के साथ नहीं था, लेकिन वह अपने पत्ते भी नहीं खोल रहा था। यह सरकार के लिए दुविधा की स्थिति थी और साथ-ही-साथ सारे विवाद से निपटने की गली भी दिख रही थी। अगर सरकार तत्काल सर्वदलीय बैठक बुला कर विपक्ष को विश्वास में लेती तो शायद बात बन सकती थी। अगर टीम अन्ना भी कुछ खुले दिल के साथ सरकार के साथ बैठती तो भी बात बन सकती थी। आख़िरकार, प्रधानमन्त्री की सर्वदलीय बैठक के दौरान और बाद में विपक्ष का चेहरा भी सामने आ चुका था कि एक, कोई भी दल जनलोकपाल से पूरी तरह सहमत नहीं है। दो, सभी दल संसद को सिविल सोसाइटी से ऊपर रखना चाहते हैं। संसद में बहस के दौरान भी पूरे सदन ने टीम अन्ना की दो माँगें एकमत से ख़ारिज कर दीं और हैरत की बात है कि टीम अन्ना ने इसपर चुप्पी साध ली। सभी ने कहा कि संसद के अन्दर सांसदों का आचरण और जज लोकपाल के दायरे में नहीं आने चाहिएँ। इसी तरह प्रधानमन्त्री को लोकपाल के दायरे में लाने पर सभी दल सशर्त ही सहमत दिखे। सवाल उठता है कि जब टीम अन्ना को भी समझ में आ रहा था कि एक सशक्त, मज़बूत और ज़िम्मेदार लोकपाल कोई नहीं चाहता तो वह सरकार के साथ बीच का रास्ता निकालने के लिए तैयार क्यों नहीं हुई। हो सकता है कि उसे लगा हो कि अभी और ज़्यादा संघर्ष किया जा सकता है और दबाव डाला जा सकता है, लेकिन बड़ा सवाल है कि आख़िर सरकार के प्रणब मुखर्जी, चिदम्बरम, कपिल सिब्बल जैसे मन्त्री क्यों इस ख़तरे को भाँप नहीं पाये।......आपको याद होगा कि रामलीला मैदान पर अन्ना के अनशन के दौरान मनमोहन सिंह

ने अलग-अलग जगह दो बार कहा था कि ले-दे कर बात बन जायेगी। सवाल उठता है कि संयुक्त ड्राफ़्ट कमेटी में अनबन के समय ले-दे कर मामला सुलझा लेने की बात क्यों किसी के दिमाग़ में नहीं आयी।

बीच का रास्ता

16 अगस्त का दिन क़रीब आ रहा था। अन्ना हज़ारे लगातार सरकार को चेतावनी दे रहे थे कि इस बार आर-पार की लड़ाई होगी। वे ललकार रहे थे कि जान चली जाये तो भी परवाह नहीं। उधर सरकार बाबा रामदेव को निपटाने के बाद गदगद थी। बाबा रामदेव को रामलीला मैदान से आधी रात को उठा कर हरिद्वार भेजा जा चुका था। उनके ख़त को सामने रख कर उनके उपवास को फ़िक्स घोषित किया जा चुका था। कपिल सिब्बल और चिदम्बरम की जोड़ी अपनी ही पीठ ठोंक रही थी। सरकार और शायद कांग्रेस पार्टी को भी लगने लगा था कि अब आने दो अन्ना हज़ारे को।....दो-दो हाथ हो जायें।....इस बार जन्तर-मन्तर को दोहराने नहीं दिया जायेगा। सरकार भले ही 16 अगस्त को हल्के में ले रही थी, लेकिन मीडिया, ख़ास तौर से टी.वी. न्यूज़ चैनलों, की तैयारी पूरी थी। इस बीच लोकपाल पर बनी स्टैंडिंग कमेटी के सामने टीम अन्ना पहुँची।

अन्ना हज़ारे लोकपाल बिल पर बनी संसद की स्थाई समिति के सामने अपना पक्ष रख चुके थे। साफ़ कर दिया कि सरकारी लोकपाल बिल को ख़ारिज कर दिया जाना चाहिए और ऐसा नहीं हुआ तो वह 16 अगस्त से आमरण धरने पर बैठ जायेंगे। अरविन्द केजरीवाल कह रहे थे कि बीच का कोई रास्ता नहीं है। लेकिन सवाल उठता है कि क्या अब भी बीच का कोई रास्ता नहीं बचा था। एक आस जगी स्वामी अग्निवेश के उस टी.वी. इण्टरव्यू से जिसमें उन्होंने कहा कि अन्ना भी प्रधानमन्त्री और जजों को लोकपाल के दायरे से बाहर रखने पर सहमत हो गये थे। बशर्ते सरकार सभी सरकारी कर्मचारियों को लोकपाल के दायरे में ले आये (सरकारी लोकपाल बिल में ग्रुप ए और उससे उपर

के अधिकारियों को ही इसके दायरे में रखा गया है) और शिकायत झूठी पाये जाने पर दो साल की कम-से-कम कैद का प्रावधान हटा दिया जाये। ये वही स्वामी अग्निवेश हैं जिन्होंने पहले जस्टिस सन्तोष हेगड़े के सुर-में-सुर मिलाते हुए अन्ना को 16 अगस्त से अनशन पर नहीं बैठने की सलाह दी थी यह कहते हुए कि उन्हें संसद के फैसले का इन्तज़ार करना चाहिए। अगर उस समय ड्राफ़्ट कमेटी में शामिल मनमोहन सिंह सरकार के मन्त्री और दिग्विजय सिंह जैसे नेता अन्ना को नहीं उकसाते तो शायद तभी बात बनने की कोई सूरत निकाली जा सकती थी।

खैर, अब भी बात बहुत ज़्यादा बिगड़ी नहीं थी। अब तक अन्ना की टीम अच्छी तरह से जान चुकी थी कि सभी राजनैतिक दल जजों को, संसद के अन्दर सांसदों के आचरण को लोकपाल के दायरे में लाने पर तैयार नहीं हैं। जजों के मामले में सभी दल चाहते हैं कि इसके लिए ज्यूडिशियरी रिफ़ार्म बिल को संसद में पास किया जाना चाहिए। ग़ौरतलब है कि बीच में एक बार स्वयं अन्ना ने भी ड्राफ़्टिंग कमेटी की पहली बैठक के पहले कहा था कि जजों को बाहर रखे जाने पर उन्हे एतराज़ नहीं है। यह और बात है कि दिल्ली आते ही अरविन्द केजरीवाल से बातचीत के बाद वे बयान से बदल गये थे।

संसद में पेश की गयी रिपोर्ट में कहा गया कि सूचना के अधिकार के तहत ख़ुफ़िया और सुरक्षा एजेंसियों को इसके दायरे से बाहर करने के पीछे कोई ठोस तार्किक वजह नहीं है, ख़ास तौर से यह देखते हुए कि सूचना के अधिकार क़ानून का मतलब ही भ्रष्टाचार का ख़ात्मा करना है। ग़ौरतलब है कि 2011 जून में सी.बी.आई. को सूचना के अधिकार के दायरे से अलग कर दिया था। इसका चौरतरफ़ा विरोध हो रहा है। यहाँ तक कि सोनिया गाँधी की राष्ट्रीय सलाहकार परिषद की सदस्या अरुणा राय तक ने इसका कड़ा विरोध किया है। अन्ना हज़ारे दावा करते रहे हैं कि सूचना का अधिकार बिल भी उन्हीं

के प्रयासों से सबसे पहले महाराष्ट्र में आया और फिर उसे देश भर में लागू किया गया। सवाल उठता है कि जब अन्ना ख़ुद कहते हैं कि यह बिल उनके प्रयासों से आया तो उन्हें क्यों नहीं ये कोशिश करनी चाहिए कि बिल को मज़बूत बनायें? संसद की स्थाई समिति उनका साथ दे रही है। ऐसे में अन्ना आम जनता की भलाई को ध्यान में रखते हुए सरकार से बीच का रास्ता निकालने की गुंजाइश क्यों नहीं निकालते?

ये कुछ ऐसे सवाल थे जिनसे मैं जूझ रहा था। मुझे लग रहा था कि कहीं ऐसा न हो कि इस सपने की भ्रूण हत्या हो जाये। कहीं ऐसा न हो कि सरकार इस बीच कोई ऐसी चाल चल जाये जिससे अन्ना का आन्दोलन कमज़ोर हो जाये और फिर सरकार हावी हो जाये। ज़ाहिर है कि पूरा विपक्ष भी जनलोकपाल नहीं चाहता था। ऐसे में अन्ना के आन्दोलन के कमज़ोर होने का फ़ायदा उसे भी मिलता। कहीं ऐसा हो गया तो 42 सालों से लटका बिल एक बार फिर अटक जायेगा। कुछ भी नहीं मिलने से अच्छा है कुछ तो हासिल हो। किश्तों में ही सही। एक बार हमारे स्टूडियो में टीम अन्ना के अरविन्द केजरीवाल आये तो मैंने उनसे यही सवाल किया। उनका भी कहना था कि उन्हें कब बातचीत से ऐतराज है लेकिन सरकार की तरफ़ से कोई तो सामने आये। ठोस आश्वासन दे। ज़ाहिर है कि केजरीवाल भी मान रहे थे कि उनके जनलोकपाल बिल की सारी बातें हू-ब-हू मानी जाने वाली नहीं हैं, लेकिन जो भी, जितना भी माना जाये उसकी गारण्टी सरकार की तरफ़ से कोई लेने वाला तो हो। कांग्रेस के एक वरिष्ठ नेता से मेरी बात हुई तो उनका यही कहना था कि आप देखते रहिए, क्या हाल करते हैं टीम अन्ना का। बाबा रामदेव को भूल गये क्या। आप देखते रहिए।

रामलीला मैदान पर अन्नालीला

सरकार के अंहकारी रुख़ से तय था कि टकराव होगा। टीम अन्ना के कुछ सदस्यों से मेरी अनौपचारिक बात हुई तो उनका भी कहना था कि

इस बार अन्ना आर-पार की लड़ाई के मूड में हैं। अन्ना के पास खोने के लिए कुछ नहीं था और पाने के लिए पूरी दुनिया थी। सरकार के पास ख़ुफ़िया विभाग है, दिमाग़दार आधा दर्जन मन्त्री हैं। हैरत है कि फिर भी सरकार चूक क्यों गयी? सरकार को किस आधार पर लगा कि अन्ना के आन्दोलन को बाबा रामदेव की तरह कुचला जा सकता है। मैं दफ़्तर के साथियों के साथ चर्चा करता तो सभी कहते कि सरकार क्यों आत्महत्या करने पर तुली हुई है। दफ़्तर के बाहर सिगरेट-चाय वाले से लेकर रिक्शे वाला, सभी को लगता था कि अन्ना को पाताल में डाल दिया तो वहाँ भी वह अनशन करेंगे और टी.वी. चैनलों की सीधा प्रसारण करने वाली गाड़ियाँ वहाँ भी पहुँच जायेंगी।

घर से सुबह-सुबह गिरफ़्तारी, तिहाड़ जेल में अन्ना, जेल से रिहाई के बावजूद बाहर निकलने से इनकार, रामलीला मैदान का आनन-फानन में तैयार किया जाना और फिर वहाँ अन्ना की हुंकार। भारत माता की जय, इंकलाब ज़िन्दाबाद, जनलोकपाल लेकर रहेंगे।

मैं रामलीला मैदान पहुँचा तो आकाश में काले बादल छाये हुए थे। लेकिन भीड़ थी, हुजूम था, सिर-ही-सिर थे, तख़्तियाँ थी, बैनर थे, 'मैं भी अन्ना' की टोपियाँ थीं। और थे दर्जनों कैमरे। जिमी-जिब यानी हवा में लहराते कैमरे जो कभी तेज़ी से मंच पर बैठे अन्ना की तरफ़ लपकते तो कभी भीड़ को ऊँचाई से दिखाते। मैंने मंच पर नज़र डाली। अन्ना अकेले थे। अनशन का शायद सातवाँ दिन रहा होगा। हल्की दाढ़ी थी, चेहरे पर कुछ चिन्ता भी। रामधुन बज रही थी और अन्ना धीरे-धीरे ताली बजा रहे थे। पीछे महात्मा गाँधी की बड़ी-सी तस्वीर लगी थी। याद आ गया जन्तर-मन्तर। तब भारत माता की भारत के नक़्शे के साथ वाली तस्वीर थी जो संघ के दफ़्तरों में दिखाई देती है। तब अन्ना पर संघ का साथ लेने के आरोप भी लगे थे। रामलीला मैदान पर भी जिस तरह की व्यवस्था थी, उससे भी साफ़ था कि ऐसी व्यवस्था कोई अनुभवी संगठन ही चला सकता है। गोविन्दाचार्य का तो

बयान भी आ गया कि रामलीला में जितने लोग आये उसमें दस फ़ीसदी संघ कार्यकर्ता थे। लेकिन टीम अन्ना इससे साफ़ इनकार करती रही। इस पर बाद में काफ़ी विवाद भी मचा।

दिग्विजय सिंह ने तो संघ के सरकार्यवाह संजय भय्या जोशी का वह ख़त भी सार्वजनिक कर दिया जो उन्होंने अन्ना को उनके आन्दोलन के समर्थन में लिखा था। विजय दशमी पर संघ प्रमुख मोहन भागवत ने अपने सम्बोधन में ऐसा इशारा भी किया था। अन्ना लगातार इनकार करते रहे। संघ को इनकारी पर हैरानी होती रही और दिग्गी राजा मज़े लेते रहे। सवाल उठता है कि संघ के साथ के रिश्तों पर अन्ना हज़ारे ने शुरू में सब कुछ साफ़ क्यों नहीं किया। एक सवाल यह भी उठा कि पारदर्शिता की बात करने वाले अन्ना या फिर उनकी टीम ने संघ के ख़त का पहले ख़ुलासा क्यों नहीं किया। संघ का समर्थन नहीं चाहिए था तो उसे शुक्रिया कहते हुए किनारा क्यों नहीं किया। यह सवाल इसलिए भी ज़रूरी हो गया, क्योंकि टीम अन्ना ने बाद में हिसार लोकसभा उपचुनाव में कांग्रेस को हराने की अपील की थी। वैसे रामलीला मैदान में अन्ना के अनशन के दौरान जब संघ के समर्थन की बात उठी थी तब वहाँ आये लोगों से मेरी बात हुई तो आम तौर पर उनका कहना था कि उन्हें इस बात से कोई फ़र्क़ नहीं पड़ता कि संघ अन्ना का साथ देता या कोई और संगठन जब तक कि अन्ना भ्रष्टाचार के ख़िलाफ़ लड़ रहे हैं और मज़बूत लोकपाल लाना चाहते हैं।

'इकोनॉमिक टाइम्स' में छपे एक सर्वे के अनुसार रामलीला मैदान में जितने लोग पहुँचे थे उनमें से साठ फ़ीसदी से ज़्यादा बीस से 45 साल आयु वर्ग के थे। इनमें से भी साठ प्रतिशत से अधिक दसवीं या ग्यारहवीं पास थे। ये वे लोग थे जो या बेरोज़गार होंगे या फिर छोटी-मोटी नौकरी या छोटा-मोटा धन्धा करते होंगे। ज़ाहिर है कि इस वर्ग को सरकारी काम करवाने में दफ़्तरों के चक्कर काटने पड़ते होंगे या अपने काम करवाने के लिए रिश्वत देनी पड़ती होगी। इस वर्ग को

संघ, धर्मनिरपेक्षता, हिन्दुत्व जैसे कथित रूप से बड़े-बड़े सवालों से कोई लेना-देना नहीं होगा। ये लोग सिर्फ़ इस उम्मीद में जुड़े कि गाँधी का नाम लेने वाली एक दुबली-पतली काया उनकी ज़िन्दगी की काया पलट देगी। अन्ना भी इस बात को समझ रहे थे। तभी सरकार से प्रधानमन्त्री, संसद के अन्दर सांसदों के आचरण, जज, सी.बी.आई., सी.वी.सी. को लोकपाल के दायरे में लाने के मामले पर समझौता वार्ता आगे नहीं बढ़ी तो अन्ना ने महाराष्ट्र के पूर्व मुख्यमन्त्री विलासराव देशमुख के मार्फ़त सीधे मनमोहन सिंह से सम्पर्क साधा और तीन माँगों पर ज़ोर दिया। ये तीन माँगे सीधे-सीधे उस वर्ग की रोज़मर्रा की ज़िन्दगी से जुड़ी थी जो बड़ी आशा के साथ अन्ना से जुड़ा था।

सिर्फ़ क्लास वन या उपर के अफ़सर ही नहीं, बल्कि सभी सरकारी अफ़सर लोकपाल के दायरे में आने चाहिए। दूसरी माँग की गयी कि जनता के काम एक निश्चित समय सीमा में हों और नहीं करने वाले सरकारी कर्मचारी की तनख़्वाह से पैसा कटे और उसे सज़ा भी मिले। तीसरी, लोकपाल की तर्ज़ पर पूरे देश के राज्यों में लोकायुक्त की नियुक्ति की जानी चाहिए। ये तीन माँगें ऐसी थीं जिन पर सरकार के साथ-साथ पूरे सदन को कुछ शर्तों के साथ सहमत होना पड़ा। सेंस ऑफ़ द हाउस को पास करना पड़ा। इन माँगों को सभी दलों की सिफ़ारिशों के साथ स्थाई समिति को भेजना ही पड़ा। कौन कहता है कि अन्ना हज़ारे राजनीति नहीं समझते या अरविन्द केजरीवाल के इशारों पर ही चलते हैं। अन्ना ने जता दिया कि वह जनता की नब्ज़ ख़ूब समझते हैं। यह अन्ना का मास्टर स्ट्रोक था।

हिसार का हिसाब

हिसार लोकसभा उपचुनाव का नतीजा हरियाणा जनहित कांग्रेस और भा.ज.पा. के संयुक्त उम्मीदवार कुलदीप बिश्नोई के पक्ष में गया। छह हज़ार के मामूल अन्तर से आई.एन.एल.डी. के अजय चौटाला हार गये। लेकिन हैरत की बात हुई कि क़रीब डेढ़ लाख वोट लेने के बाद भी

कांग्रेस उम्मीदवार जयप्रकाश की ज़मानत ज़ब्त हो गयी। अन्ना फ़ैक्टर पर हावी हो गया जाट और ग़ैर-जाट वोटों का ध्रुवीकरण। अन्ना की अपील का असर कुछ हद तक शहरी इलाक़ों में ज़रूर हुआ, लेकिन इतना नहीं जिसे निर्णायक कहा जा सके। कांग्रेस की हार का श्रेय लेने की दौड़ में बाबा रामदेव भी शामिल हो गये। कह दिया कि अन्ना के तो तीन आदमी थे जो चुनाव से तीन-चार दिन पहले ही आये जबकि मेरे तो एक हज़ार आदमी एक महीने से लगे हुए थे। जीतने वाले कुलदीप बिश्नोई ने टका-सा जवाब दे दिया कि उनकी जीत पिता भजनलाल के कारण हुई, न कि अन्ना की अपील से। हारने वालों ने भी हार का ठीकरा जातिवादी समीकरणों पर फोड़ा। अन्ना भले ही अपने ब्लॉग पर कांग्रेस को सबक लेने की सीख दें, लेकिन उन्हें ख़ुद भी पुनर्विचार करना चाहिए।

अन्ना हज़ारे ने कहा कांग्रेस को वोट नहीं दो। बाबा रामदेव आगे बढ़ कर बोले कि कांग्रेस की हार की शुरुआत तो हिसार लोकसभा उपचुनाव से ही शुरू हो गयी है। यह साफ़ है कि अन्ना हड़बड़ी में हैं। वे जनलोकपाल बिल को जल्द-से-जल्द पास करवाना चाहते हैं। उनसे ज़्यादा जल्दबाज़ी में उनके साथी नज़र आते हैं। लेकिन जो अन्ना पहले कहते रहे कि शीतकालीन सत्र में बिल पेश हो जाना चाहिए, अब एक क़दम आगे बढ़ कर पास होने की बात कर रहे हैं। पहले अन्ना पूरी संसद को निशाने पर लेते रहे अब उनके निशाने पर सिर्फ़ कांग्रेस ही नज़र आती है। पहले अन्ना चेतावनी देते थे कि अगर सरकार ने जनलोकपाल नहीं बनाया तो वे फिर से अनशन पर बैठ जायेंगे। अब क्या अन्ना का अनशन पर से विश्वास उठ गया है या फिर उन्हें इससे आसान रास्ता विधान सभा चुनावों में कांग्रेस को जनता के बीच कटघरे में खड़े करने का लग रहा है। अन्ना कह रहे हैं कि अगर कांग्रेस बिल नहीं लायी तो उसे वोट नहीं देना है। लेकिन अगर कांग्रेस बिल ले आयी तो क्या जनता फिर कांग्रेस को वोट दें.....इस पर अन्ना का कहना है कि तब लोग किसी चरित्रवान को वोट दें। यानी कांग्रेस अगर

जनलोकपाल बिल ले आयी तो भी वे कांग्रेस को माफ़ करने या उसे पुरस्कार देने को तैयार नहीं दिखते।

अन्ना उस कांग्रेस को वोट नहीं देने की बात कर रहे हैं जो अल्पमत में है। जिस पार्टी के पास लोकसभा की 542 सीटों में से सिर्फ़ 206 हों, राज्यसभा की 245 सीटों में से सिर्फ़ 71 हों, उस पर अकेले जनलोकपाल बिल पास कराने की ज़िम्मेदारी डालना कहाँ तक ठीक है। अगर यह इतना आसान होता तो कांग्रेस अब तक कई अटके बिल अकेले अपने बूते पास करवा चुकी होती। विपक्षी दलों की भूमिका को अन्ना एकदम से हाशिये पर डाल रहे हैं। अन्ना कम-से-कम यू.पी.ए. का तो नाम ले सकते थे, यानी कांग्रेस के साथ-साथ शरद पवार की एन.सी.पी., ममता बनर्जी की तृणमूल कांग्रेस और करुणानिधि की डी.एम.के.। लेकिन अकेले कांग्रेस पर ही ठीकरा फोड़ना कहाँ तक ठीक है? कांग्रेस को बाहर से समर्थन दे रही स.पा., बी.एस.पी. और लालू की पार्टी भी जनलोकपाल के पक्ष में नहीं है और यह बात उनके नेता खुल कर संसद में बहस को दौरान पूरे देश को बता चुके हैं। अन्ना के साथी केजरीवाल यू.पी. गये तो कांग्रेस का तो सूपड़ा साफ़ होने की चेतावनी दी, लेकिन मायावती राज के भ्रष्टाचार पर ख़ामोश हो गये। क्यों....अगर अन्ना कहते कि जो भी दल जनलोकपाल के ख़िलाफ़ है उसे वोट मत दो या वे कहते कि जो भी चुनावी मैदान में उतरने वाला उम्मीदवार जनलोकपाल के ख़िलाफ़ है, उसे वोट मत दो तो हम कह सकते थे कि अन्ना ग़ैर राजनैतिक हैं, लेकिन एक पार्टी विशेष को कटघरे में खड़े करना कहाँ तक ठीक है?

अन्ना ग़ैर राजनैतिक तरीक़े से आन्दोलन चलाते रहे हैं। जनता भी उनसे इसी भरोसे पर जुटी थी कि टीम अन्ना को किसी राजनैतिक दल से लेना-देना नहीं है। लेकिन अब अन्ना का बयान क्या सिर्फ़ कांग्रेस पर दबाव डालने के लिए है या फिर टीम अन्ना राजनीति को भी हथियार बनाने जा रही है....वह साफ़ हो जाये तो ठीक है। अन्ना अब

तक अनशन को अपना हथियार बनाते रहे हैं। कुछ समय पहले तक वे यही कहते रहे हैं कि अगर सरकार जनलोकपाल बिल लेकर नहीं आयी तो वे एक बार फिर से जन्तर-मन्तर या रामलीला मैदान में बैठ जायेंगे। अब यह यू टर्न क्यों और किसलिए....पहले अन्ना के निशाने पर सभी दल थे। अब सिर्फ़ एक ही दल है। क्यों? ....लोकसभा में कांग्रेस और भा.ज.पा. के पास मिल कर 342 सांसद हैं। अगर दोनों एक मत हो जायें तो बड़ी आसानी से जनलोकपाल बिल क़ानून की शक्ल ले सकता है। तो क्या यह अच्छा नहीं होता कि अन्ना दोनों ही दलों को चेतावनी देते....इससे उन पर किसी एक दल विशेष पर मेहरबान होने या नहीं होने का आरोप भी नहीं लगता और दोनों बड़े दल उम्मीदों की कसौटी पर भी तुल जाते। यह इतनी छोटी-सी बात है जो टीम अन्ना के दिमाग़ में नहीं आयी हो ऐसा क्या सम्भव है। इन सारी बातों का ख़ुलासा इसलिए भी ज़रूरी है, क्योंकि जनलोकपाल बिल कोई भी दल नहीं चाहता। कहीं ऐसा न हो कि अन्ना किसी राजनीति का शिकार हो जायें और मुख्य मुद्दा पीछे छूट जाये। ऐसा हुआ तो यह उस सपने की भ्रूण हत्या होगी जिसे अभी अभी देश के लोगों ने देखना शुरू किया ही है।

विजय विद्रोही वरिष्ठ पत्रकार हैं और फ़िलहाल स्टार न्यूज़ के कार्यकारी सम्पादक हैं।

लाइट . कैमरा . ऐक्शन . अन्ना

डॉ. वर्तिका नन्दा

रामलीला मैदान का उफान जब चरम के क़रीब था, एक सुबह स्टार न्यूज़ पर दीपक चौरसिया एक बड़े हुजूम में बहुत-से लोगों से बार-बार पूछते हैं कि वे आन्दोलन का हिस्सा क्यों हैं, यह लोकपाल बिल है क्या। मज़े की बात यह कि टी.वी. पर लाइव आ रहे इस ओबी के दौरान यह सच साफ़ तौर पर उभरता है कि वहाँ मौजूद जनता में से किसी एक को भी मुद्दे की पूरी जानकारी नहीं है। पर जनता जुटी थी। पूरे जोश के साथ। बैनरों, पोस्टरों, गानों-तबलों के ज़रिये आन्दोलन उबल रहा है। जनता चिल्लाती दिख रही है कि डटे रहो अन्ना, हम तुम्हारे साथ हैं। जब तक सूरज चाँद रहेगा, अन्ना तुम्हारा नाम रहेगा, अन्ना नहीं आँधी हो, तुम देश के गाँधी हो। यह एक नये तरह का मीडिया है, नये तरह का माहौल। नारों ने दिल्ली के मौसम को गुलज़ार कर दिया। नये मुहावरे गढ़ दिये गये। देशभक्ति का ऐसा सैलाब उमड़ा कि 1857 और 1947 के बाद 2011 में अब इस देश का इतिहास फिर से लिखे जाने की सम्भावना बन गयी। अन्ना से परे एक शब्द कहने, लिखने या सुनने का सीधा मतलब यह है कि आप देशद्रोही हैं।

तो इन नारों के बीच फ़ेसबुक और फ़ोन के ज़रिये मैंने लोगों से जानना चाहा कि अगर एक दिन के लिए लाइट, कैमरा और ऐक्शन बन्द कर दिया जाये तो इस अन्ना अनशन का क्या होगा। इस गम्भीर सवाल के ज़्यादातर जवाब अगम्भीर थे। जवाब कुछ यूँ थे - इस देश

में शान्ति आ जायेगी, लोगों के घरों में सुकून लौट आयेगा, मीडिया वाले ख़ुश हो जायेंगे, और सब मिल कर स्टूडियो में क्रिकेट खेलेंगे। कुछ का कहना यह भी था कि मीडिया जितनी भीड़ क्लोज़-अप में दिखा रही है, उतनी भीड़ है ही नहीं। भीड़ तो सोशल मीडिया साइट्स पर है।[1] लोग वहीं पर की-बोर्ड पर उँगलियाँ चला कर देश की इस क्रान्ति का हिस्सा बनने का दावा करने में मस्त हैं। यानी यह कि मीडिया ने ही अन्ना को अन्ना बनाया है। उनके अवतार का चमत्कारी रूप मीडिया के बिना स्थापित हो ही नहीं सकता था। यह आन्दोलन मीडिया का था और प्रधानमन्त्री के अन्ना से अनशन को ख़त्म करने के निवेदन के बाद तो मीडिया भी फिर अन्ना का ही हो गया।

लेकिन इस सबके बावजूद इस सच को नकारा नहीं जा सकता कि अन्ना ने बरसों से ज़ंग खाती व्यवस्था को हिला कर रख दिया है। लोकतन्त्र और जन के बीच के रास्ते को बड़ा और हवादार किया है और उनके अनशन की वजह से भारतीय मानचित्र पर एक नया फलक खुल कर सामने आ गया है। अन्ना को लेकर जितना लिखा गया और लिखा जा रहा है, वह अपने आप में एक रिकॉर्ड है। अन्ना अब आन्दोलन और बदलाव जैसे शब्दों के पर्याय बन चुके हैं। लेकिन हर आन्दोलन कुछ सबक़ दे कर जाता है। लाज़िमी होता है कि जब तूफ़ान थमे तो उन घटनाओं को विश्लेषण की आँच पर रखा जाये। लोकतन्त्र शायद यही है।

2011 के शुरुआती दिनों तक अन्ना का बायोडेटा ख़ुद रालेगण सिद्धी के लोग नहीं जानते थे। लेकिन इसी अन्ना ने पहले जन्तर-मन्तर और फिर रामलीला मैदान से आन्दोलन कर मूक-बधिर लाचार और सदाबहार परेशान सरकार को भन्ना दिया। सब तरफ़ अन्ना दिखने लगे। देश का अन्नाइज़ेशन ही हो गया जैसे। अन्ना के नाम के चुटकुले, फ़ोटो, कहानियाँ-क़िस्से, फ़ेसबुक कमेंट, ट्विटर, पोस्टर, एस.एम.एस.,

1. अन्ना तो अन्ना हैं, यह जनता क्या है, 18 अगस्त, 2011, दैनिक भास्कर।

गाने और भी न जाने क्या-क्या। सब कुछ अन्नामय। अन्ना आन्दोलन का असर ऐसा रहा कि मीडिया की भाषा चुटीली, रसीली और मटकीली हो गयी। न्यूज़ मीडिया बॉलीवुड सरीखी स्क्रिप्ट लिखने लगा और ख़ुद बॉलीवुड के बुझते-उगते सितारे रामलीला मैदान में कैमरे के सामने दिखने के लिए आतुर। यह मौसम मीडिया, राजनीति, व्यापार और आम आदमी सभी के सावन का था।आप मानें या न मानें।

दरअसल अन्ना का आन्दोलन कई स्तरों पर वैचारिक मन्थन की ज़मीन तैयार करता है। अन्ना के भूखे रहने के दिनों का ग्राफ़ जिस तेज़ी से बढ़ता जाता है, उसी तेज़ी से मीडिया और नेताओं के हनीमून का भी। फ़ैब इण्डिया के नये झकाझक रंगीन कुर्तों में नेता टी.वी. स्टूडियो में हाज़िर हो जाते हैं। सब के पास बोलने के लिए बहुत कुछ है, उसका कोई मतलब हो या न हो, वह बात अलग है। पर सब बोल रहे हैं। सबके पास स्टूडियो में बैठने का समय है। लग रहा है जैसे देश में कोई युद्ध छिड़ गया हो और आपातकालीन स्थिति आ गयी हो।

यहाँ एक आकर्षण काम करता है। फ़ैशन भी। अन्ना के बहाने बुझ रहा मोमबत्ती का व्यापार फिर से चल निकलता है। सफ़ेद कुर्ते-पायजामे और टोपियाँ बिकने लगती हैं। लोग दुकानों में जा कर मनोज कुमार सरीखे देशभक्ति के गाने चुन-चुन कर ख़रीदने लगते हैं। फ़ेसबुक पर नये चुटकुले भर-भर कर आने लगते हैं। कार्टूनिस्टों के हाथ नये विषय का अम्बार लग जाता है और देश में एकाएक उग आये नये क्रान्तिकारी भी इस उम्मीद से जगमग हो उठते हैं कि जो चीज़ कुर्सी पर बैठ कर न मिली, शायद अब इस आन्दोलन के ज़रिये नसीब हो जाये।

दिल्ली के कुछ प्रमुख अख़बार इस सारे आन्दोलन के दौरान एक से बढ़ कर एक तस्वीरें छापते हैं। एक तस्वीर एक नग्न अभिनेत्री की पीठ की है जिस पर ***अन्ना*** लिखा है। कुछ गायकों की तस्वीरें हैं जो वहाँ जा कर देशभक्ति के गाने गाते हुए अपना जनसम्पर्क भी कर आते

हैं। अन्ना के नाम की किताबें फटाफट छप जाती हैं, टोपियों की बिक्री एक बड़ा व्यवसाय बन जाती है और ऐसी टी-शर्टें भी बिकने लगती हैं जिन पर चिपके हैं — अन्ना।

फिर एक समय आता है जब किसी का अपनी भाषा पर कोई अंकुश नहीं। दिग्विजय सिंह अन्ना पर और बदले में अन्ना दिग्विजय पर जम कर छींटाकशी करते हैं। राजनीति पहले से ज़्यादा कुत्सित और संकुचित दिखती है और आन्दोलन गरिमा से हटता हुआ। रामलीला मैदान छींटकशी का अड्डा बनने लगता है। किरण बेदी तो मुँह पर तौलिया ढँक कर नक़ल भी उतार जाती हैं। उधर संसद में लालू और शरद यादव भी जम कर बोल लेते हैं। अन्ना की इस आँधी के बीच बाबा रामदेव भी पूरी सक्रियता से उतर आते हैं। वे ताक़त से लबरेज़ हैं और कपालभाति को छोड़ कर देश को *भ्रष्टाचार से मुक्ति* दिलाने के लिए राजसत्ता और जनसत्ता को पूरी ताक़त से *हिला* डालते हैं। वे भी नये ज़माने के भगत सिंह या सुखदेव के स्टाइल में मैदान में उतरते हैं पर जल्द ही उल्टे पाँव लौट भी जाते हैं। ज़ुबानी रस्साकशी के बीच स्वामी अग्निवेश भी अपनी ज़ुबान पर क़ाबू नहीं रख पाते। बाद में शायद छवि सुधार अभियान के तहत ही वे बिग बॉस में एण्ट्री कर आते हैं।

दरअसल मीडिया अपने आप में एक संस्कार और संस्कृति है। मीडिया विचार लाता है, उसे किसी एक ख़ास दृष्टिकोण से रखने का स्वाद लेता है और फिर उस पर अपनी रोटी सेंक भी लेता है। मीडिया अण्डर डॉग थियोरी पर भी काम करता है यानी जो शोषित है या जो शोषित के साथ है, मीडिया उसके साथ जा कर खड़ा हो जाता है; पर इस सबमें पूरी शिद्दत से डूब जाने के बाद भी अगर वह कुछ नहीं भूलता है तो वह है व्यापार। उसे याद रहता है कि यही समय है तिजोरी को भरने का। लोगों से एस.एम.एस. मँगवाये जाते हैं और बड़ी-से-बड़ी राष्ट्रीय त्रासदी या क्रान्ति आने पर भी विज्ञापनों के प्रवाह को रोका नहीं जाता (बल्कि वह बढ़ जाता है)। सच्ची देशभक्ति तो त्याग माँगती है।

सर्वस्व का त्याग। यहाँ तो रत्ती भर के एक विज्ञापन की तिलांजलि न दी गयी। ख़ैर....

याद रखने की बात यह भी है कि आन्दोलनों को सफल बनाने वाले पैसे पर काम नहीं करते। देश या विदेश में जो लोग बैनर लेकर आवाज़ उठा रहे थे, वे पैसे या किसी भी तरह के अनुदान की माँग नहीं कर रहे थे। वे जितना भी समझ पा रहे हैं, उसे राष्ट्रीय हित में मान कर एकजुट हो कर खड़े हो गये हैं। उन पर कैमरे का फ़ोकस भी नहीं है। टी.वी. या स्टिल कैमरा उनका सिर्फ़ एक लौंग शॉट दिखाता है और इतिश्री हो जाती है। ये लोग भीड़ हैं। भीड़ नहीं जुटेगी तो ताली कौन बजायेगा, नारे कौन सुनायेगा। फिर तो बात यही हुई कि जंगल में मोर नाचा, देखा किसने। तो ये है जनता। हमेशा की तरह निरीह, हमेशा की तरह इस्तमाल करके पाँव पोंछने के काम आने वाली। आन्दोलनों में जान जनता भरती है, उनका ख़मियाज़ा भी जनता ही भुगतती है, लेकिन उससे होने वाले लाभों की गाड़ी उनके स्टेशन से अक्सर गुज़रती भी नहीं।

लेकिन आन्दोलन के साथ और पक्ष भी जुड़े होते हैं जैसे कि किसी भी न्यूज़ स्टोरी के साथ। कब, कहाँ, कैसे, किसके साथ, लोकेशन और टी.आर.पी.। क्या आन्दोलनकर्ता और क्या राजनेता पूरी तरह से लाइमलाइट को झकझोर कर किसी आन्दोलन से जुड़ना चाहेंगे। क्या इस आन्दोलन को मधुबनी या सीलमपुर में करने को कोई राज़ी होगा और क्या मीडिया भी वहाँ दो दिन अपनी ओबी वैन लगाने को तैयार होगा। इस टिप्पणी पर ग़ौर कीजिए—

> *'फैशन' के लिए ही सही लेकिन भ्रष्टाचार के ख़िलाफ़ उमड़े जन समर्थन ने सरकार को झुकने पर मजबूर कर दिया। सरकार को झुकाने में एक बड़ी वजह जहाँ अन्ना के समर्थन में बढ़ती भीड़ का ग्राफ़ था, वहीं लोगों को खींचने में बड़ा योगदान अनवरत मीडिया कवरेज का था। ....एक चीज़ जो*

इस अनशन में हर पल साथ नज़र आयी वह था कैमरा। कैमरे के आगे आने को हर कोई बेताब था। ....कैमरों की भीड़ भी छोटी-मोटी नहीं। दर्जनों कैमरे और दर्जनों ओबी वैन के साथ समाचार चैनलों की कई टीमें। लेंस के आगे चल रहे इस रिऐलिटी शो में हर कोई अपनी मौजूदगी दर्ज कराना चाहता था।[2]

यहाँ एक और बयान ज़रूरी है।

चेतावनी के दो शब्द : जो मीडिया की वजह से जीते हैं वे मीडिया की वजह से ही मर जाते हैं। अन्ना के आन्दोलन को मीडिया के ऑक्सीजन के आगे जीना सीखना होगा।

— राजदीप सरदेसाई, ट्विटर पर

मीडिया यह भी दावा करता है कि आन्दोलन को 97 घण्टों के भीतर ही 44 लाख लोगों का समर्थन मिल गया, पर इस ऑनलाइन मीडिया की ताक़त का बखान करती इस ख़बर का कोई स्रोत नहीं मिलता। ऐसा लगा कि जैसे कॉरपोरेट मीडिया का एजेंडा अन्ना की टीम के किसी एजेंडे के साथ जुड़ गया हो। मीडिया की एजेंडा सेटिंग थ्योरी का यह सटीक उदाहरण है। जनता के लिए मुद्दा अक्सर वही होता है, जो मीडिया बताता है। इस मामले में मीडिया कवरेज किसी वास्तविक घटना के लिए नहीं था। यह घटना जैसे सूखा झेलते मीडिया के लिए रची गयी थी। यह मीडिया इवेंट था। ऐसे इवेंट में मीडिया और मीडिया कवरेज न हो तो वह इवेंट फ़ेल हो जाता है। मीडिया ने अन्ना को आगे रख कर चलाये जा रहे ईलीट सिविल सोसायटी के इवेंट को फ़ेल नहीं होने दिया।[3]

जन की भागेदारी इस पूरे अभियान का सबसे बड़ा केन्द्र रही।

---

2. दैनिक जागरण, दिल्ली संस्करण, 9 अप्रैल 2011, पेज 4, शीर्षक : 'जन्तर-मन्तर पर दिखा ख़ुद आयी और जुटायी गयी भीड़ का फ़र्क़' ख़बर के अंश।

3. दिलीप मंडल, कथादेश, 2011

दरअसल, यह अनशन इसलिए महत्त्वपूर्ण नहीं था कि अन्ना ने इसे अंजाम दिया, बल्कि इसलिए महत्त्वपूर्ण था कि उसमें लोगों की कहीं ज़्यादा बड़ी भागीदारी थी। सरकार इसीलिए अनशन से घबरा गयी थी। वरना इसी देश में सुन्दरलाल बहुगुणा ने 40 दिन से ज़्यादा का अनशन किया, हाल ही में स्वामी निगमानन्द 64 दिन के अनशन के बाद चल बसे, दिल्ली से ही 20 दिन का अनशन कर मेधा पाटकर लौटीं और दस साल से ज़्यादा समय से इरोम शर्मिला अनशन कर रही हैं। सरकारों ने इनमें से किसी की नहीं सुनी, अन्ना की इसलिए सुन रही है कि अन्ना के साथ आये लोगों की तादाद उसे डरा रही है—यह सवाल अलग है कि यह तादाद क्यों आयी और कहाँ से आयी।[4]

ख़ैर, आन्दोलन की समाप्ति पर टीम के दबंग और सबसे मुखर सदस्य अरविन्द केजरीवाल रामलीला मैदान में मौजूद लोगों से यह शपथ दिलवाते हैं कि वे लोग न तो घूस देंगे, न लेंगे। यह एक तरह की रिमाइंडर थ्योरी है जो ठीक उसी तरह की है जैसे कि बचपन में स्कूल में शपथ ली जाती थी कि हम सभी भारतवासी भाई-बहन हैं। शपथ ज़्यादातर पर कोई असर नहीं छोड़ती पर संजीदा लोगों को शायद वह सालों याद रहती होगी, उसी भाव के साथ। यहाँ भी शपथ मैदान से जाते लोगों को जैसे अपने अन्दर एक भाव को भर कर आगे ले जाने के लिए प्रेरित करती है।

इस सवाल को कालीन के नीचे छिपाने की कोशिश की जाती है कि लोगों का विश्वास अन्ना पर है पर अन्ना की टीम पर नहीं। वैसे सफलता के उबाल के साथ ही टीम में कई नये-पुराने चेहरे जुड़ने को आतुर दिखने लगते हैं। कहीं बाबा रामदेव की बात होती है तो कहीं श्री श्री रविशंकर की। इस चर्चा में मॉडल से आध्यात्मिक गुरु बने 43 वर्षीय भैय्यु महाराज भी अपना हिस्सा पा जाते हैं। मीडिया उनके आने में भी संकेत देखता है। वह टिप्पणी करता है कि सभी पार्टी के नेताओं

4. प्रियदर्शन, तहलका 2011

से सम्बन्ध और कम समय में एक राष्ट्रीय पहचान बना लेना भय्यू जी के भविष्य की ओर इशारा करता है। यह मीडिया ही है जो यह प्रचारित करता है कि भय्यू जी महाराज महाराष्ट्र में मन्दिरों के जीर्णोद्धार,गाँवों में जल संरक्षण से लेकर कृषि में आधुनिक तरीक़ों को अपनाने, ग़रीब परिवार की लड़कियों की शादी कराने जैसे कई सामाजिक कार्य कर रहे हैं। मीडिया यह भी प्रचारित करता है कि भय्यू महाराज के अनुयायियों में भा.ज.पा. के राष्ट्रीय अध्यक्ष नितिन गडकरी, केन्द्रीय मन्त्री विलासराव देशमुख, महाराष्ट्र के वरिष्ठ भा.ज.पा. नेता गोपीनाथ मुण्डे, केन्द्रीय मन्त्री सुशील कुमार शिन्दे, महाराष्ट्र के गृह मन्त्री आर.आर. पाटिल से लेकर महाराष्ट्र के पूर्व कांग्रेस अध्यक्ष रंजित कुमार देशमुख सरीखे नेता शामिल हैं। सुनील गावस्कर, यूसूफ़ पठान, लता मंगेशकर और अनिल कपूर जैसी हस्तियाँ भी उनके आश्रम आती रहती हैं। वह यह भी जतलाता है कि माथे पर चन्दन का टीका लगाये यह युवा सन्त फ़ेसबुक-ट्विटर पर लगातार सक्रिय रहता है, अपनी स्कॉर्पियो गाड़ी ख़ुद चलाता है और आधुनिक सोच रखता है।[5]

तो भौगोलिक मौसम से ज़्यादा तेजी से राजनैतिक माहौल और मीडिया का मूड बदलता जाता है। नये सूरमा उगते हैं और पुराने सूरमाओं का आकलन होता चलता है।

पर यहाँ असल मुद्दा तो भ्रष्टाचार का ही था न। यह सवाल भी उठता है कि भ्रष्टाचार क्या सिर्फ़ वही है जो सरकारी अफ़सरों या फिर सांसदों के ज़रिये होता है या यह उससे आगे की भी चीज़ है। यहाँ ज़्यादा बहस उसके राजनैतिक और सरकारी स्वरूप की होती है, सामाजिक ढाँचे की नहीं। पारिवारिक ज़मीन से उगता और दहेज जैसी माँगों से फलता भ्रष्टाचार यहाँ स्कैनर के नीचे नहीं लाया जाता। यह ख़याल नहीं कौंधता कि शपथ लेने के समय घूस न लेने या न देने

---

5. http://www.bhaskar.com/article/NAT-new-spiritual-leader-of-indian-politics-bhaiyyu-maharaj-2446615.html

से कुछ आगे भी बढ़ा जा सकता था।

इस आन्दोलन ने युवाओं के सोते देश-प्रेम को जगा दिया, लेकिन जब वे मैदान से गये तो यह भी लगा कि जैसे इतने दिनों से जिस शक्ति को एक बाँध में रोका गया था, वह एकाएक फिर से खुल गया। खुला बाँध बाढ़ भी लाता है कभी-कभी। शायद यह अच्छा होता कि इन युवाओं को किसी मक़सद से जोड़ा जाता। किसी सतत बदलाव से भी जो भ्रष्टाचार से भी आगे होता। रात भर सड़कों पर बाइक पर भागते युवाओं को किसी ज़रूरतमन्द की मदद करने के लिए प्रेरित भी किया जा सकता था। अब भी इन्हें समाज के लिए हर रोज़ किसी सकारात्मक क़दम से बाँधा जा सकता है। बुज़ुर्गों की अनदेखी इस देश की बड़ी संवेदनशील समस्या रही है। जाने क्यों आन्दोलन बार-बार युवा शक्ति अकेले की ही बात पर बार-बार दोहराव करता गया। राजनैतिक पार्टियाँ भी हमेशा युवाओं की ही बात किया करती हैं—कुछ इस अन्दाज़ में कि मानो जो युवा नहीं, वह काम का भी नहीं। इन युवाओं को अपने आस-पास के परिवेश में सामाजिक काम करने, सड़कों पर बिखरे पत्थरों को हटाने या हटवाने, काम न करती ट्रैफ़िक लाइटों की व्यवस्था सुधरवाने, टूटी सड़कों को ठीक करवाने के लिए सांसदों पर ज़ोर डालने, अपने परिसरों को साफ़ रखवाने, आस-पास के लोगों की मदद करने जैसे कई कर्तव्य याद दिलाये जा सकते थे। अब भी यह सम्भव है। यह शक्ति इस देश के बासी पड़ते चेहरे को रौनक़ से भर सकती है। वह बरसों से रुके पड़े कामों को एक अनूठी गति दे कर साबित कर सकती है कि इस देश की आबादी सिर्फ़ भीड़ नहीं, बल्कि कर्मशील ताक़त है। वह चाहे तो ख़ुद को किसी भी सत्ता से कहीं ज़्यादा समर्थ साबित कर सकती है। पर ऐसा अक्सर होता ही है। युवाओं का इस्तेमाल भीड़ बनने, कीर्तन करने और बिना दिमाग़ की ताक़त के प्रदर्शन के लिए किया जाता है। युवा बहुत बाद में यह सोचता है कि क्या खोया, क्या पाया।

मीडिया की इस फुर्ती में कई पहलू छूट जाते हैं। अनशन के दौरान देश के उत्तर-पूर्व में आयी बाढ़, पाक अधिकृत कश्मीर में घुसपैठियों को मार शहीद हुआ एक 26 वर्षीय युवा, लीबिया, बढ़ती हुई महँगाई और भी न जाने क्या-क्या। अन्ना के मीडिया इवेंट के बीच बाकी ख़बरों का संसार फीका पड़ जाता है। 24 X 7 की मौजूदा पत्रकारिता की त्रासदी भी यही है कि यहाँ एक ख़बर अगर *बड़ी* बन गयी तो बाक़ी सब कहीं खो जाती हैं।

बहरहाल, आन्दोलन के ख़त्म होने के बाद का यह समय अब सरकार की करवट को भाँपने और उसकी रफ़्तार को देखने का है। पर साथ ही अब अन्ना टीम को भी ज़रा सतर्क होना होगा, क्योंकि आने वाला समय बहुत-से नये आन्दोलनों का मार्ग प्रशस्त करने वाला है। कैमरे के पीछे बैठ कर कवर करने वालों ने भले ही वही दिखाया जो दिखाना ज़रूरी, जन हित, जनता की पसन्द और टीआरपी की रुचि का था, लेकिन यह भी महसूस किया गया कि कई सिविल सोसायटी ग्रुप इस दौरान काफ़ी उग्र बने रहे। नेताओं ने भी अपना ग़ुस्सा जी भर कर निकाला। आन्दोलन भले ही क्रान्ति जैसा भाव लेकर किये जायें, लेकिन उसके बाद भावों का सही संचालन लाज़िमी बन जाता है।

इसलिए अब समय सँभल कर चलने का है। इसे बार-बार जीत न कहिए। जीतने वालों को जीतने के बाद सबसे पहले अपने गुमान और उससे होने वाले नशे पर नियन्त्रण करना चाहिए। ताक़त के मिलने पर बाक़ी दूसरे पक्ष यही देखा करते हैं कि ताक़त और जीत पाने वाला उसे हज़म कर भी पा रहा है कि नहीं। सिविल सोसायटी भी अगर वही करने लगी जो संसद के अन्दर बैठे महानुभाव अक्सर करते हैं तो फिर दोनों में फ़र्क़ ही क्या रहेगा। इसलिए अब ठहर जाइए ज़रा और सुस्ता भी लीजिए। इस देश की बड़ी आबादी को अन्ना और उनकी टीम ने जिस बख़ूबी से जोड़ा है, उसे बार-बार दिशा याद दिलानी होगी। नारों से ज़्यादा काम बताने होंगे। झण्डे फहराने से ज़्यादा अपनी सार्थकता के

झण्डे गाड़ने होंगे। ऐसा काम कर दिखाना होगा कि ठण्डे पड़े सरकारी महकमे भी हैरान हो जायें। पर इसके लिए ज़रूरी होगा सब्र और सँभला हुआ संवाद।

अब मौसम बदला है। इस मौसम को प्रदूषण मुक्त बनाने में अन्ना ने भरपूर मदद की है, लेकिन अब उस मदद को संयोजित ढंग से किसी सिरे तक पहुँचाना होगा। अन्ना को बार-बार गाँधी से जोड़ना, अन्ना और गाँधी दोनों के साथ नाइंसाफ़ी होगी। अन्ना ख़ुद में एक शख़्सियत हैं और किसी एक नाम को इतिहास के किसी पिछले पन्ने में उकेरे जाने से तुलना की ज़मीन बनती है, कर्म प्रधानता की नहीं। नये बनते इस भारत में युवाओं को नारों को गाने के लिए नहीं, बल्कि सकारात्मक कर्म की तरफ़ ले जाने के लिए एकजुट करना होगा। इसलिए बदलाव के इस दौर में संयम रखिए, क्योंकि इन्सान की पहचान उत्सव में नहीं, तूफ़ान में होती है। पर गाँधी टोपी पहने जनता और उन्हें टोपी पहनाने वाली सियासत जागेगी कब जनाब!

वर्तिका नन्दा लेडी श्रीराम कॉलेज में पढ़ाती हैं। इसके अलावा मीडिया समीक्षक और स्तम्भकार हैं। वर्तिका नन्दा ने कई किताबें लिखी हैं और "मीडिया स्कूल" के नाम से अपना ब्लॉग भी चलाती हैं।

जनलोकपाल आन्दोलन : सन्दर्भ एवं सम्भावनाएँ

प्रवीण झा
राम गति सिंह

भारत ने अपनी तत्कालीन लचर अर्थव्यवस्था को दुरुस्त करने के लिए, ख़ास कर राजकोषीय स्थिति को, 1991 में जब नव-उदारवाद पर आधारित नई आर्थिक नीति की घोषणा की थी, तो अन्य बातों के अलावा, यह भी उम्मीद थी कि इससे सरकारी क्षेत्र के क्रियाकलापों में निजी क्षेत्र की प्रतिस्पर्धा की वजह से कुशलता आयेगी। यह भी उम्मीद की गयी थी कि परस्पर प्रतिस्पर्धा के माहौल में न केवल आर्थिक गतिविधियों में तीव्रता आयेगी, बल्कि लाईसेंसिंग, नियन्त्रण एवं नियमन में नीतिगत कमी की वजह से भ्रष्टाचार की गुंजाइश क्रमशः कम होती जायेगी। नीतिगत पारदर्शिता की वजह से नौकरशाही अब टाल-मटोल की कार्यभावना से काम नहीं करेगी और कार्यक्रम संचालन में शिथिलता ख़त्म होगी।

हालाँकि पिछले दो दशकों में, इन आशाओं के अनुरूप भारत में भ्रष्टाचार कम हुआ या नहीं, इस विषय में यथार्थ रूप से कुछ कहा नहीं जा सकता और इसका कोई प्रामाणिक आकलन हमारे पास नहीं है, लेकिन हाल के वर्षों में नियमित रूप से उजागर हो रही आर्थिक अनियमितताओं एवं घोटालों (जैसे 2-जी स्पेक्ट्रम घोटाला, आदर्श

कॉलोनी घोटाला आदि) को आधार मान कर यह कहना अतिश्योक्ति नहीं होगी कि भ्रष्टाचारपूर्ण गतिविधियाँ बेलगाम जारी हैं। इसके अलावा, भ्रष्टाचार के मुद्दे पर, जनमानस का उग्र रुख़ यह स्पष्ट रूप से संकेत देता है कि सुधारवाद के इस माहौल में भ्रष्टाचार का दानव 'सुरसा' के मुख की तरह अपना आकार एवं आयाम विस्तृत कर रहा है। भ्रष्टाचार के ख़िलाफ़ आम जनता, ख़ासकर शहरी मध्यम वर्ग, का आक्रामक प्रदर्शन न केवल वर्षों के असन्तोष का परिणाम है बल्कि सरकार की लोकप्रियता बटोरने की रणनीति से भी प्रेरित है। सरकारी महकमे की ओर से पिछले कई वर्षों से कुल राष्ट्रीय आय में वृद्धि के नित नये कीर्तिमान स्थापित करने के जुमले दुहराये जा रहे हैं और देश का आम आदमी बेकारी, महँगाई, बीमारी एवं शैक्षणिक सुविधाओं के अभाव से जूझ रहा है। आम लोगों में सरकारी क्रियाकलाप में दूरदर्शिता के अभाव और उसमें व्याप्त शिथिलता की वजह से बेहद रोष है। शायद आज सरकार की विश्वसनीयता अपने न्यूनतम स्तर पर है। वास्तव में, भ्रष्टाचार के ख़िलाफ़ इस मुहिम ने लोगों को सरकार की वर्षों के उदासीन एवं उपेक्षापूर्ण नीति से उपजे असन्तोष को व्यक्त करने का मंच प्रदान किया है।

अन्ना का 'जनान्दोलन' आज सरकारी महकमे, संचार माध्यम और आम जनता के बीच चर्चा का केन्द्र बना है। यह आन्दोलन विरोध दर्ज करने के हमारे सामूहिक अधिकार का सशक्त प्रदर्शन है। इसने सरकार और उसके विभिन्न नुमाइन्दों को यह भली-भाँति समझा दिया है कि अब यह लड़ाई अविराम जारी रहेगी जब तक एक कठोर लोकपाल क़ानून न लाया जाये। अन्ना हज़ारे की टीम द्वारा हरियाणा में लोक सभा उपचुनाव में कांग्रेस उम्मीदवार को वोट न करने की मतदाताओं से अपील तथा इस उपचुनाव में कांग्रेस की करारी पराजय ने सरकार तथा विपक्ष दोनों में यह डर पैदा कर दिया कि अब भ्रष्टाचार के ख़िलाफ़ टाल-मटोल वाला रवैया राजनैतिक रूप से नुक़सानदायक है और उन्हें इस गम्भीर विषय पर अपना रुख़ स्पष्ट करना होगा। अन्य राजनैतिक

दलों को भी, इस पूरे अध्याय ने, ख़ुद को भ्रष्टाचार विरोधी परिलक्षित एवं प्रक्षेपित करने के लिए बाध्य किया है।

दूसरे, इसने सामाजिक सेवाओं से जुड़ी सरकारी कार्यक्रमों की कमियों तथा आवंटन एवं कार्यक्रम-क्रियान्वयन में कर्तव्यहीनता की चर्चा को बुद्धिजीवी वर्ग के एकाधिकार से निकाल कर चौक-चौराहों पर चर्चा का विषय बना दिया है।

तीसरे, यह जनान्दोलन यह विश्वास भी दिलाता है कि अगर सरकार जन भावनाओं के अनुरूप शासन नहीं करती है तो उसे सही रास्ते पर लाने के लिए लोग सड़क पर आने में परहेज़ नहीं करेंगे।

इसके अलावा, प्रशासनिक महकमों में इस आन्दोलन का यह सन्देश गया है कि उन्हें अब कुशलता एवं ईमानदारी के साथ अपना कर्तव्यपालन न करने की दशा में भारी क़ीमत चुकानी पड़ सकती है।

कुल मिला कर, यह जनान्दोलन भ्रष्टाचार के मुद्दे एवं आम जनता के हितों के प्रति सरकारी उत्तरदायित्व के मसले को चर्चा के केन्द्र में ले लाया है और कुछ हद तक जनमानस का प्रतिनिधित्व भी करता है। ऊपर वर्णित उपलब्धियों के आलोक में हालाँकि यह कहना अज्ञानता होगी कि हमारे देश के समक्ष सबसे बड़ी समस्या भ्रष्टाचार-रूपी दानव है तथा इसके विनाश से हमारी सभी सामाजिक-आर्थिक समस्याओं का हल हो जायेगा। हमारे देश की आम जनता के लिए यह न तो प्राथमिक समस्या है और न ही जीवन-मरण से जुड़ी। आज भी मूलतः हमारे सामने कमोबेश वही केन्द्रीय समस्याएँ खड़ी हैं जो आज़ादी के समय थी—भूख, बीमारी, बेकारी, असमानता, अशिक्षा एवं सामाजिक सुरक्षा सम्बन्धी अन्य महत्वपूर्ण विषय। हम आज भले ही भारत को 'सुपर-पावर' बनाने का राग अलाप रहे हों, लेकिन इस बात को भूलना नहीं चाहिए कि भारत सरकार द्वारा असंगठित क्षेत्र के अध्ययन हेतु गठित आयोग ने, जिसकी अध्यक्षता दिवंगत प्रसिद्ध अर्थशास्त्री श्री अर्जुन सेनगुप्ता ने की थी, सरकारी आँकड़ों के आधार पर बताया है कि हमारे

ग्रामीण भारत में 2004-05 के आँकड़ों के अनुसार 77 प्रतिशत लोग 20 रुपये प्रतिदिन की सीमा-रेखा से नीचे ख़र्च पर जीवन-यापन करने के लिए विवश हैं। समुचित पोषण एवं उचित स्वास्थ्य सेवा के अभाव के कारण हमारे देश के 5 वर्ष से कम उम्र के 46 प्रतिशत बच्चे कुपोषण के शिकार हैं। बहुसंख्यक शहरी जनता की आर्थिक दशा भी इससे भिन्न नहीं है। संक्षेप में, हमारा देश महत्वपूर्ण सामाजिक-आर्थिक प्रतिमानों के आधार पर (जैसे शिक्षा, स्वास्थ्य सुविधा, जलापूर्ति, पोषण आदि) तैयार की गयी सूची में वरीयता क्रम में मोज़ाम्बिक, केन्या, इरीट्रिया, सोमालिया आदि जैसे उप-सहारा अफ्रीकी देशों के समकक्ष खड़ा है। आर्थिक एवं सामाजिक बदहाली का यह सिलसिला भारत में नव सुधारवाद के युग में या यूँ कहें कि "पूँजीवादी उधारवाद" के नीतिगत नेतृत्व में, न केवल बेरोक-टोक जारी रहा, बल्कि और भी विकृत रूप में सामने आया है। इस सुधारवाद के युग में धन के वितरण की असमानता बढ़ी है, स्व-रोज़गार की आय उपार्जन शक्ति घटी है, और जो भी अतिरिक्त रोज़गार-सृजन हुआ है वह आकस्मिक प्रकृति है, न कि नियमित। इन वजहों से लोगों में सरकारी उदासीनता एवं अकर्मण्यता के प्रति काफ़ी असन्तोष एवं रोष है। क्रियाकलाप में व्याप्त भ्रष्टाचार हमारी समग्र समस्या का एक अंश है, अपने आप में पूरी समस्या नहीं है। इस आन्दोलन ने सरकारी उत्तरदायित्व निर्वहन करने में सरकार की अक्षमता के ख़िलाफ़ तैयार जन-मानस को लोकपाल क़ानून बनाने तक सीमित कर दिया है। तर्क यह नहीं है कि यह किसी पूर्व-नियोजित रणनीति के तहत हुआ है, बल्कि इस वजह से हुआ है कि भ्रमवश भ्रष्टाचार निवारण को सभी समस्याओं का रामबाण इलाज मान लिया गया है। अगर इस परिप्रेक्ष्य में, सरकार सख़्त लोकपाल क़ानून पारित कर देती है तो जनमानस को लगेगा कि उन्होंने 'विजय-श्री' वरण कर लिया है, जबकि उनकी मूलभूत समस्याएँ (ग़रीबी, बेकारी, बीमारी, अशिक्षा आदि) जस-की-तस हैं। यह नहीं कि भ्रष्टाचार निवारण एक महत्वपूर्ण लक्ष्य नहीं होना चाहिए या फिर भ्रष्टाचार की व्याप्तता गरीब

लोगों के लिए चिन्तनीय मुद्दा नहीं है। इस बात में कोई दो राय नहीं है कि भ्रष्टाचार की वजह से मौजूदा सरकारी योजनाओं एवं कार्यक्रमों का शत-प्रतिशत लाभ आम लोगों तक नहीं पहुँच पाता है। लेकिन यह भी सच है कि हमारे देश में "विकासात्मक घाटे" (अशिक्षा, सामाजिक असुरक्षा, स्वास्थ्य, जलापूर्ति, स्वच्छता आदि से सम्बन्धित) का आकार इतना बड़ा है कि मौजूदा सरकारी प्रयास जो कि सरकार के बजट के सरकारी ख़र्च से समझा जा सकता है, पर्याप्त नहीं हैं। यह नीतियों की विफलता की वजह से है, न कि भ्रष्टाचार की वजह से। हम केवल इस बात पर ज़ोर दे रहे हैं कि जिस तरह से इस भ्रष्टाचार विरोधी जनान्दोलन को इसके नेतृत्व एवं विभिन्न संचार माध्यमों द्वारा प्रायोजित किया गया है, और इस प्रयोग की वजह से सभी सामाजिक-आर्थिक समस्याओं के एक-सूत्री हल होने का जो भ्रामक बोध हुआ है, वह दुर्भाग्यपूर्ण है।

इस आन्दोलन से जुड़ी सबसे चिन्ताजनक बात यह है कि इसने जन-विरोध के प्रजातान्त्रिक तरीक़ों को दरकिनार करके 'भीड़' को अपनी बात मनवाने के लिए हथियार के रूप में इस्तेमाल किया है। जैसा कि प्रख्यात आर्थिक चिन्तक प्रभात पटनायक ने बतलाया है कि किसी नीति पर अपना रुख़ स्पष्ट करना और अपना विरोध दर्ज करना हमारा संवैधानिक अधिकार है। अपना विरोध सामूहिक रूप से व्यक्त करने में कोई हर्ज नहीं है, यदि विरोध करने वालों की भीड़ को परिचर्चा के माध्यम से पर्याप्त रूप से वस्तुस्थिति से अवगत करा दिया गया हो।

यह सर्वविदित है कि प्रजातान्त्रिक मूल्यों में हठ की जगह नहीं होती और किसी ख़ास व्यक्ति के तर्कों को ब्रह्मा की लकीर के रूप में स्वीकार करने की बाध्यता नहीं होती। अगर इन बातों पर हम लोग मोटे तौर पर सहमत हैं तो इस सच्चाई से भी इनकार नहीं किया जा सकता कि अन्ना के इस आन्दोलन में कई प्रजातान्त्रिक विसंगतियाँ हैं और ऐसा प्रतीत होता है मानो 'हठनीति' को अपने उद्देश्य को पूरा करने का यन्त्र

बनाया जा रहा है। इस पूरे आन्दोलन में अन्ना हज़ारे के 'लोकपाल मॉडल' के सामने भ्रष्टाचार एवं कुशासन के मूल मुद्दे कहीं-न-कहीं गौण साबित हो रहे हैं। ऐसा नहीं है कि यह मुद्दा नया है और इस दिशा में नीति-निर्माण से सम्बन्धित सशक्त, व्यावहारिक एवं अभिव्यक्त सुझावों की कमी नहीं है। अब जबकि लोगों में भ्रष्टाचार निवारण की दिशा में चेतना जाग्रत अवस्था में है और इसमें अन्ना हज़ारे के जनान्दोलन का निर्विवाद योगदान रहा है, सभी समाज-चिन्तकों का यह दायित्व बनता है कि वे सभी कोनों से आ रहे सुझावों एवं तथ्यों पर विचार करें तथा उनमें से उपयुक्त सुझावों को भ्रष्टाचार उपशमन पर विस्तृत वाद-विवाद में सम्मिलित करें। एक अन्देशा यह भी जताया जा रहा है कि अब इस मुद्दे को और टाला नहीं जाना चाहिए, लेकिन इस सन्दर्भ में यह बात हमें ध्यान में रखनी चाहिए कि भ्रम एवं जल्दबाज़ी में बनाये गये भ्रष्टाचार निवारक क़ानून के अवांछनीय परिणाम इच्छित लक्ष्यों पर भारी पड़ सकते हैं। लोकपाल क़ानून के दूरगामी परिणाम होंगे, इसलिए किसी भी नतीजे पर पहुँचने से पहले काफ़ी सतर्कता बरतनी चाहिए, और इसके लिए सभी ज़रूरी विषयों पर विशेषज्ञों की राय लेनी चाहिए। प्रस्तावित जनलोकपाल क़ानून के दायरे एवं व्यावहारिकता पर चर्चा में क़ानूनविदों, समाजशास्त्रियों, जन प्रतिनिधियों एवं अन्य विशेषज्ञों को शामिल करना चाहिए। सरकार को किसी दबाव में आकर क्षणिक राजनैतिक नुक़सान से बचने के चक्कर में हड़बड़ी नहीं दिखानी चाहिए।

जहाँ तक इस आन्दोलन के मूल बिन्दु जनलोकपाल क़ानून के प्रस्तावित प्रावधानों की व्यावहारिकता एवं व्यापकता का सम्बन्ध है, दोनों ही आयामों पर यह क़ानून तर्क की कसौटी पर खरा नहीं उतरता। अगर व्यावहारिकता के धरातल पर बात की जाये तो लगभग 60 लाख सरकारी कर्मचारियों के दिन-प्रतिदिन के सरकारी क्रियाकलाप से उत्पन्न जन शिकायतों के निवारण की ज़िम्मेवारी एक केन्द्रीय संस्था पर छोड़ने की बात करना व्यावहारिक नज़र नहीं आता। इस सम्बन्ध में कुछ कोनों से यह सुझाव आया है कि लोकपाल क़ानून के दायरे में केवल श्रेणी

'अ' एवं 'ब' के कर्मचारियों को रखा जाये जिनकी संख्या ढाई-तीन लाख के क़रीब है। बाक़ी कर्मचारियों की कर्तव्यहीनता एवं भ्रष्ट व्यवहार की जनशिकायतों की सुनवाई के लिए राज्य स्तर पर कार्य कर रही पुलिस, सी.आई.डी., सतर्कता विभाग आदि की मौजूदा व्यवस्था का इस्तेमाल किया जा सकता है। इस तरह के सुझावों एवं माँगों में व्यावहारिकता दिखती है और अच्छे सुझावों के समायोजन की गुंजाइश भी है। सभी सरकारी कर्मचारियों के भ्रष्ट आचरणों पर नकेल कसने के लिए टीम अन्ना की एक केन्द्रीय व्यवस्था की माँग न केवल अव्यावहारिक है बल्कि अन्य सुझावों की अनदेखी इस जनान्दोलन के हठ-प्रकृति को भी परिलक्षित करता है।

प्रजातान्त्रिक पर्यवेक्षण के सभी आयामों की ज़िम्मेवारी यदि केन्द्रीकृत कर दी जाये तो इससे न केवल सरकार अपनी उत्तरदायित्वों के प्रति लापरवाह होगी, बल्कि पिछले कुछ वर्षों में सत्ता के विकेन्द्रीकरण को बढ़ावा देने वाले सूचना का अधिकार आदि जैसे अधिनियमों में निहित पारदर्शिता एवं उत्तरदायित्व बोध के सकारात्मक पहलुओं को धक्का पहुँचेगा।

इस सन्दर्भ में क़ानूनविदों की यह राय है कि लोकपाल के दायरे में पुलिसिया शक्ति, मुक़दमे की समयावधि तय करने, सुनवाई बेंच का गठन एवं उनकी संरचना, आदि सभी कार्य एक केन्द्रीकृत सत्ता को सौंपना न केवल अव्यावहारिक है, बल्कि यह शायद हमारे संविधान की आत्मा के विपरीत है। किसी क़ानून का विधायी, कार्यपालिका एवं न्याय सम्बन्धी घटक अलग-अलग प्रशासनिक स्तर पर संचालित किया जाना संविधान सम्मत है। लोकपाल क़ानून के अन्ना समूह के पैरवीकारों ने इन तीनों स्तर के कार्य को 'सर्वशक्तिमान' एवं 'सर्वव्यापी' लोकपाल के अधीन करने के लिए दबाव बनाया है। इसके अलावा न्यायपालिका में लम्बित आर्थिक एवं अन्य अनियमितताओं के मामलों पर ग़ौर करें तो हम इस निष्कर्ष पर पहुँचते हैं कि अगर 'केन्द्रीकृत' लोकपाल क़ानून

बना तो इसमें मामलों का निपटारा करना लगभग नामुमकिन होगा।

जहाँ तक लोकपाल क़ानून के प्रस्तावित मूल प्रावधानों एवं दायरे का सवाल है, इस क़ानून की परिधि में केवल सरकारी क्षेत्र के कर्मचारियों को रखे जाने की बात की जा रही है। आज यह सर्वविदित है कि नव-उदारवादी भारत में सरकारी क्रियाकलाप, ख़ास कर आर्थिक क्षेत्र में सरकार की भागीदारी एवं भूमिका को सीमित किया जा रहा है। आजकल, सरकारी-निजी क्षेत्र साझीदारी के मॉडल को सरकार विभिन्न सामाजिक-आर्थिक मानकों एवं लक्ष्यों को पूरा करने के लिए राम-बाण के रूप में प्रयोजित कर रही है।

साथ ही, सरकार औद्योगिक घरानों, पूँजीपतियों एवं निर्यातकों आदि को भारी-भरकम कर-छूट एवं रियायतें देती है। कर-छूट प्राप्त करने के कई अस्पष्ट पहलू हैं और यहाँ एक अर्थ में 'लाभ' के वितरण में शर्तों में अस्पष्टता की वजह से पूरी प्रक्रिया अपारदर्शी है। ऐसी स्थिति में, सरकारी लाभ पाने के लिए निजी क्षेत्र के सम्भावित लाभार्थी भ्रष्ट आर्थिक आचारण का सहारा ले सकते हैं। साथ ही, निजी कम्पनियों (जिसमें विदेशी कम्पनियाँ भी शामिल हैं) को अपारदर्शी तरीक़े से केन्द्र तथा राज्य दोनों सरकारों द्वारा प्राकृतिक संसाधनों (यथा भूमि, जंगल, खान, खनिज आदि) के दोहन के अधिकार का आवंटन किया जा रहा है। इस तथ्य के आलोक में, निजी क्षेत्र की गतिविधियों को प्रस्तावित लोकपाल क़ानून की परिधि से बाहर रखना आत्मघाती साबित होगा।

इस सन्दर्भ में ग़ैर-सरकारी संगठनों की गतिविधियों को लोकपाल क़ानून दायरे से बाहर रखने के मुद्दे पर चर्चा करना आवश्यक है। आजकल इन संगठनों की पैठ सामाजिक क्षेत्र के हर घटक में है, और सरकारी अनुदान का एक बड़ा हिस्सा इनके माध्यम से ख़र्च किया जा रहा है। साथ ही, विदेशी अनुदान भी ग़ैर-सरकारी संगठनों को सामाजिक सेवाओं के मद पर ख़र्च करने के लिए बड़ी मात्रा में प्राप्त हो रहे हैं।

इन संगठनों की गतिविधियों पर पैनी नज़र रखना न केवल ख़र्च की नियमितता एवं उपादेयता सुनिश्चित करने तक है, बल्कि इसलिए भी आवश्यक है कि इन आर्थिक संसाधनों का प्रयोग किसी 'छद्‌म' लक्ष्य, जिसका देश के लोगों के कल्याण से सम्बन्ध नहीं है, को पूरा करने के लिए तो नहीं किया जा रहा है।

इस मुद्दे पर यह तर्क दिया जाना कि इनकी कार्यप्रणाली एवं गतिविधियों पर नज़र रखने के लिए विदेशी मुद्रा नियमन अधिनियम (एफ.ई.आर.ए.) एवं अन्य क़ानून हैं, पर्याप्त नहीं है। यह कहना कि लगभग साढ़े चार लाख ऐसे संगठनों को लोकपाल क़ानून की परिधि में लाने से लोकपाल की ज़िम्मेवारी अनावश्यक रूप से बढ़ जायेगी और इन संगठनों को सरकार की तरफ़ से बेवजह परेशान होना पड़ेगा, बेमानी तर्क है। अगर इस तरह के तर्कों को तरजीह दी जाये तो लोकपाल क़ानून की आवश्यकता को स्पष्ट कर पाना मुश्किल होगा।

जहाँ तक निजी क्षेत्र की गतिविधियों को लोकपाल क़ानून के दायरे में रखने का प्रश्न है, बहुधा यह तर्क दिया जाता है कि चूँकि निजी क्षेत्र को सीधे तौर पर सरकारी पैसा नहीं दिया जाता, इसलिए उनकी आर्थिक-सामाजिक गतिविधियों पर लोकपाल क़ानून के अन्तर्गत कार्यवाही जायज़ नहीं होगी, इसलिए इन्हें लोकपाल क़ानून पर परिचर्चा के बाहर रखा जाना चाहिए, लेकिन यह तर्क बेतुका है। ये निजी क्षेत्र पूँजी बाज़ार में आम लोगों की बचत को उधार के रूप में लेते हैं और उनका इस्तेमाल अपने उत्पादक कार्यों में करते हैं। जब उनका व्यवसाय उनकी अकुशल रणनीति की वजह से असफल हो जाता है या फिर कुछ निहित स्वार्थों की वजह से वे अपनी फ़र्म को दिवालिया घोषित करवाते हैं तो ऐसे में निवेश फ़र्मों की आर्थिक जालसाज़ी की वजह से आम जनता को नुक़सान होता है। इस दृष्टि से, निजी क्षेत्र की गतिविधियों को लोकपाल के दायरे से बाहर रखना इस क़ानून की व्यापकता एवं प्रभावोत्पादकता पर गम्भीर प्रश्नचिह्न लगाता है।

कुल मिला कर, जहाँ तक प्रस्तावित लोकपाल क़ानून का सवाल है, इसकी कार्य सीमा एक तरफ़ काफ़ी संकीर्ण एवं अधूरी है, क्योंकि इसमें निजी क्षेत्र, जनसंचार माध्यमों एवं ग़ैर-सरकारी संगठनों की गतिविधियों पर नज़र रखने के विषय को शामिल करने की बात नहीं की जा रही है। दूसरे, यह अपने अधिकार क्षेत्र में एक अर्थ में विस्तृत एवं अव्यावहारिक है कि इसके अन्तर्गत एक केन्द्रीकृत संस्था के रूप में सभी 60 लाख सरकारी कर्मचारियों के काम-काज पर नज़र रखने, उनके ख़िलाफ़ आयी जन-शिकायतों के निबटारे की बात की जा रही है।

इसके अलावा, भारतीय शासन व्यवस्था संघीय ढाँचे पर आधारित है, जिसमें राज्यों को भी क़ानून बनाने की स्वायत्तता है। अगर केन्द्र सरकार जनलोकपाल क़ानून को यथा रूप में पारित कर दे भी तो यह राज्यों की मंशा पर है कि वे क़ानून या इसके समरूप क़ानून पारित करें या नहीं। यहाँ यह बात ध्यान देने योग्य है कि राज्यों के असमान सामाजिक-आर्थिक विकास के स्तर को देखते हुए विभिन्न राज्यों के प्रशासन के लक्ष्य एवं प्राथमिकताएँ भ्रष्टाचार निवारण से अलग कुछ अन्य मुद्दे भी हो सकते हैं। भ्रष्टाचार निवारण के सख़्त क़ानून का कोई अवांछनीय प्रभाव प्रशासन के कार्यक्रम संचालन पर न पड़े, इस वजह से राज्य इस तरह के सख़्त क़ानून न लायें। राज्यों को यह लग सकता है कि उनका सतर्कता विभाग एवं निगरानी विभाग भ्रष्टाचार पर लगाम लगाने में सक्षम है।

इस जनलोकपाल क़ानून को यथारूप में अगर अपना लिया जाये तो भी इससे समानान्तर लालफीताशाही व्यवस्था तैयार होगी। हम लालफीताशाही की मौजूदा व्यवस्था के भ्रष्ट आचरण को रोकने के लिए दूसरी समानान्तर व्यवस्था को विश्वसनीय एवं प्रभावी मानने के पीछे क्या तर्क देंगे।

शासन संचालन के विभिन्न स्तरों पर व्याप्त भ्रष्टाचार से आम

लोग परेशान हैं और इसका हल ढूँढा जाना आवश्यक है। इस गम्भीर समस्या को सुलझाने के लिए गहन परामर्श एवं चिन्तन की आवश्यकता है। इसका हल सड़क-छाप अफ़रा-तफ़री के माहौल में हड़बड़ी में निकालना इस गम्भीर मुद्दे के साथ अन्याय करने के समान होगा। दूसरी बात, अन्ना एवं उनके सिपहसालारों को इस मूलभूत राजनैतिक मन्त्र का ध्यान रखना होगा कि प्रजातान्त्रिक प्रक्रिया में हठवादिता के लिए कोई जगह नहीं है।

भ्रष्टाचार को नियन्त्रित करने के लिए हमारे कई मौजूदा क़ानून हैं, और इन क़ानूनों को सख़्ती से इस्तेमाल करने के लिए उनकी आधारभूत संरचना में विस्तार करने की आवश्यकता है। मौजूदा क़ानून एवं न्यायिक व्यवस्था में क्षमता न होती तो आये दिन प्रशासनिक अधिकारी, राजनेता या अन्य लोग जो अपने काम में लापरवाही या भ्रष्टाचार के आरोप में जेल की सज़ा भुगत रहे होते हैं, वह सम्भव न होता। यह बात अलग है कि ढाँचे का समुचित विस्तार न हो पाने तथा राजनैतिक इच्छाशक्ति के अभाव की वजह से अधिकांश शिकायतों का समय पर निबटारा नहीं हो पाता।

इस पूरे आन्दोलन में भ्रष्टाचार की मज़बूत जड़ वाली समस्या को इस आशय से प्रक्षेपित किया जा रहा है कि भ्रष्टाचार की विकट समस्या प्रस्तावित जनलोकपाल क़ानून न होने की वजह से है। इस तरह की सोच यथार्थ से परे है। इस सन्दर्भ में बताना भी रोचक है कि आये दिन जनलोकपाल के झण्डाबरदार यह भी बतलाते हैं कि अगर जनलोकपाल विधेयक यथा रूप में पारित हो गया तो भ्रष्टाचार 65-70 प्रतिशत कम हो जायेगा। कोई उनसे पूछे तो कि ये आँकड़ा आया कहाँ से? इस सन्दर्भ में प्रश्न यह नहीं है कि भ्रष्टाचार दो-तिहाई कम होगा या नहीं, बल्कि इस तरह के हास्यास्पद 'आकलन' इस तथ्य की ओर इशारा करते हैं कि इस आन्दोलन के नेतृत्व ने भ्रष्टाचार निवारण के गम्भीर मसले का पर्याप्त अध्ययन नहीं किया और उन्हें लगता है लोकपाल की

जादुई छड़ी से स्वभावतः भ्रष्टाचार ख़त्म हो जायेगा।

भ्रष्टाचार निवारण का मसला हो या अन्य कोई गम्भीर मामले, प्रजातान्त्रिक प्रणाली में हमें अपने सुझाव रखने एवं नीतियों में शामिल करने के लिए सरकार के साथ-सार्थक बातचीत करने का समुचित अधिकार है। लेकिन इसका मतलब यह क़तई नहीं होना चाहिए कि संवैधानिक प्रक्रियाओं, प्रणालियों एवं संस्थानों का सड़क पर सामूहिक रूप से हास्य-विनोद का विषय बनाया जाये। मन, कर्म और वचन, तीनों आयामों में हमें आचरण पर अंकुश लगाना चाहिए।

प्रवीण झा सेंटर फ़ॉर इकोनोमिक स्टडीज़ एण्ड प्लानिंग (जवाहरलाल नेहरू विश्वविद्यालय) में वरिष्ठ अर्थशास्त्री हैं। **राम गति सिंह** इसी विश्वविद्यालय में शोधार्थी हैं।

धर्मयुद्ध या सर्कस?

सैयद फैसल अली

सामाजिक कार्यकर्ता अन्ना हज़ारे के नेतृत्व में भ्रष्टाचार विरोधी आन्दोलन ने जो विशाल रूप धारण कर लिया था वह सत्तारूढ़ कांग्रेस पार्टी के लिए, पिछले कई दशकों की सबसे बड़ी चुनौती थी। इस आन्दोलन को भारत की अपनी अरब-क्रान्ति का नाम दिया गया और दिल्ली के जन्तर-मन्तर की तुलना मिस्र के तहरीर चौक से की जाने लगी।

निःसन्देह, अन्ना ने क्रुद्ध और असन्तुष्ट भारत की दुखती रग को छू लिया था। पर यह बात ध्यान में रखना ज़रूरी है कि भारतीयों ने नियमतः, चुनावों द्वारा, कई सरकारें पलटी हैं और वैसे देखा जाये तो यह भ्रष्टाचार विरोधी आन्दोलन मध्य-पूर्वी देशों के आन्दोलनों से काफ़ी अलग है।

अगला चुनाव 2014 में है और 'इण्डिया टुडे' द्वारा किया गया जनमत सर्वेक्षण यह दर्शाता है कि यदि आज चुनाव कराये जायें तो कांग्रेस, मुख्य विपक्षी दल से हार सकती है। हालाँकि दुनिया के सबसे बड़े लोकतन्त्र में मिस्र जैसे तख़्ता पलट देने वाले आन्दोलन के होने की किसी को भी आशा नहीं है, किन्तु एकजुट हुआ असन्तुष्ट मध्यवर्ग, बढ़ती हुई नेटवर्किंग साइट्स और आक्रामक ग़ैरसरकारी मीडिया, भारत की राजनैतिक तस्वीर को पूरी तरह बदल रहे हैं।

विद्यार्थी, वकील, शिक्षक और व्यापारी, सभी अपने विचार और भ्रष्टाचार के प्रति अपनी कुण्ठा व्यक्त करने के लिए ट्विटर और

फ़ेसबुक जैसे सामाजिक नेटवर्किंग साइट्स का प्रयोग कर रहे हैं। भारत के प्रमुख व्यावसायियों में से एक और महिन्द्रा ग्रुप के संचालक, आनन्द महिन्द्रा ने ट्विटर पर लिखा, "लोकतन्त्र का मतलब है छोटी-से-छोटी आवाज़ को अनसुना न करना। यह भ्रष्टाचार के विरोध में उठायी गयी आवाज़, फुसफुसाहट नहीं, बल्कि एक ज़बरदस्त चीख़ है और इसकी उपेक्षा करना सबसे बड़ी भूल होगी।"

एकता के अनूठे प्रदर्शन में, युवा एवं बुज़ुर्ग, अमीर और ग़रीब, बिना किसी राजनैतिक झुकाव के, सड़कों पर उतर आये थे—यह भारत में किसी भी सत्तारूढ़ पार्टी के लिए एक ख़तरनाक स्थिति थी। टेकनोलॉजी और जागरूक मीडिया की बदौलत, यह विरोध एक विश्वव्यापी घटना का हिस्सा बन चुका है। इस आन्दोलन में वे सब तत्व हैं जिससे इसे भारत का अपना अहिंसात्मक अरब विद्रोह माना जा सकता है। यहाँ सारी सामग्री तो है किन्तु पकवान/भोजन अभी बनना है और उसका ध्यान रखना भी ज़रूरी है। तहरीर चौक की क्रान्ति 40 साल के अन्यायी शासन के विरोध में थी, पर भारत में हालात काफ़ी अलग हैं।

भारत से यह उम्मीद नहीं की जा रही कि वह पूर्व अफ्रीका और मध्य-पूर्वी देशों के उदाहरण का अनुसरण करे। किन्तु, हर 5 भारतीय में से एक भूखा है और लगभग आधी जनता ग़रीब है—अशान्ति पैदा करने वाले सम्भावित कारण।

ट्रान्सपरेन्सी इन्टरनेशनल की भ्रष्ट देशों की 2010 में जारी सूची के अनुसार भारत 87वें स्थान पर है; प्रतिद्वन्द्वी चीन से नीचे। मतगणना के अनुसार, जीवन की उच्च लागत के साथ-साथ, भ्रष्टाचार मतदाताओं के लिए प्रमुख मुद्दा बन चुका है।

उच्चतम न्यायालय के भूतपूर्व मुख्य न्यायाधीश, राष्ट्रीय मानव अधिकार आयोग के प्रमुख, के.जी. बालाकृष्णन पर जबसे भ्रष्टाचार का आरोप लगा है, तबसे प्रतिष्ठित राष्ट्रीय संस्थानों को भी शक की नज़रों से देखा जाने लगा है। "जब लोगों के सहने की क्षमता ख़त्म हो जाती

है तो किसी-न-किसी तरह की क्रान्ति की शुरुआत निश्चित है। अब पानी सिर के ऊपर जा चुका है।''—अन्ना के कहे गये ये शब्द, लोगों को सही लगे। पिछले दस सालों से 'डबल डिजिट' आर्थिक विकास के बावजूद देश में बड़े पैमाने पर भ्रष्टाचार, दफ़्तरशाही और अपर्याप्त सेवाओं से तंग करोड़ों भारतीयों के लिए अन्ना प्रेरणा का स्रोत बन गये हैं। कई हफ़्तों के विरोध के बाद, संसद ने अब जा कर कहीं अन्ना की माँगे मान लीं। भ्रष्टाचार के विरोध में आवाज़ उठाने वाले अन्ना की तीन मुख्य माँगे थीं—प्रधानमन्त्री, संसद और प्रशासनिक अधिकारी भी भ्रष्टाचार विरोधी क़ानून के दायरे में होने चाहिएँ। सांसद इन तीनों माँगों को सम्मिलित करने के लिए राज़ी हुए।

इसमें कोई शक नहीं कि यह अन्ना की बहुत बड़ी जीत थी; वही अन्ना, जिसे मीडिया और मध्य-वर्ग ने ख़ुशी से अपनाया और 'महात्मा गाँधी' के अवतार का ओहदा दिया।

पर सबसे बड़ी बात तो यह है कि असल में यह जीत है भारत की एक अरब से भी अधिक जनता की और उसके जीवन्त और विविध लोकतन्त्र की। अन्ना के अनशन और इस अभियान से प्रोत्साहित जनता के भारी सहयोग के कारण ही सांसदों को अन्ना की माँगों के सामने नतमस्तक होना पड़ा। अन्ना नामक अचम्भे से जूझती हुई कांग्रेस के नेतृत्व में सरकार को कई उलझनों का सामना करना पड़ा। लोकपाल के मुद्दे को लेकर जो स्थिति पैदा हो गयी थी, सरकार संसद में और बाहर भी, राजनैतिक सहमति द्वारा उसे नियन्त्रण में लाने में जुट गयी थी।

भ्रष्टाचार को लेकर जनता की प्रतिक्रिया इतनी ज़बर्दस्त रही है कि अगर कांग्रेस और बाक़ी राजनैतिक दलों ने अन्ना के फ़रमानों का विरोध किया होता तो वे काफ़ी मुश्किल में पड़ सकते थे। वैसे भी हाल ही में सामने आये हुए कई अरब डॉलर के घोटालों से घिरी सरकार के प्रति जनता का ग़ुस्सा अभी शान्त नहीं हुआ है।

विदेश में निवास कर रहे कई भारतीय, अन्ना के आन्दोलन में

शामिल होने के लिए भारत आये। जो न आ सके, वे अन्ना से सम्बन्धित कोई भी ताज़ा ख़बर पाने के लिए अपने टी.वी. से चिपके रहे। खाड़ी देशों में रह रहे लगभग 40 लाख भारतीय इस आन्दोलन को लेकर बहुत उत्साहित थे और भारत में हो रहे भ्रष्टाचार के बारे में स्थानीय अख़बारों को नियमित रूप से पत्र लिखते रहे। किन्तु, उन सब की प्रतिक्रियाएँ कुछ मिली-जुली-सी थीं। दुबई से राजेन्द्र अनेजा ने लिखा, "ग़रीबी, भ्रष्टाचार, बुनियादी सुविधाओं का अभाव, सार्वजनिक स्वास्थ्य प्रणाली का न होना, इन सबसे कांग्रेस सरकार को कोई लेना-देना नहीं है। मनमोहन सिंह की सरकार मानो जैसे बिलकुल ठप पड़ गयी है—पतवारहीन और दिशाहीन।"

पर कई ऐसे भी थे जिन्हें अन्ना के इस आन्दोलन पर पूरा भरोसा न था। सउदी अरब से अनीस ख़ान ने लिखा, "टीम अन्ना ने यह ग़लत मिसाल क़ायम की है। अगर जम्मू और कश्मीर के अलगाववादी जनमत-संग्रह (प्लेबिसाइट) की माँग को लेकर अनशन पर बैठ जायें तो क्या मीडिया और बुद्धिजीवी उनका भी समर्थन करेंगे? और नक्सली भी यदि यही पैंतरा अपनायें तो? टीम अन्ना की बागडोर दरअसल अहंकारी व्यक्तियों के हाथ में है जो इस नेक काम की आड़ में अपना उल्लू सीधा करने में जुटे हैं।"

इसमें कोई शक नहीं कि अन्ना और उनके सहयात्रियों ने बड़ी चतुराई से जनता के आक्रोश का सफलतापूर्वक लाभ उठाया है। फिर भी, अन्ना अपनी सीमित पहुँच के कारण, समाज के सभी वर्ग के लोगों को इकट्ठा करने में विफल रहे। अनेक प्रयासों के बावजूद, टीम अन्ना कोई भी महत्वपूर्ण मुस्लिम नेता या दलित नेता को शामिल करने में असफल रही। ग्रामीण प्रतिनिधित्व भी न के बराबर रहा। इसी कारण, यह आन्दोलन एक मध्यवर्गीय शहरी (संगठित) प्रयत्न बन कर रह गया।

एक और चिन्ताजनक किन्तु उल्लेखनीय पहलू यह भी है कि वे सब जो अपने आप को बाबा या योगी की पदवी दे चुके हैं, मन-ही-

मन, राजनैतिक महत्वाकांक्षा रखते हैं। हालाँकि इस बात को सब नकारते हैं किन्तु सभी बहती गंगा में हाथ धोने के इच्छुक हैं। क्या हम भारतीय वाक़ई ऐसे लोगों के नेतृत्व में 21वीं शताब्दी का काम-काज चलाना चाहते हैं या फिर बेहतर होगा कि ये लोग शिष्यों को योगाभ्यास और आर्ट-ऑफ़-लिविंग सिखाने तक ही सीमित रहें? आश्चर्य की बात तो यह है कि कोई भी टी.वी. चैनल या समाचार-पत्र इनकी अचानक ख्याति और धन की वृद्धि पर कोई सवाल नहीं उठा रहा। क्या हम अब भी अन्धविश्वासों से घिरे हैं या फिर इसमें उनका कोई स्वार्थ छुपा है।

अन्ना का यह आन्दोलन कई चिन्ताजनक सवाल खड़े करता है। मान लो कि विवादास्पद भ्रष्टाचार विरोधी क़ानून और लोकपाल का गठन हो भी जाता है तो क्या वह किसी जादू की छड़ी की तरह, भारत को खोखला करने वाले कैन्सर रूपी भ्रष्टाचार को मिटा पायेगा? बहुतों को ऐसा नहीं लगता। भ्रष्टाचार समाज की रग-रग में बस चुका है और किसी एक संरक्षक का, चाहे वह कितना भी ताक़तवर क्यों न हो, इस कैन्सर का ख़ात्मा करना नामुमकिन है।

इस अभिशाप का अन्त करने के लिए भारत या फिर किसी भी देश को चाहिए एक ज़बर्दस्त, दीर्घकालीन, प्रभावी और लम्बे समय तक चलने वाला राष्ट्रीय आन्दोलन। यह मानना एक भूल होगी कि ऐसे देश में जहाँ बिना रिश्वत के कोई काम नहीं होता, वहाँ तत्काल समाधानों और परिणामों की माँग करती जनवादी हरकतों से राष्ट्र का उद्धार हो जायेगा। सबसे चिन्ताजनक बात यह है कि मुट्ठी भर लोग भूख हड़ताल जैसे 'इमोशनल ब्लैकमेल' का इस्तेमाल कर और जनता द्वारा राजनैतिक दबाब बना कर, अपने विचार और क़ानून इतने बड़े लोकतन्त्र पर थोपना चाहते हैं। भ्रष्टाचार मिटाना एक सराहनीय क़दम है किन्तु तथाकथित भ्रष्टाचार विरोधी आन्दोलन ने एक ख़तरनाक मिसाल स्थापित कर दी है। अन्ना का मुद्दा निःसन्देह महान है, किन्तु भविष्य में अगर कोई इसी तरह सत्ता और ख्याति पाने के लिए ऐसे ही पैंतरा अपनाये

तो? आगे चल कर अगर आर.एस.एस. और वी.एच.पी. जैसे संगठन और उनका राजनैतिक अवतार भा.ज.पा., जनता को भड़का कर सरकार और संसद के सामने विभाजनात्मक, 'फ़ासिस्ट' माँगें रखे तो ...? इन संगठनों का इतिहास और उनके उद्देश्यों के मद्दे-नज़र, यह आशंका वाजिब है। पिछले 6 दशक से सँजो कर रखी हुई लोकतान्त्रिक संस्थाओं को और क़ानून के शासन को नष्ट करने के लिए, तथाकथित लोकसत्ता का बड़ी आसानी से दुरुपयोग किया जा सकता है।

अपने पड़ोसियों से भारत को अलग करने वाला तत्व है, कई बाधाओं और लाखों बग़ावतों से उभरा, उसका यह अनूठा लोकतन्त्र। किसी भी क़ीमत पर भारतीयों को इस अमूल्य उपलब्धि को नहीं गँवाना चाहिए। अरविन्द केजरीवाल का यह कथन कि अन्ना संसद के परे हैं, सभी तर्कों की उपेक्षा करता है और स्थापित लोकतान्त्रिक आदर्शों का सरासर निरादर करता है। उनकी यह बात बिल्कुल बेतुकी है और व्यापक निन्दा के योग्य है।

अन्ना के आन्दोलन का एक दिलचस्प परिणाम यह भी था कि भारत के ज़्यादातर टी.वी. चैनल सारा समय इस आन्दोलन को ही दिखाते रहे। इस बात की तनिक भी परवाह न करते हुए कि वे जनता को एक झूठी और हानिकारक तस्वीर दिखा रहे थे कि सारा देश अन्ना के पीछे चल पड़ा था, मीडिया के महारथी सारा समय अन्ना की प्रशंसा के पुल बाँधनों में जुट गये। यह देश और विदेश दोनों ही के लिए एक भ्रामक, घिनौनी और चिन्ताजनक हरकत थी। कुछ को छोड़ कर बाकी सभी ने अपना नाम तो ख़राब किया ही, लोगों की उम्मीदों पर भी खरा उतरने में नाकाम रहे। इसी कारण अन्तर्राष्ट्रीय मीडिया, जिसने अन्ना के इस आन्दोलन की सराहना की थी और काफ़ी कवरेज भी दिया था, उसी ने इन चैनलों पर 'अन्ना हिस्टीरिया' का आरोप लगाते हुए, उनकी काफ़ी निन्दा की। इस आन्दोलन की एक और चिन्ताजनक बात यह थी कि अब यह एक सरकस बनने के कगार पर था। सत्तारूढ़

सरकार और सिविल सोसाइटी संगठन दोनों ही इस तमाशे के लिए बराबरी के ज़िम्मेदार हैं। देश और विदेश की मीडिया के सामने हो रही थी रोज़ की मौखिक हाथा-पाई जिसमें अन्तहीन बातचीत के अन्तर्गत, सभी एक-दूसरे पर साज़िश, हेरा-फेरी और छल के लाँछन थोप रहे थे। यह सब देख, सारा देश हैरान-परेशान था।

जब सरकार अन्ना के साथ लोकपाल बिल की बारीक़ियों को लेकर बातचीत में व्यस्त थी, तब ये बाबा रामदेव राजनीति के आकर्षण से अपने-आप को न बचा पाये और भ्रष्टाचार विरोधी इस आन्दोलन में कूद पड़े। उन्होंने भी अपनी तरफ़ से अनशन का ऐलान कर दिया।

इसमें कोई आश्चर्य नहीं कि बाबा के अनशन का ऐलान सुन कर सरकार पूरी तरह बौख़ला गयी थी। इतना ही नहीं, बल्कि परेशान सरकार ने योग-गुरु का यह अनशन का इरादा रुकवाने के लिए दिल्ली हवाई अड्डे पर चार नेता भी दौड़ा दिये। ज़ाहिर है कि नेतागण अपने मिशन में नाकाम रहे और 'बाबा' को जो चाहिए था वह उन्हें मिला—'इन्स्टेन्ट प्रसिद्धि'। अन्ना की रातों-रात ख्याति से प्रभावित, योग-गुरु ने अपने इस 'कार्यक्रम' का ज़िक्र अन्ना से किया था जब वह विरोध के दौरान कुछ ही दिन पहले अन्ना से मिले थे। अगर अन्ना के पास भ्रष्टाचार ख़त्म करने के लिए एक कारगर क़ानून की माँग करता 'सिंगल-पॉइन्ट अजेंडा' था तो बाबा की माँगों की एक लम्बी सूची थी। कुछ माँगे तो वास्तविकता से दूर, बिल्कुल ही बेतुकी थीं। इनकी वजह से बाबा का पूरा आन्दोलन ही एक मज़ाक़ बन कर रह गया। बाबा की एक माँग यह थी कि विदेशी बैंकों में जमा सारा काला धन तुरन्त भारत वापस लाया जाये। दूसरी माँग थी कि 1,000 और 500 रुपए के नोट छापने बन्द किये जायें और 50 और 100 रुपए के नोट ज़्यादा तादाद में छापे जायें। वे तो यह भी चाहते थे कि भ्रष्टाचार के दोषी लोगों को सज़ाये मौत सुना दी जाये। और हाँ। जब इतना सब सरकार कर ही रही हो तो हिन्दी भाषा को बढ़ावा देने के लिए क्यों न अंग्रेज़ी

पर प्रतिबन्ध लगा दिया जाये?

यह सही है कि लोकतन्त्र में सभी को अपने हिसाब से विरोध करने का हक़ है, लेकिन प्रत्येक विख्यात व्यक्ति या जो ख्याति पाने का इच्छुक हो, अगर वह इस प्रकार की ऊल-जलूल हरकत करेगा तो देश का क्या होगा? यह और कुछ नहीं, बल्कि राजनैतिक ब्लैकमेल है। यह सब तमाशा और भी बेतुका लगता है, क्योंकि बाबा ख़ुद ही बेदाग़ नहीं माने जाते। हरियाणा का एक मामूली योग-शिक्षक, इतने कम समय में ऐसा व्यक्ति बन जाये जो अब सारे विश्व में फैला हुआ। अरबों के योग साम्राज्य का मालिक हो और जो अपने निजी जेट में घूमता हो तो ज़ाहिर है कि उसकी ईमानदारी पर प्रश्न चिह्न तो लगेगा ही। कांग्रेस का दावा है कि योग-गुरु को हिन्दुवादी संगठनों से सैद्धान्तिक एवं आर्थिक समर्थन प्राप्त है। यह बात खुल कर सामने आयी जब बाबा का समर्थन करने मोर्चे पर पहुँची साध्वी ऋतम्भरा, जिन पर बाबरी मस्जिद मामले को लेकर आरोप है और जो अक्सर मुसलमानों के प्रति अपशब्द का प्रयोग करती पायी गयी हैं। इन्हीं कारणों से बाबा के इरादों को शक की नज़र से देखा जा रहा है।

यह सब कहने के बावजूद, यह कहना भी ठीक होगा कि भारत के नेता, भ्रष्टाचार के प्रति बढ़ती जनचिन्ता को नज़रअन्दाज़ नहीं कर सकते। बाबा जैसे लोगों का नाम सुर्ख़ियों में आना भ्रष्टाचार के प्रति जनता की संवेदनशीलता दर्शाता है। हाल के महीनों में, भ्रष्टाचार के ख़िलाफ़ छेड़ी गयी जंग को सही अंजाम देना बहुत ज़रूरी है। भारत को एक ऐसे आन्दोलन की आवश्यकता है जो भ्रष्टाचार को जड़ से उखाड़ फेंके। टी.वी. गुरुओं द्वारा भूख-हड़ताल जैसे शॉर्टकट से भ्रष्टाचार का अन्त नहीं हो सकता। इसमें कोई दो राय नहीं कि प्रचार और सिविल सोसाइटी संगठनों की सक्रियता के कारण यह आन्दोलन की चिनगारी भड़की। दिल्ली में अन्ना के अनशन के दबाव के चलते ही मनमोहन सिंह की सरकार को लोकपाल पर कमद आगे बढ़ाने पड़े। सरकार का

यह निर्णय जनता की जीत का प्रतीक है।

लेकिन याद रहे कि इन उपलब्धियों को हम योग-गुरु बाबा रामदेव के कारनामों जैसी घटिया हरकतों से गवाँ न दें। लोकपाल के मुद्दे को लेकर अन्ना और उनकी टीम की लगन सराहनीय है। यह उनका संकल्प और उनकी प्रतिबद्धता ही थी कि सरकार को मजबूरन ड्राफ़्ट बिल बनाना पड़ा जिसमें लोकपाल को कारगर और व्यापक अधिकार प्रदान किये गये। हो सकता है कि यह एक आदर्श क़ानून न हो, क्योंकि अन्ना और उनकी टीम के विपरीत, प्रधानमन्त्री, उच्च न्यायपालिका और निम्न प्रशासनिक अधिकारियों को इस बिल के बाहर रखा गया है। किन्तु जैसा कि स्वामी अग्निवेश और अन्य प्रमुख सामाजिक कार्यकर्ताओं का मानना है कि सरकार द्वारा पेश किये गये ड्राफ़्ट के तहत लोकपाल अपना काम करने के लिए सशक्त होगा।

सबसे महत्वपूर्ण बात यह है कि सरकार इससे बेहतर बिल का गठन न कर पाती और शायद यह सही भी है। सरकार का मानना है कि प्रधानमन्त्री के ऊपर जाँच अधिकारी का होना उचित नहीं होगा और इससे समान्तर सत्ता पैदा होने का डर भी है। इस बात में कुछ सच्चाई भी है। संसदीय लोकतन्त्र का मुख्य आधार प्रधानमन्त्री होता है और उसे लोकपाल के दायरे में लाना मुमकिन नहीं। सिविल सोसाइटी द्वारा प्रस्तावित जनलोकपाल बिल की कई अन्य विशेषताएँ भी व्यावहारिक नहीं हैं। स्थिति उतनी भी बुरी नहीं है जितनी कि टीम अन्ना का कहना है। सच कहा जाये तो, प्रस्तावित बिल की सही तस्वीर जनता के सामने नहीं रख रहे हैं, बल्कि, ईमानदारी और निष्ठा का मुखौटा पहने टीम अन्ना मानहानि के अभियान में जुट गयी है।

चाहे यह प्रस्तावित स्वतन्त्र लोकपाल कितना ही अपेक्षित क्यों न हो, यह मानना अत्यन्त सरल होगा कि यह सार्वजनिक जीवन से भ्रष्टाचार मिटा देगा। यहाँ भी, टीम अन्ना ग़लत है जब वे कहते हैं कि लोकपाल हर मर्ज़ की दवा है। यह बात ग़ौर करने वाली है कि भारत

में या फिर दूसरे विकासशील देशों में कड़े क़ानून और संस्थागत सुरक्षा का अभाव, भ्रष्टाचार पनपने का कारण नहीं माना जा सकता। वास्तव में भारत में सर्व-व्यापक भ्रष्टाचार और सुरेश कलमाडी जैसे लोगों से निपटने के लिए कई क़ानून और संवैधानिक प्रावधान मौजूद हैं। किन्तु, यह दावे के साथ नहीं कहा जा सकता कि लोकपाल से भारतीय लोकतन्त्र में एक साफ़, भ्रष्टाचार रहित प्रशासन और राजनीति की शुरुआत होगी। अब ज़रूरत है तो एक ऐसी लड़ाई की जो भ्रष्टाचार के सभी रूपों का पूरी तरह ख़ात्मा कर दे। भ्रष्टाचार का इतने समय से पोषण किया गया है कि यह हमारे जीवन का एक हिस्सा बन गया है जिसकी जड़ें इतनी गहरी हैं कि इसकी कल्पना भी नहीं की जा सकती।

अन्त में, लोकपाल या फिर कोई भी दूसरा क़ानून, कुछ हासिल करने का महज़ एक साधन है, यह कोई जादू की छड़ी नहीं है जो भारत की सारी समस्याओं को मिटा दे। दुनिया के सारे क़ानूनों का कोई फ़ायदा नहीं यदि उन्हें लागू करने की राजनैतिक इच्छा न हो। अन्ना के आन्दोलन के बाद, एक बात साफ़ उभर कर आती है कि नागरिक अब प्रशासन प्रणाली में और भी बड़ी भूमिका निभाना चाहते हैं। आगे चल कर यही बात भारतीय राजनीति और प्रशासन प्रणाली में बहुत बड़ा बदलाव लायेगी।

अनुवाद : **मनसा पाण्डेय**

सैयद फ़ैसल अली वरिष्ठ पत्रकार हैं और फ़िलहाल साऊदी अरब में "अरब न्यूज़" के सम्पादक हैं।

भूख, भ्रष्टाचार और अन्ना आन्दोलन

वीरेन्द्र यादव

"श्वानों को मिलता दूध-भात,
भूखे बालक अकुलाते हैं,
माँ की हड्डी से चिपक, ठिठुर,
जाड़ों की रात बिताते हैं,
युवती की लज्जा बसन बेच
जब ब्याज चुकाये जाते हैं
मालिक जब तेल फुलेलों पर
पानी-सा द्रव्य बहाते हैं
पापी महलों का अन्धकार
देता तब मुझको आमन्त्रण..."

कविवर रामधारी सिंह दिनकर ने जब ये पंक्तियाँ लिखी थीं, तब वे भारतीय समाज के लिए जितना सच थीं, कमोबेश बदले हुए स्वरूप में वे आज भी उतना ही सच हैं। विश्व स्वास्थ्य योजना के आँकड़ों के अनुसार विश्व के भूखों की आधी आबादी और दुनिया के कुपोषितों में सर्वाधिक लगभग 23 करोड़ लोग आज भारत में रहते हैं। वैश्विक भूख सूचकांक में शामिल 119 देशों में भारत 94वें स्थान पर है। और यह सब तब, जब भारत सकल घरेलू उत्पाद में दुनिया के दस शीर्षस्थ देशों में शामिल है और दुनिया के दस शीर्षस्थ धनिकों में दो भारतीय भी हैं।

अन्ना हज़ारे के जिस भ्रष्टाचार विरोधी आन्दोलन को 'दूसरी आज़ादी' और 'अगस्त क्रान्ति' तक कहा गया, क्या उसका कुछ रिश्ता भारत की इस करोड़ों-करोड़ भूखी नंगी जनता से भी है? यह अकारण नहीं था कि अगस्त 2011 के रामलीला मैदान, दिल्ली के उस भ्रष्टाचार विरोधी जमावड़े में न तो फणीश्वर नाथ रेणु के 'मैला आँचल' के बामन दास थे और न ही श्रीलाल शुक्ल के 'राग दरबारी' के लंगड़, वैसे भी बाबू-बबुआन की जमात के बीच बामन दास और लंगड़ जैसों की क्या बिसात! अन्ना टी शर्ट और कैप से लैस 'इण्डिया अगेन्स्ट करप्शन' के जमावड़े का नेतृत्व करते अन्ना हज़ारे की भूख हड़ताल महात्मा गाँधी की उस भूख हड़ताल से भी भिन्न थी, जो उन्होंने लगभग 80 वर्ष पूर्व पूना की यर्वदा जेल में की थी। प्रेमचन्द ने गाँधी के इस उपवास को 'महान तप' करार दिया था, कारण यह कि भारत के दलितों को समाज की मुख्यधारा से जोड़ने का यह एक ऐतिहासिक प्रयास था। गाँधी-अम्बेडकर का पूना पैक्ट इसी भूख हड़ताल का परिणाम था, जिसने विधायिका में दलितों के आरक्षण का प्रावधान सुनिश्चित किया था।

भारतीय समाज और राजनीति में गाँधी ने भूख हड़ताल को नैतिक वैधता प्रदान कर इसे सबल के विरुद्ध निर्बल का हथियार बनाया था। दक्षिण अफ्रीका की गोरी सत्ता द्वारा कालों के साथ भेदभाव के विरुद्ध प्रतिरोध के अस्त्र के रूप में उन्होंने इसे पहली बार आज़माया था। भगत सिंह ने भी लाहौर जेल में अपने बन्दी साथियों के साथ समान बर्ताव और अधिकार की रक्षा के लिए भूख हड़ताल की थी, जिसमें 64वें दिन जतिन दास शहीद हुए थे। आज़ाद भारत में सर्वाधिक 11 वर्ष लम्बी भूख हड़ताल का रिकॉर्ड बनाया है इरोम शर्मिला ने, जो आज भी उत्तर-पूर्व में सशस्त्र बल सुरक्षा क़ानून को लागू किये जाने के विरोध में आन्दोलित हैं। पिछले ही वर्ष हरिद्वार में प्राण गँवाने वाले संन्यासी निगमानन्द की शायद ही लोगों को ख़बर हो।

इलेक्ट्रॉनिक मीडिया के प्रचार अभियान से पुष्पित-पल्लवित अन्ना हज़ारे के भ्रष्टाचार विरोधी आन्दोलन और गुमनामी में डूबी इरोम शर्मिला की भूख हड़ताल या स्वामी निगमानन्द की शहादत के निहितार्थ परस्पर विरोधी हैं। इरोम शर्मिला और स्वामी निगमानन्द ने जहाँ भूख हड़ताल को गाँधी की ही तर्ज़ पर सत्ता तेज के विरुद्ध निर्बलों के हथियार के रूप में अपनाया, वहीं अन्ना हज़ारे ने भूख हड़ताल का इस्तेमाल सम्पन्न वर्गों द्वारा समर्थित उस मुहिम के लिए किया जो व्यवस्था को प्रश्नांकित करने की बजाय उसे भ्रष्टाचार सरीखी बाधाओं से मुक्त करना चाहती थी।

यह अकारण नहीं है कि अन्ना हज़ारे की इस भ्रष्टाचार विरोधी मुहिम के साथ काले धन में डूबते-उतराते बॉलीवुड के सितारे, फ़ैशन उद्योग के नियन्ता, खेल जगत के बड़े-बड़े खिलाड़ी, पेज थ्री सोशलाइट से लेकर श्री श्री रवि शंकर, गायत्री परिवार, उद्धव ठाकरे, चेतन भगत और प्रह्लाद कक्कड़ तक शामिल रहे। कॉरपोरेट जगत के गोयनका, महिन्द्रा, दीपक पारेख, किरन मजूमदार शॉ, किशोर बियानी सहित सभी बड़े नाम इस आन्दोलन के आरम्भिक दौर में ही जुड़ गये। 'फ़िक्की' से लेकर 'ऐसोचेम' तक उद्योगपतियों के संगठन इस आन्दोलन के सहयात्री बन गये। राष्ट्रीय स्वयं सेवक संघ, विश्व हिन्दू परिषद और शिवसेना सभी इस आन्दोलन के बग़लगीर बन गये। बाल ठाकरे की शिवसेना के मुखपत्र 'सामना' ने इस आन्दोलन की तुलना मिस्र के तहरीर चौक से कर दी तो मुस्लिम विरोधी अभियान के लिए कुख्यात वरुण गाँधी ने जनलोकपाल बिल को लोकसभा में प्रस्तुत करने की पहलक़दमी तक का ऐलान कर डाला था। दुबई, हांगकांग, लन्दन और सिलीकॉन वैली तक से लोग उड़-उड़ कर रामलीला मैदान पहुँचे। यहाँ तक कि अमरीकी राष्ट्रपति ओबामा तक ने अन्ना के आन्दोलन के प्रति अपनी सहानुभूति और चिन्ता व्यक्त कर दी। अमरीकी आई. टी. उद्योग के भारतीय कर्मचारी दिल्ली, बंगलौर और हैदराबाद के अन्ना समर्थक अभियान में बड़ी संख्या में शामिल हुए। दलितों और पिछड़ों को दिये

जाने वाले आरक्षण के विरुद्ध लामबन्द 'यूथ फ़ॉर-इक्वॉलिटी' जैसे संगठन भी अपने बैनरों और नारों के साथ यहाँ प्रमुख रूप से उपस्थित रहे।

यहाँ यह तथ्य ध्यान देने योग्य है कि जो उच्च और मध्य वर्ग, उद्योग लॉबी और कॉरपोरेट घराने भ्रष्टाचार विरोधी इस मुहिम में शामिल रहे हैं, उनकी निगाह उस भ्रष्टाचार पर नहीं है, जो ग़ैर-सरकारी क्षेत्र, निजी पूँजी घरानों और ग़ैर सरकारी स्वयं सेवी संगठनों में व्याप्त है। यही कारण है कि भ्रष्टाचार विरोधी अन्ना मण्डली प्रधानमन्त्री और न्यायपालिका को तो जनलोकपाल विधेयक के दायरे में लाना चाहती है, लेकिन एन. जी. ओ. और कॉरपोरेट निगमों को इसमें शामिल करने की माँग नहीं करती। कारण यह कि अन्ना की सिविल सोसायटी में ऐसे लोग नेतृत्वकारी भूमिका में हैं, जिनके एन. जी. ओ. विदेशी संस्थाओं द्वारा वित्त-पोषित हैं। स्वयं किरण बेदी की एन. जी. ओ. 'इण्डिया विज़न फाउन्डेशन' लेहमन ब्रदर्स और भारती वॉलमार्ट सरीखे उद्योग समूहों और कई अन्य विदेशी दूतावासों द्वारा वित्त-पोषित है।

यह मुद्दा भी विचारणीय है कि नवें दशक की उदार आर्थिक नीतियों के चलते जो नया मध्य वर्ग भारत में फला-फूला, वही अब सरकारी भ्रष्टाचार विरोधी इस मुहिम की रीढ़ क्यों बन गया? दरअसल वैश्विक स्तर पर नये रोज़गार अवसरों और दुनिया की चमक-दमक ने इस वर्ग को जिस 'शाइनिंग इण्डिया' का सपना दिखाया था, वह उसे पूरा होता नहीं दिख रहा है। उसे लगता है कि उसके जिस टैक्स, मेहनत और हुनर के बल पर देश का सकल घरेलू उत्पाद बढ़ा है और दो अंकों के विकास दर की उपलब्धि हुई है, उसके लाभ से उसे वंचित रखा जा रहा है। उसे लगता था कि जल्दी ही उसका देश जापान, कोरिया और सिंगापुर का प्रतिरूप बन जायेगा, लेकिन वह सपना तो पूरा होना दूर रहा, उसे अब महसूस होने लगा है कि यहाँ योग्यता और प्रतिभा की क़द्र नहीं। उसे जाति-धर्म की कोटियाँ, मन्दिर-मण्डल और

हिन्दू-मुस्लिम विवाद सब कुछ विश्व नागरिकता में बाधक बनाने लगा। दलितों और सामाजिक रूप से पिछड़ों का आरक्षण उसे बड़ा अभिशाप जान पड़ने लगा। संविधान, संसद, न्यायालय, चुनाव प्रक्रिया सब कुछ उसे बेमानी नज़र आने लगे। सारी बुराइयों की जड़ उसे भ्रष्टाचार और राजनीति में दिखने लगी। राजनेताओं के भ्रष्टाचार ने उसकी इस धारणा को पुष्ट भी किया। परिणामस्वरूप इस देश में रहते हुए भी उसने स्वयं को भारतीय समाज और देश की मूलभूत समस्याओं से विलग कर लिया। इन्टरनेट, फ़ेसबुक और ट्विटर के ज़रिये वह आभासी दुनिया का नागरिक बन गया।

यहाँ यह अजब विरोधाभास है कि जिस दौर में नव उदारवादी नीतियों के चलते जनतन्त्र को धनिकतन्त्र में बदलने के उपक्रम हुए, उसी दौर में राजनैतिक रूप से जनतन्त्र अधिक जनतान्त्रिक हुआ। राजनैतिक प्रक्रिया में दलितों, पिछड़ों और सामाजिक रूप से वंचित वर्गों की साझेदारी बढ़ी। सत्ता में अब अभिजात वर्ग और सवर्णों का दबदबा कम हुआ। लेकिन दुर्भाग्य यह कि राजनैतिक सशक्तिकरण के बावजूद उदार आर्थिक नीतियों का शिकार यही वर्ग हुआ। रोज़गार के घटते अवसर, कम पगार पर काम करने की विवशता, खेती का अनुत्पादक होना और गाँवों का उजड़ना, इस नव उदारवाद का ही दुष्परिणाम है। कृषि सब्सिडी और 'मनरेगा' सरीखी सरकारी योजनाओं ने जहाँ इस कमज़ोर वर्ग को कुछ राहत पहुँचायी, वहीं निचले स्तर के सरकारी तन्त्र के भ्रष्टाचार ने उसे पीड़ित भी किया।

स्वीकार करना होगा कि पिछले दो दशक में भारतीय समाज को दो छोरों पर विभाजित करने वाला जो एक तत्व रहा है, वह इस देश की आर्थिक नीतियों का उदारीकरण है। इसी दौर में हम दुनिया के सर्वाधिक अमीरों में भी शामिल हुए और ग़रीबों में भी। इस असमान विकास का ही परिणाम हुआ कि इस देश के आठ राज्यों और 200 ज़िलों में दलित, आदिवासी और भूमिहीनों ने अपने शोषण के विरुद्ध

संगठित प्रतिरोध की आवाज़ बुलन्द की, जिसे सरकार, कॉरपोरेट घरानों और मध्य वर्ग सभी ने सबसे बड़ा सुरक्षा ख़तरा क़रार दिया। यह वास्तव में दुर्भाग्यपूर्ण है कि जो अपने जल-जंगल-ज़मीन को बचाने का संघर्ष कर रहे हैं, उनके दमन के लिए राज्य, पूँजीवादी घराने और समाज का प्रभुत्वशाली वर्ग एकजुट हो गया और किसी सिविल सोसायटी ने उनके समर्थन में एक भी मोमबत्ती नहीं जलायी।

भारतीय जनतन्त्र की विपरीत राजनैतिक और आर्थिक दिशाओं के चलते अन्ना हज़ारे का यह अभ्युदय कोई आकस्मिक चमत्कार न हो कर प्रभुत्वशाली अभिजात वर्ग की सुचिन्तित रणनीति का परिणाम है। जहाँ भ्रष्टाचार के रूप में उन्हें एक ऐसा सर्वव्यापी मुद्दा मिल गया, जो कहीं-न-कहीं समाज के हर वर्ग की दुखती रग था, तो अन्ना हज़ारे के रूप में उन्हें एक ऐसा प्रतीक पुरुष मिल गया जिसे त्याग, ईमानदारी और समर्पण की देशज तपस्वी की छवि में ढाला जा सकता था। शायद यह पहली बार था कि जिस 'इण्डिया शाइनिंग' के 'द ग्रेट इण्डियन मिडिल क्लास' और कॉरपोरेट घरानों को गाँधी के सपनों के भारत से कोई वास्ता न था, उन्हें अन्ना हज़ारे के रूप में गाँधी का चोला-बाना मिल गया। इण्डिया गेट से लेकर जे.पी. पार्क और रामलीला ग्राउण्ड तक एस. एम. एस., ट्विटर, फ़ेसबुक और यू-ट्यूब के भरोसे 'गाँधीगिरी' करता यह नव धनाढ्य युवा मध्य-वर्ग पहली बार सामूहिक कार्रवाई का हिस्सेदार हो कर देश के लिए गौरवान्वित हो रहा था। इनमें 'यूथ फ़ॉर इक्वॉलिटी' का बिल्ला लगाये वे नौजवान भी शामिल थे, जो आरक्षण विरोधी अभियान में दिल्ली की सड़कों पर झाड़ू लगाते और बूट पालिश करते भी देखे गये थे। उल्लेखनीय यह भी है कि इन आन्दोलनकारियों और इनकी सिविल सोसायटी में वकीलों, सेवानिवृत्त नौकरशाहों और समाजसेवियों का जो नेतृत्व है, उनमें दलितों, पिछड़ों एवं अल्पसंख्यकों की भागीदारी नगण्य है। इस आन्दोलन की अभिजात प्रकृति को देखते हुए इसके नेतृत्व की सवर्ण प्रभुत्ववादी संरचना स्वाभाविक ही है।

अन्ना आन्दोलन के सन्दर्भ में यह तथ्य भी ध्यान देने योग्य है कि यह भारतीय जनतन्त्र के विभाजन को भी रेखांकित करता है। विचारणीय यह भी है कि भारतीय जनतन्त्र में जिस उच्च सवर्ण अभिजात वर्ग की अनास्था रही है और जो 'एक व्यक्ति, एक वोट' का मन से समर्थक न होने के कारण मतदान तक में हिस्सेदारी से हिचकता रहा है, वही अन्ना आन्दोलन की रीढ़ कैसे बन गया? और वह हाशिये का समाज जिसे जनतन्त्र ने सशक्तीकृत किया और जो अपने अधिकारों के प्रति जागरूक हुआ, वह इस आन्दोलन का मूक दर्शक बन कर क्यों रह गया? क्या यह महज़ संयोग है कि भारतीय गाँवों का 'दक्खिन टोला' इस आन्दोलन में जितना अनुपस्थित दीख रहा था, दिल्ली, मुम्बई, कोलकाता जैसे महानगरों का 'साउथ' इलाक़ा उतना ही उपस्थित। जनलोकपाल बिल के मुद्दे को सरगर्म रखने के लिए किरण बेदी के नेतृत्व में दिल्ली के राजघाट से तुग़लकाबाद तक आयोजित कार रैली (4 दिसम्बर, 2011) के अपने निहितार्थ हैं। कार रैली की प्रतीकात्मकता अन्ना आन्दोलन के अभिजात स्वरूप को पूर्णता प्रदान करती है। यहाँ यह विरोधाभास दिलचस्प है कि जो सम्पन्न वर्ग मज़दूरों और किसानों की रैली को 'राजनैतिक' करार देकर यातायात में बाधा से अधिक की मान्यता नहीं देता, वही अन्ना आन्दोलन के साथ अपनी एकजुटता व्यक्त करने के लिए अपनी सैकड़ों कारों के रेले के ज़रिये जन आन्दोलन का मुहावरा भी बदल रहा है।

दरअसल अन्ना मण्डली आन्दोलन का मुहावरा ही नहीं बदल रही है, बल्कि संसदीय जनतन्त्र के स्वीकृत मॉडल को भी चुनौती दे रही है। वह अपने आन्दोलन के माध्यम से दबाव ग्रुप की भूमिका से ऊपर उठ कर स्वयं विधायिका की भूमिका का भी निर्वाह करना चाहती है। वह चाहती है कि संसद लोकपाल विधेयक के उसी प्रारूप को मंज़ूरी दे जो अन्ना मण्डली ने प्रस्तावित किया है। उसे न संसद पर भरोसा है और न संसद की प्रवर समिति पर। धौंसपट्टी द्वारा अर्जित 'सेन्स ऑफ़ दि हॉउस' पर उसे जितना भरोसा है, उतना स्वयं संसद पर नहीं। यह

अकारण नहीं है कि रामलीला मैदान के मंच से जितना सांसदों और राजनेताओं का उपहास किया गया, उतना उन भ्रष्टाचारियों का भी नहीं, जिनके विरुद्ध अन्ना मण्डली आन्दोलित है। संसद को 'चोरों, डकैतों और भ्रष्टाचारियों का अड्डा' करार दे कर अन्ना मण्डली ने संसद के भारतीय जनता के प्रतिनिधित्व करने की भूमिका को ही सवालों के घेरे में ला खड़ा किया है। समूची चुनावी प्रक्रिया को अन्ना हज़ारे द्वारा 'सौ रुपये और शराब की बोतल' द्वारा लांछित किया जाना उनकी संसदीय जनतन्त्र की समझ की सीमाओं को ही उजागर करता है। लेकिन यह करते हुए अन्ना मण्डली ने स्वयं को भारत की एक अरब बीस करोड़ जनता का प्रतिनिधि मान लिया है। अन्ना स्वयं यह कहते नहीं थकते कि वे देश की आवाज़ हैं। उनके लिए उनकी 'सिविल सोसायटी' ही देश की जनता का स्थानापन्न है। 'अन्ना इज़ इण्डिया' नारे का निहितार्थ स्वयं इसका ख़ुलासा करता है। 'अगस्त क्रान्ति' के दौरान सांसदों के घेराव का नारा सिविल सोसायटी का संसदीय जनतन्त्र से मोहभंग का ही परिचायक है।

यहाँ महत्वपूर्ण तथ्य यह भी है कि अन्ना मण्डली जनलोकपाल बिल मनवाने के लिए भारतीय संविधान की दुहाई न दे कर संयुक्त राष्ट्र के उस भ्रष्टाचार विरोधी चार्टर की दुहाई दे रही है, जिसका हस्ताक्षरकर्ता भारत भी है। दरअसल अन्ना हज़ारे की भ्रष्टाचार विरोधी मुहिम की सबसे बड़ी सीमा भारतीय समाज के भ्रष्टाचार की मूल प्रकृति और प्रवृत्ति की अनदेखी कर विश्व बैंक के भ्रष्टाचार विरोधी कार्यक्रम का अन्धानुगमन है। विश्व बैंक के भ्रष्टाचार विरोधी नुस्ख़े की ही तर्ज़ पर अन्ना आन्दोलन भी प्रतिस्पर्धी निजी पूँजी के सफ़रमैन की भूमिका निभाते हुए सिविल सोसायटी के हस्तक्षेप के माध्यम से राजनैतिक जवाबदेही के प्रति आग्रही है। यह महज़ संयोग नहीं है कि अन्ना मण्डली के प्रमुख कर्ताधर्ता उन एन. जी. ओ. से सम्बद्ध हैं, जो फ़ोर्ड फ़ाउन्डेशन सरीखी सन्दिग्ध अमरीकी संस्थाओं द्वारा वित्त-पोषित हैं। इतना ही नहीं शुरुआती दौर में अन्ना मण्डली की यह शर्त भी थी कि लोकपाल के लिए जो

सर्च कमेटी बनायी जाये उसके सदस्यों में दो सदस्य नवीनतम मैगसेसे पुरस्कार विजेता हों। ज्ञातव्य है कि एशियाई मूल के स्वयं सेवियों को दिया जाने वाला यह पुरस्कार अमरीकी संस्था रॉकफ़ेलर फ़ाउन्डेशन द्वारा वित्त-पोषित है और अन्ना हज़ारे, अरविन्द केजरीवाल और किरन बेदी, सभी को यह मिल चुका है।

सच यह है कि उदारवादी आर्थिक नीतियों को लागू करने के बाद विश्व बैंक और अन्तर्राष्ट्रीय मुद्रा कोष समूची दुनिया से राष्ट्रीय सरकारों के राजनैतिक हस्तक्षेप को कम से कमतर करना चाहते हैं, ताकि कॉरपोरेट पूँजी के अकूत लाभ का पथ प्रशस्त हो सके। भारत में भी पिछले दो दशकों में सरकार ने शिक्षा और स्वास्थ्य से लेकर ग्रामीण सेवा सरीखे कई महत्वपूर्ण क्षेत्रों से अपनी भूमिका को संकुचित किया है। आर्थिक और सामाजिक क्षेत्रों से सरकार की वापसी और कॉरपोरेट और एन. जी. ओ. की बढ़ती उपस्थिति से भारतीय समाज में भ्रष्टाचार के स्वरूप में भी तब्दीली आयी है। अब भ्रष्टाचार के विरुद्ध कोई प्रभावी अभियान कॉरपोरेट और एन. जी. ओ. को शामिल किये बिना नहीं चलाया जा सकता। ट्रान्सपेरेन्सी इन्टरनेशनल का सर्वेक्षण जहाँ इस तथ्य को उजागर करता है कि 183 देशों में भारत भ्रष्टाचार के पच्चानवें पायदान पर है, वहीं यह तथ्य भी सामने है कि उदारवादी आर्थिक नीतियों को अपनाने के बाद भारत में भ्रष्टाचार कई गुना बढ़ा है।

आज कॉरपोरेट घरानों द्वारा जल, जंगल, ज़मीन और आकाश की लूट जिस बड़े पैमाने पर की जा रही है, उससे भ्रष्टाचार के बदलते स्वरूप का सहज ही अन्दाज़ा लगाया जा सकता है। बड़े कॉरपोरेट घरानों ने राजनेताओं और अफ़सरशाही से गठबन्धन करके भ्रष्टाचार के स्वरूप को जिस तरह बदला है, उसके बारे में ट्रान्सपेरेन्सी इन्टरनेशनल की 2009 की 'ग्लोबल करप्शन रिपोर्ट' में कहा गया है।

> *"व्यावसायिक घराने नौकरशाही, सरकारी तन्त्र में राजनैतिक पार्टियों को भ्रष्ट भुगतान के आपूर्तिकर्ता के रूप में लगातार*

खुली भूमिका का निर्वाह कर रहे हैं। घूस की रकम बढ़-चढ़ कर माँगी, ली और दी जा रही है। दबाव की बात दीगर होने के बावजूद सच यह है कि घूसख़ोरी ऐसे बेख़ौफ़ माहौल और भ्रष्टाचार के दुहराव की संस्कृति पैदा करती है, जो सार्वजनिक संस्थाओं को कमज़ोर बना कर इस धारणा की पुष्टि करती है कि सरकार और नौकरशाही ऊँची बोली लगाने वाले द्वारा ख़रीदी जा सकती है।''

दरअसल अन्ना आन्दोलन की सबसे बड़ी शक्ति कॉरपोरेट, मीडिया और एन. जी. ओ. का वह महागठबन्धन है, जो नव उदारवादी आर्थिक नीतियों का परिणाम है। अन्ना की सिविल सोसायटी और इस महागठबन्धन के वर्गीय हितों में कोई अन्तर्विरोध नहीं है। अन्ना का भ्रष्टाचार विरोधी आन्दोलन समूचे भारतीय समाज के हितों का प्रतिनिधित्व न करके उस शहरी 'आम आदमी' का प्रतिनिधित्व करता है जो मीडिया का उपभोग करते हुए उसके द्वारा 'कन्ज़्यूम' होता है। जिस तरह कॉरपोरेट मीडिया की ख़बरों में अँधेरे का भारत अदृश्य है, उसी तरह अन्ना के आन्दोलन से इसके मुद्दे।

यहाँ यह तथ्य भी ध्यान देने योग्य है कि शायद ही पहले कभी कॉरपोरेट जगत ने किसी सार्वजनिक या सामाजिक हित के मुद्दे पर अपनी वैसी सामूहिक एकजुटता व्यक्त की हो, जैसी अन्ना आन्दोलन के साथ। जयप्रकाश नारायण के आन्दोलन तक का खुला साथ देने वालों में बस अकेले रामनाथ गोयनका ही थे। अन्ना की इस भ्रष्टाचार विरोधी मुहिम का समर्थन करके कॉरपोरेट जगत ने मनमोहन सरकार को आर्थिक सुधारों की गति को तेज़ करने की चेतावनी दे दी है।

कॉरपोरेट जगत के समर्थन के बाद कॉरपोरेट मीडिया के इलेक्ट्रॉनिक चैनलों को अन्ना की मुहिम के लिए पलक-पाँवड़े बिछाने ही थे। यह चमत्कार पहली बार हुआ कि जो मीडिया हमेशा जलसे, जुलूसों और आन्दोलनों से दूरी बना कर चलता था, वह स्वयं आन्दोलन में तब्दील

हो गया था। जहाँ लोगों की भीड़ नहीं थी, वहाँ मीडिया के कैमरों ने भीड़ जुटायी और जहाँ भीड़ की संख्या कुछ हज़ार थी, उसे लाखों के हजूम में तब्दील किया। अन्ना की स्टोरी में मीडिया ने जितने रंग भरे, विज्ञापनों की बरसात भी उतनी ही तेज़ हुई। अन्ना की मुहिम के बहाने 'द ग्रेट इण्डियन मिडिल क्लास' का उत्सवीकरण करते इलेक्ट्रॉनिक चैनलों को अपने पूर्व घोषित मनोरंजन कार्यक्रमों तक को स्थगित करना पड़ा, कारण यह कि विज्ञापनों की बरसात इतनी तेज़ हो गयी कि 'प्राइम टाइम' की बहसों के लिए समय कम पड़ने लगा।

यहाँ दिलचस्प तथ्य यह भी है कि जिन प्राइवेट चैनलों के चलते अन्ना की मुहिम देश के हर नगर में चर्चा और आन्दोलन का विषय बनी, उन चैनलों को अन्ना के गाँव में केबल के माध्यम से दिखाने की छूट नहीं है। कारण यह कि अन्ना की दृष्टि में ये चैनल अपसंस्कृति का प्रसार करते हैं। महाराष्ट्र के रालेगन सिद्धी स्थित अन्ना के गाँव में उनके हुकुम के चलते जबरिया नसबन्दी और नशाबन्दी दोनों ही लागू हैं। गाँव में बीड़ी, सिगरेट की कोई दुकान नहीं है। हिन्दू जीवन शैली में रचे-पगे अन्ना के इस गाँव में शराब पीने की सज़ा मन्दिर के सामने खम्भे में बाँध कर पीटा जाना है। बच्चों को स्कूल में 'सूर्य नमस्कार' और 'ॐ' के उच्चारण की दीक्षा दी जाती है। गाँव की स्त्रियों को उन वीर माताओं की याद दिलायी जाती है जिन्होंने शिवाजी और विवेकानन्द सरीखी सन्तानों को जन्म दिया था। गाँव में दलितों के साथ छुआछूत नहीं बरती जाती, लेकिन उन्हें उनकी पारम्परिक पेशेगत भूमिका तक सीमित रखा जाता है। अन्ना का यह आदर्श गाँव राष्ट्रीय स्वयं सेवक संघ की परिकल्पना और हिन्दू दृष्टि के अनुकूल है। राष्ट्रीय स्वयं सेवक संघ से अन्ना के सम्बन्धों की चर्चा उनके इनकार के बावजूद जब-तब होती रही है। अभी पिछली 2 दिसम्बर, 2011 को 'अमर उजाला' के वाराणसी संस्करण ने राष्ट्रीय स्वयं सेवक संघ के सरसंघ चालक मोहन भागवत का वह बयान छापा है, जिसमें उन्होंने कहा है कि, "अन्ना अच्छे और साफ़ व्यक्ति हैं। संघ के तृतीय वर्ष के प्रशिक्षण शिविर में

भाग ले चुके हैं।''

स्वीकार करना होगा कि अन्ना हज़ारे की यह जीवन-दृष्टि और उनकी 'सिविल सोसायटी' के वर्गीय हित के स्वर एक-दूसरे के पूरक हैं। यहाँ 'मनुवादी क्रान्तिकारी मोर्चा' और 'आर्ट ऑफ़ लिविंग' के रूप में भारतीय समाज के पारम्परिक और आधुनिक दोनों ही वर्चस्वशाली वर्गों की मुखर उपस्थिति है। यह मात्र संयोग नहीं है कि वे सभी ताक़तें और लोग जिन्हें भारतीय संविधान के कल्याणकारी राज्य के स्वरूप, धर्मनिरपेक्ष, मॉडल और आरक्षण व्यवस्था से बेशुमार शिकायतें हैं, यहाँ अन्ना आन्दोलन की छतरी के नीचे एक साथ शरणागत हैं। अन्ना आन्दोलन की इस संरचना के चलते ज़रूरत है इसके द्वारा संसद को दी जाने वाली चुनौती के निहितार्थों को समझने की। यहाँ यह विडम्बना भी दृष्टव्य है कि जिस भ्रष्टाचार विरोधी आन्दोलन को कॉरपोरेट पूँजी और व्यवस्था के गठबन्धन के विरुद्ध लामबन्द होना था, उसकी नकेल कॉरपोरेट घरानों के ही हाथ में पहुँच गयी। ऐसे में अन्ना के इस आन्दोलन को व्यवस्था परिवर्तन की लड़ाई न हो कर व्यवस्था पर निगरानी का ही अभियान होना था।

शायद यही कारण है कि भ्रष्टाचार विरोधी इस आन्दोलन में जल, जंगल, ज़मीन की लड़ाई लड़ते आदिवासी, भूमि से बेदखल किसान, बेरोज़गारी की मार झेलते गाँवों और कस्बों के युवा और पितृसत्ता द्वारा लांछित और प्रताड़ित स्त्रियों सहित हाशिये का वृहत्त समाज अनुपस्थित है। सच तो यह है कि यह भारतीय जनता की 'दूसरी आज़ादी' का संघर्ष न हो कर नव धनाढ्य मध्य वर्ग द्वारा भारतीय सत्ता संरचना में हिस्सेदारी का संघर्ष है। यह 'द ग्रेट इण्डियन मिडिल क्लास' की आज़ादी का कार्निवल है, जिसमें अन्ना हज़ारे महज़ एक 'आइकॉन' हैं।

अफ़सोस यह कि यह सब गाँधी के सत्याग्रह, उपवास और जेल-यात्रा के मुहावरे में किया जा रहा है। याद आते हैं, प्रेमचन्द के 'गोदान' की धनिया के ये शब्द, ''ये हत्यारे गाँव के मुखिया हैं, ग़रीबों का ख़ून

चूसने वाले। सूद-ब्याज, डेढ़ी-सवाई, नज़र-नज़राना, घूस-घास, जैसे भी हो, ग़रीबों को लूटो। उस पर सुराज चाहिए। जेल जाने से सुराज न मिलेगा। सुराज मिलेगा धरम से, न्याय से।'' काश सुराज के नेताओं को दी गयी धनिया की यह फटकार दूसरी आज़ादी के नेताओं को भी सुनाई पड़ती!

वीरेन्द्र यादव हिन्दी के सुपरिचित आलोचक हैं, आलोचना के प्रतिष्ठित ''देवीशंकर अवस्थी आलोचना पुरस्कार'' से सम्मानित। हिन्दी उपन्यास आलोचना पर केन्द्रित पुस्तक ''उपन्यास और वर्चस्व की सत्ता'' विशेष रूप से चर्चित। 1857 सम्बन्धी हस्तक्षेपकारी बहसों और प्रेमचन्द सम्बन्धी लेखन के लिए विशेष रूप से चर्चित।

मेरे चश्मे से जनलोकपाल आन्दोलन

शेफ़ालिका शेखर

जनलोकपाल बिल पर बात करते हुए मन में जो तस्वीर बनती है वह यह कि व्यवस्था में व्याप्त भ्रष्टाचार के ख़िलाफ़ कोई बिल। बात बहुत अच्छी है—कोई ऐसा बिल जिसके आने से भ्रष्ट-आचार पर रोक लगेगी। अब यहाँ सवाल यह उठता है कि भ्रष्टाचार आप मानते किसे हैं, उसकी परिभाषा क्या होगी? क्या भ्रष्टाचार 'रिश्वतख़ोरी' भर है? घूसख़ोरी, ग़बन, वित्तीय अनियमितता भर ही है या कुछ और भी? मेरे हिसाब से इन सबके साथ-साथ भ्रष्टाचार वह भी है, जहाँ टैक्सों की चोरी की जाती है। भ्रष्टाचार वह भी है जहाँ कॉरपोरेट घरानों को सरकार टैक्स में रोज़ाना लाखों, करोड़ों रुपयों की छूट देती है। भ्रष्टाचार में मीडिया घराने भी लिप्त हैं, क्योंकि ख़बरों की जिस सौदागरी में वे सिद्धहस्त हैं, वे किसी व्यापारी को भी मात दे सकते हैं। ज़माना पेड न्यूज़ का चल रहा है। आप ढूँढिए आपकी इरोम शर्मिला कहाँ है? उस ख़बर में, सिंगूर, नन्दीग्राम, पॉस्को की ख़बरें कहा हैं? छात्र नौजवान का सबसे महत्त्वपूर्ण सवाल शिक्षा-रोज़गार कहाँ है? यदि है भी तो किस रूप में आप तक पहुँचाया जाता है? सच्चाई क्या है, आँकड़े निकाल कर देखिये। आप विभिन्न राज्यों, पूरे देश और अन्तर्राष्ट्रीय स्तर की घटनाओं को जानने के लिए टेलीविज़न चलाते हैं, मगर आप देखते हैं उन ख़बरों को जो मीडिया आपको दिखाना चाहता है। यह भ्रष्टाचार नहीं तो क्या है? मगर इस भ्रष्टाचार को भ्रष्टाचार बताना भी लाज़िमी नहीं समझा जाता।

पिछले दिनों टेलीविज़न और समाचार-पत्रों अर्थात मीडिया द्वारा ऐसा समाचार परोसा गया जिससे सुदूर प्रान्तों के लोगों को तो कम-से-कम यही लगा होगा कि देश में राजनैतिक-सामाजिक स्तर का वर्तमान बस अन्ना जी और उनकी टीम के ही हाथों में है। अन्ना जी का 'आमरण अनशन' भाग-I (अप्रैल) में देखिए कि नारों और बैनरों, पोस्टरों का क्या स्वरूप था। नारे थे—'भारत माता की जय,' 'वन्दे मातरम्' और बैनरों-पोस्टरों में भी 'भारत माता' ही थी। 'भारत माता की जय' और 'वन्दे मातरम्' का राजनैतिक-सामाजिक इतिहास रहा है। इन नारों और पोस्टरों का प्रतिनिधित्व एक ख़ास तरह की विचारधारा करती है। क्या अनशन-I अपनी बाल्यावस्था में अपनी मासूमियत को लिये इन बैनरों-पोस्टरों, नारों के साथ था? अनशन भाग-II में टीम अन्ना और साथियों को लगा कि मामला जम नहीं रहा तो गाँधी जी के साथ भगत सिंह और चन्द्रशेखर आज़ाद का भी बैनर लगवा दिया गया और 'इंकलाब ज़िन्दाबाद' का नारा भी शामिल कर लिया गया। अप्रैल से अगस्त तक आते-आते जन्तर-मन्तर, रामलीला मैदान में तीन अनशन किये गये। अप्रैल में अन्ना के बाद मई-जून में बाबा रामदेव भी इसमें कूद पड़े। लेकिन वे दो दिन भी टिक नहीं पाये। और अब कांग्रेस ने उनकी ऐसी ज़बान कतरी कि 'आस्था' पर भी कम ही दिखायी देते हैं। अपनी दवा कम्पनी ही बचाने में लगे हैं। वैसे वह अनशन कम सत्संग समूह ज़्यादा लग रहा था। अब एक और बाबा, श्री श्री रविशंकर भ्रष्टाचार के विरोध में जुट गये हैं।

अन्ना अनशन-I, रामदेव अनशन और अन्ना अनशन-II तीनों ही अनशनों के दौरान मैं दिल्ली में थी। आँखों देखा अनुभव तीनों का है। रामदेव अनशन तो शुरू होते ही ख़त्म करवा दिया गया। अन्ना प्रथम में ऐसा लग रहा था कि संघ द्वारा संचालित किसी रैली या धरने में भटक आयी हूँ। इस धरने में दिल्ली के आस-पास के इलाक़ों के सफ़ेद वस्त्रधारी वर्गों की अधिकता थी। कुछ स्कूली बच्चे, महिलाएँ नाममात्र को थीं, लगभग शून्य। अन्ना जी के इर्द-गिर्द चन्द लोगों की पहुँच थी,

अन्य लोग केवल दर्शन भर कर सकते थे। यदि सही-सही अनुमान लगाऊँ तो सुलभ शौचालय के बायीं तरफ़ वाला हिस्सा भरा-पूरा दिख रहा था। यह और बात है कि मीडिया ने ख़बर यह बनायी कि चप्पे-चप्पे में लोग भरे थे। ख़ैर...

अन्ना II, अगस्त का महीना 16 अगस्त, 2011, समय का चयन अच्छा था। देशभक्ति के गीतों से लोग उबर भी नहीं पाये थे कि मीडिया के लच्छेदार भाषणों की शुरुआत होने लगी टी.वी. पर। दो दिन बीतते-बीतते मीडिया ने यह निर्णय सुना दिया कि यह जनान्दोलन है। जब अन्तर्राष्ट्रीय स्तर पर दुनिया के अन्य हिस्सों में जनता का गहरा और तेज़ आन्दोलन चल रहा हो, तब कैसे 'आन्दोलन' जैसे शब्द को कहीं भी चस्पाँ कर सकता है मीडिया? कौन लोग थे शामिल इस जनलोकपाल की लड़ाई में? क्या गाँव के ग़रीब-ग़ुरबा लोग थे? ग्रामीण महिलाओं की कितनी भागीदारी थी? युवा वर्ग था यहाँ? बिहार, यू.पी., उड़ीसा, नार्थ-ईस्ट-दक्षिण के कितने लोग दिल्ली पहुँच पाये थे? आन्दोलन का अर्थ—किसान कहाँ थे? छात्र वर्ग कहाँ था? टी.वी. या अख़बारों में क़ैद हो जाना भर नहीं है आन्दोलन। फ़र्ज़ कीजिए कि इस समय में मीडिया नहीं होती या मीडिया की जो भूमिका वर्तमान में हमारे जीवन में है, वह नहीं होती तो क्या इस पूरे 'अन्ना अध्याय' को आन्दोलन जैसे शब्द के साथ जोड़ा जाता? टीम अन्ना के सदस्य मनीष सिसोदिया तो साफ़-साफ़ कहते हैं—"यह आन्दोलन संचार का आन्दोलन है" (एन.डी.टी.वी., 07, नवम्बर 2011)। तब तो यह बात और भी साफ़ हो जाती है कि तमाम टी.वी. चैनलों पर अगस्त महीने में टीम अन्ना ही क्यों छायी रही। क्रान्ति और आन्दोलन का आश्वासन संचार द्वारा दिया तो जा सकता है मगर उसे आन्दोलन बनाया नहीं जा सकता।

अब देखिए विश्व भर में केवल इसी वर्ष में जहाँ-जहाँ जनान्दोलन वास्तव में हुआ है, उसका स्वरूप क्या है, और वहाँ जनता की भागीदारी किस स्तर पर है। वहाँ किसके हित की बात की गयी। मध्य एशिया के जैसमीन आन्दोलन का उदाहरण हमारे सामने हैं।

यहाँ देखिये कि जहाँ सर्वाधिक भ्रष्टाचार व्याप्त है अर्थात जल-जंगल-ज़मीन, खनिज सम्पदा के लुटेरे, घोटालेबाज़ अर्थात कॉरपोरेट घराने—उन्हें जनलोकपाल के दायरे में लाने के नाम पर पूरी अन्ना टीम चुप्पी साधे रही। दरअसल एन.जी.ओ. और कॉरपोरेट घरानों का बड़ा गहरा सम्बन्ध है। आयकर विभाग में टैक्स की हेरा-फेरी करने में दोनों का सम्बन्ध एक-दूसरे के पूरक के रूप में है। अब मनीष सिसोदिया और अरविन्द केजरीवाल मूल रूप से एन.जी.ओ. चलाने वाले व्यक्ति हैं, यदि कॉरपोरेट के ख़िलाफ़ साँस भर लेंगे तो फिर फ़ोर्ड फ़ाउंडेशन की आर्थिक सहायता की मनाही भर ही नहीं होगी। फिर तो स्याह-सफ़ेद का पूरा हिसाब-किताब होगा।

तो भूत-भविष्य को ध्यान में रखते हुए सारी रणनीति तैयार की। जिन पोस्टर, पर्चों और बैनरों के विचारधारा की बात मैं कर रही थी, उस विचारधारा से वास्ता रखने वाले दल ने स्पष्ट रूप से यह स्वीकार किया कि भ्रष्टाचार विरोधी मुहिम को उनका पूरा समर्थन था।

अन्ना अनशन-II को ज़िन्दा रखने और उसको आन्दोलन की शक्ल देने के लिए कितनी तरह के हथियारों का प्रयोग किया गया यह भी जानने की ज़रूरत है। दो वाक़ये बताऊँगी जिसकी प्रत्यक्षदर्शी मैं रही। 17 अगस्त, 2011, अन्ना-II का दूसरा दिन, दिन के लगभग दो बजे। जवाहरलाल नेहरू विश्वविद्यालय के विद्यार्थियों का धरना था हाई कोर्ट के सामने (चुनाव करवाने को लेकर)। लगभग 5-6 सौ विद्यार्थी बस का इन्तज़ार कर रहे थे, अचानक तीन गाड़ियाँ बस स्टॉप पर आ कर रुकीं। वोल्वो, स्कॉरपियो और मारुती ओमिनी। अगली गाड़ी से छः-सात व्यक्ति निकले और पिछली दो गाड़ियों से 'मिनरल वॉटर' का कार्टन, जूस, अमरूद और बिस्कुट फेंक कर चले गये। फेंका, 'अन्ना हज़ारे ज़िन्दाबाद' का नारा लगाया और चलते बने। क्या इन लुभावने तरीक़ों से आन्दोलन होता है? और इसका ख़र्च वहन कौन करता है? क्या इसका कोई हिसाब अरविन्द केजरीवाल या किरण बेदी रखते हैं?

अन्ना अनशन के दौरान टोपी और टी-शर्ट ख़ूब हिट हुआ। अनशन के ही दौरान एक साधारण से ढाबे पर मैं खाने गयी। वहाँ सारे ग्राहकों को उपहार-स्वरूप 'मी अन्ना आहे' की टोपी दी जा रही थी।

टोपी बाँट-बाँट कर, अमरूद, पानी की बोतल और पार्ले-जी बिस्कुट बाँट कर किसी गहन मुद्दे को उनके तथाकथित संचालक द्वारा क्या रूप दिया जा रहा है, इसकी क्या दिशा तय की जा रही है? भ्रष्टाचार के ख़िलाफ़ लड़ने वाली यह टीम ख़ुद कितनी साफ़ है, इस पर भी विचार किया जाना चाहिए। टीम के गठन को लेकर शुरुआत से अभी तक आपा-धापी मची हुई है। अनशन-II से इससे स्वामी अग्निवेश अलग हुए इसके बाद टेलीविज़न पर जो फ़ुटेज दिखाया गया उस पर विवाद चलता रहा, क्या सही क्या ग़लत? टीम अन्ना के प्रशान्त भूषण को लेकर टीम के अन्दर ही बहस हुई। कश्मीर पर उन्होंने अपनी राय रखी और गहमा-गहमी मच गयी। वास्तविकता तो यह है कि इस पूरी टीम में प्रशान्त भूषण के अलावा न तो किसी सदस्य का सामाजिक सरोकारों से कोई वास्ता है, न ही किसी जनवादी लड़ाई में उनकी कभी कोई भागीदारी रही है, न किसी छात्र-आन्दोलन में ये कहीं थे। किरण बेदी और अरविन्द केजरीवाल—जिनकी पृष्ठभूमि लोक सेवा की रही है वे अपनी सुविधा के हिसाब से ज़रूर कुछ ख़ास वर्गों की सेवा कर उसी में व्यस्त रह सुख पाते हैं। इनके लिए आन्दोलन या छात्र-हित की बात का मतलब होता है, 'आरक्षण विरोधी ताक़तों को प्रश्रय देना, उनके लिए बोलना, सोचना और कुछ करना।' अरविन्द केजरीवाल तो यूथ फ़ॉर इक्वॉलिटी जैसे आरक्षण-विरोधी ख़ेमों के बैनर से अपनी बात रखते रहे हैं और यह साबित करने की कोशिश करते रहे हैं कि क्यों पिछड़े वर्गों को आरक्षण नहीं मिलना चाहिए। अब किरण बेदी की बात लीजिए, आजीवन लोकसेवा का दावा करती रहीं और कॉरपोरेट अनुदान-प्राप्त संस्थानों में भागीदारी करती पायी जाती हैं। उन संस्थानों के विस्तार के लिए चिन्तित रहती हैं, उनके बेहतर होने का दावा पेश करती हैं।

यह तो है इनके समाजवाद और सामाजिक न्याय का तरीक़ा, क्या इस पर बात करने की ज़रूरत नहीं है? क्या ऐसे व्यक्ति किसी भ्रष्टाचार को रोकने में कारगर नीतियों के साथ पहल कर सकते हैं, जो ख़ुद ही इन सवालों के घेरे में हों? क्या दलित बच्ची और मुस्लिम बच्ची से जूस पिलवा कर अनशन तुड़वाने पर इस पूरी टीम को दलित समर्थक कहा जा सकता है? मनीष सिसोदिया की स्वीकारोक्ति देखिए, साफ़-साफ़ कहते हैं कि "यदि भ्रष्टाचार दलित या आदिवासी करते हैं तो उसे दुगने साल के लिए जेल भेजा जाय" (देखिए एन.डी.टी.वी. का कार्यक्रम 07 नवम्बर, 2011)। क्या जनता को आपने मूर्ख समझ रखा है? मुग़ालते में रहना छोड़िए।

जनलोकपाल आन्दोलन की आलोचनात्मक परख करने का यह आशय क़तई नहीं निकाला जाना चाहिए कि मैं 'जनलोकपाल बिल' के ख़िलाफ़ या जनलोकपाल के रास्ते में अड़ंगा लगानेवाली सरकार के पक्ष में हूँ। कोई भी छात्र नौजवान, जो अपना भविष्य फिसलता देख रहा हो, कैसे कांग्रेस सरकार का पक्ष ले सकता है। प्रधानमन्त्री बार-बार दावा करते हैं कि मज़बूत लोकपाल लेकर आ रहे हैं। सच्चाई यह है कि उसमें 50 पाबन्दियाँ और 100 शर्तें पहले से जड़ी होती हैं। प्रधानमन्त्री का वादा रोज़-ब-रोज़ नयी शक्लों में हमारे सामने आता रहा। यदि बहुराष्ट्रीय कम्पनियाँ सब कुछ करने के लिए स्वतन्त्र रहेंगी। यदि सरकार, मीडिया, आन्दोलन चलाने वाले सदस्य इन कम्पनियों के साथ-साथ अपना हित साधते रहेंगे, तो कैसा लोकपाल आयेगा? और यदि लोकपाल आयेगा भी तो कौन-सा भारत निर्मित होगा, यह भी विचारणीय है।

शेफ़ालिका शेखर जवाहरलाल नेहरू विश्वविद्यालय छात्र संघ की उपाध्यक्ष रही हैं और आइसा से जुड़ी हुई हैं।

अन्ना : राजसत्ता बनाम लोकसत्ता

सुधांशु रंजन

जनलोकपाल विधेयक के समर्थन में 5 अप्रैल 2011 को अन्ना हज़ारे के नेतृत्व में शुरू हुए आन्दोलन को राष्ट्रव्यापी समर्थन मिला। इसके बाद 16 अगस्त से 28 अगस्त तक दिल्ली के रामलीला मैदान में उनके द्वारा किये गये अनशन को और प्रचण्ड जन समर्थन मिला। अन्ना ने सोयी लोकशक्ति को जगाया। लोकशक्ति की महिमा तो वैसे लोकतन्त्र में सभी स्वीकार करते हैं, किन्तु भारत एकमात्र अपवाद है पूरे विश्व में जहाँ लोकसत्ता को राजसत्ता के ऊपर स्थान दिया गया। महात्मा गाँधी एवं जयप्रकाश नारायण जैसे नेताओं ने राजसत्ता को ठुकरा कर लोकसत्ता को मज़बूत करने का काम किया।

अन्ना के समर्थन में उभरा जनसैलाब भ्रष्टाचार के विरुद्ध जनता का आक्रोश तो दिखाता है, किन्तु जनता अपने आप को पूरी तरह पाक-साफ़ नहीं बता सकती है। आज भ्रष्टाचार के दलदल में आम आदमी भी डूबा है जिसे रिश्वत दे कर या अनैतिक तरीक़े से अपना हित साधने में कोई परहेज़ नहीं है। जनता को भी अपने ग़िरेबान में झाँक कर आत्ममन्थन करना चाहिए। किन्तु बड़े पदों पर बैठे व्यक्तियों की ज़िम्मेदारियाँ ज़्यादा होती हैं और अधिक अधिकार सम्पन्न होने के कारण कदाचार करने की गुंजाइश उनके पास अधिक होती है। आज हर व्यक्ति धन संचय में लगा है। लोग किसी के ऐश्वर्य को देख कर चकाचौंध होते हैं। वे यह सवाल नहीं पूछते कि उसके पास इतनी

सम्पदा आयी कहाँ से। अनैतिक तरीक़े से धन संग्रह करने वालों का जहाँ सामाजिक बहिष्कार होना चाहिए, वहीं उन्हें सम्मान मिलता है।

फिर भी सन्तोष की बात यह है कि इस घटना ने इस धारणा को एक बार फिर से स्थापित कर दिया है कि इस देश को हिलाने की ताक़त केवल फ़क़ीरों में है, थैलीशाहों में नहीं। इस देश को हिलाया गाँधी एवं जे.पी. जैसे फ़क़ीरों ने। अन्ना के पास कोई बैंक खाता तक नहीं है और वे अपने गाँव रालेगन सिद्धि में मन्दिर के एक छोटे-से कमरे में रहते हैं। इसीलिए वे आकृष्ट करते हैं। भारतीय सोच ने जॉन लॉक एवं ऐडम स्मिथ के पूँजीवाद, मार्क्स के साम्यवाद और फ़्रायड के सेक्सवाद को ख़ारिज किया है। यहाँ संचय की जगह अपरिग्रह तथा भोगवाद की जगह ब्रह्मचर्य की अवधारणा है। पूँजीवाद का उदय तो इस विचार से हुआ कि जानवर भी क्षेत्रीय अधिकार 'टेरिटोरियल इम्पेरेटिव' में विश्वास करता है। इसलिए बाघ भी अपने मूत्र से अपनी चौहद्दी तय कर लेता है। अर्थात, भूमि पर अधिकार तथा संचय प्राणी का मूल स्वभाव है। किन्तु भारतीय दर्शन ने इसे नकारा।

यहाँ त्याग, अपरिग्रह, ब्रह्मचर्य आदि के इतने कठोर मापदण्ड बना दिये गये कि नैतिकता के पाखण्ड की गुंजाइश यहाँ बढ़ गयी। इसलिए भारतीय समाज में पाखण्ड व्यापक पैमाने पर पनप गया। लोग छुप कर धन संचय करने लगे। अपरिग्रह के देश में भ्रष्टाचार का इस कदर बेलौस फैलना पूरे भारतीय चिन्तन को नकारना है। लेकिन जब भ्रष्टाचार अपनी जड़ इतनी फैला चुका है तो निश्चित रूप से उस पर लगाम लगाने के लिए एक सख़्त क़ानून की ज़रूरत है। सूचना का अधिकार ने जनता को भ्रष्टाचार के बारे में सवाल उठाने का तो अधिकार दिया, किन्तु उसमें कोई सज़ा का प्रावधान नहीं है। इसीलिए लोकपाल जैसी संस्था की ज़रूरत है।

1950 के दशक में ही तत्कालीन वित्त मन्त्री सी.डी. देशमुख ने लोकपाल बनाने की सलाह दी थी जिसका समर्थन तत्कालीन राष्ट्रपति

डॉ. राजेन्द्र प्रसाद ने किया था। किन्तु जवाहरलाल नेहरू इसके पक्ष में नहीं थे और उन्होंने राजेन्द्र बाबू की मंशा पर ही शक ज़ाहिर किया था। तब राजेन्द्र बाबू ने कहा था कि भ्रष्टाचार कांग्रेस के ताबूत में अन्तिम कील साबित होगा। 1969 से लोकपाल विधेयक लम्बित है। जब लाल बहादुर शास्त्री केन्द्रीय गृह मन्त्री बने तो उनकी पहल पर प्रशासनिक सुधार आयोग का गठन किया गया जिसने लोकपाल की नियुक्ति की अनुशंसा की। इस दरम्यान कई दलों की सरकारें आयीं, किन्तु विधेयक पारित नहीं हो पाया। सर्वप्रथम 1809 में स्वीडेन में 'ऑम्बुड्ज़मैन' नामक संस्था बनी जिसे बाद में अन्य देशों ने भी अपनाया। कई मुल्कों में यह संस्था आज प्रभावी तरीक़े से काम कर रही है। कोई कारण नहीं है ऐसा मानने का कि भारत में यह संस्था काम नहीं करेगी। उसे अधिकार सम्पन्न बनाने की ज़रूरत है और यह भी सुनिश्चित करना आवश्यक है कि उसकी नियुक्ति प्रक्रिया इतनी पारदर्शी हो कि वह जनता में विश्वास पैदा करे।

उल्लेखनीय यह है कि यह आन्दोलन केवल सरकार के विरुद्ध शुरू नहीं हुआ, बल्कि वर्तमान राजनैतिक व्यवस्था के विरुद्ध हुआ। इसलिए अप्रैल में उन राजनेताओं को उल्टे पाँव लौटना पड़ा जो समर्थन व्यक्त करने जन्तर-मन्तर पहुँचे। परन्तु सवाल उठता है कि सिविल सोसाइटी भीड़ कहाँ से इकट्ठा करेगी। अगस्त के अनशन में भी भारी भीड़ इकट्ठी हुई, लेकिन आगे भी ऐसा होगा यह पक्का नहीं है। भीड़ों की भी लोकतन्त्र में एक महती भूमिका है। भीड़ जमा कर सकते हैं वैसे ही राजनेता जिन्हें उल्टे पाँव लौटने को विवश होना पड़ा। जयप्रकाश नारायण ने भी बिहार आन्दोलन में शुरू में राजनेताओं को अलग रखा। 8 अप्रैल को पटना में मौन जुलूस निकालने का प्रस्ताव था। जुलूस में हिस्सा लेने के लिए लगभग डेढ़ हज़ार सत्याग्रहियों का चुनाव किया गया। कर्पूरी ठाकुर एवं रामानन्द तिवारी भी सत्याग्रही बनना चाहते थे। वे दोनों सुपरिचित समाजवादी नेता तथा जे.पी. के पुराने अनुयायी थे। किन्तु उन्हें भी शामिल होने की अनुमति नहीं दी गयी, क्योंकि वे किसी

ख़ास राजनैतिक दल में थे और जुलूस पूरी तरह से ग़ैर-राजनैतिक होना था। झल्ला कर वे दोनों जे.पी. के पास पहुँचे, "क्या हम लोग भी हिस्सा नहीं लेंगे?" जे.पी. ने कहा, "आज नहीं।" किन्तु बाद में उन्हें राजनैतिक दलों को साथ लेना पडा। महात्मा गाँधी ने भी कांग्रेस से तमाम मतभेदों के बावजूद उसके संगठन का इस्तेमाल अपने आन्दोलनों के लिए किया।

अप्रैल में अन्ना द्वारा किये गये पहले अनशन में ही केन्द्र सरकार को झुकना पड़ा और लोकपाल क़ानून बनाने के लिए जिस प्रारूप समिति का गठन किया गया उसमें सरकार के पाँच नुमाइन्दों के साथ-साथ सिविल सोसाइटी के भी पाँच सदस्यों को शामिल किया गया। ऐसा पहली बार हुआ जब औपचारिक तौर पर सिविल सोसाइटी की सीधी सहभागिता क़ानून बनाने की प्रक्रिया में हुई। इससे सिविल सोसाइटी के दूसरे गुटों के साथ-साथ विपक्ष को भी शिकायत हुई कि उनकी पूरी तरह अनदेखी की गयी और केवल अन्ना के गुट के लोगों को शामिल किया गया। संसद के मानसून सत्र के पहले लोकपाल के मुद्दे पर हुई सर्वदलीय बैठक में सिविल सोसायटी की भूमिका पर विपक्षी दलों ने भी प्रहार किया। उन्होंने सरकार की तीखी आलोचना की कि 'क़ानून बनाने की स्थापित प्रक्रिया' को दरकिनार करते हुए लोकपाल प्रारूप समिति में सिविल सोसायटी के सदस्यों को लिया गया है। बैठक में एक पंक्ति का प्रस्ताव पारित किया गया, "सरकार को संसद के अगले सत्र में स्थापित प्रक्रिया पर चलते हुए एक मज़बूत एवं प्रभावी लोकपाल विधेयक लाना चाहिए।" केन्द्रीय मन्त्री तथा संयुक्त प्रगतिशील गठबन्धन के घटक दल नेशनल कॉन्फ़रेस के नेता फ़ारूक़ अब्दुल्ला तो अन्ना हज़ारे एवं बाबा रामदेव पर जम कर बरसे और उन्होंने विपक्षी दलों को आगाह किया, "आज हमारी बैंड बजा रहे हैं, कल आपकी बैंड बजायेंगे।" बैठक में अन्ना के मसौदे का किसी ने समर्थन नहीं किया।

बार-बार सिविल सोसायटी की भूमिका को लेकर सवाल उठाये जा रहे हैं। विपक्षी दलों को शुरू से सिविल सोसाइटी की भूमिका पर ऐतराज़ था, किन्तु अन्ना की आँधी का राजनैतिक लाभ वे लेना चाहते थे। फिर सवाल यह उठा कि विपक्ष की भूमिका में तो अन्ना की टीम है। इसके पहले प्रधानमन्त्री मनमोहन सिंह ने प्रिण्ट मीडिया के साथ बात-चीत में कहा कि क़ानून बनाने में सिविल सोसाइटी का पक्ष अन्तिम नहीं हो सकता है, हालाँकि वे सिविल सोसाइटी से बात करना चाहेंगे। इसके पहले केन्द्रीय मन्त्री एवं लोकपाल प्रारूप समिति के सदस्य कपिल सिब्बल ने स्पष्ट कहा कि भविष्य में क़ानून बनाने में सिविल सोसाइटी के प्रतिनिधियों को नहीं लिया जायेगा। लोकपाल विधेयक प्रारूप समिति के अध्यक्ष प्रणब मुखर्जी ने कहा कि सिविल सोसाइटी के कुछ वर्गों ने लोकतान्त्रिक संस्थाओं को नुक़सान पहुँचाया है। किन्तु राष्ट्रीय सलाहकार परिषद ने एक प्रस्ताव स्वीकार किया कि क़ानून बनाने के पहले आम जनता के साथ परामर्श किया जाना चाहिए।

आज 'सिविल सोसाइटी' का इस्तेमाल जिसके लिए हो रहा है उसके लिए पहले 'जनता' या 'आवाम' का इस्तेमाल होता था। ना तो स्वाधीनता संग्राम में और न ही आज़ादी के बाद के लोकनायक जयप्रकाश नारायण के नेतृत्व में चले सबसे बड़े आन्दोलन में इस शब्द का इस्तेमाल हुआ, किन्तु वे भी थे 'सिविल सोसाइटी' के ही आन्दोलन। यह सही है कि लोकतान्त्रिक पद्धति में निर्वाचित प्रतिनिधियों की भूमिका अहम होती है, किन्तु इसका अर्थ यह नहीं कि चुनाव से दूर रहने वालों की समाज में कोई भूमिका नहीं है। अकसर सिविल सोसाइटी के प्रतिनिधियों के ऊपर प्रश्न चिन्ह खड़ा किया जाता है कि आख़िर वे किस आधार पर प्रतिनिधि होने का दावा कर रहे हैं। महात्मा गाँधी को भी अंग्रेज़ों ने कभी पूरे देश का प्रतिनिधि नहीं माना। गोलमेज़ सम्मेलन में भी गाँधी कई प्रतिनिधियों में एक थे, किन्तु गाँधी का असर जनता पर कितना था, यह दोहराने की ज़रूरत नहीं है।

आज अपने देश में नागरिक समाज की भूमिका को लेकर बहस छिड़ी हुई है कि क़ानून बनाने में उसके प्रतिनिधि की क्या भूमिका हो सकती है जबकि देश में उसके लिए निर्वाचित विधायिका है। यह सही है कि सांवैधानिक योजना के तहत क़ानून बनाने की प्रक्रिया में नागरिक समाज की सीधी भागीदारी नहीं है। यदि ज़रूरत महसूस हो तो संसदीय समितियाँ विभिन्न वर्गों के प्रतिनिधियों के साथ विचार-विमर्श कर सकती हैं। कुछ देशों में नागरिक समाज की सीधी सहभागिता का क़ानूनी प्रावधान है। स्विटजरलैंड में लोकतन्त्र में जनता की भागीदारी के लिए तीन संस्थाएँ हैं - प्रारम्भिक प्रयास, जनमत संग्रह एवं प्रतिनिधि वापस बुलाने का अधिकार। प्रारम्भिक प्रयास के अन्तर्गत नागरिक किसी क़ानून को बनाने लिए स्वयं कार्रवाई शुरू कर सकते हैं। इसके लिए जनसंख्या का एक ख़ास प्रतिशत हस्ताक्षर करके यह प्रक्रिया शुरू कर सकता है।

ऐसा कोई प्रावधान भारतीय संविधान में नहीं है, किन्तु यहाँ सिविल सोसाइटी की अहम भूमिका रही है, हालाँकि उसको लेकर विवाद भी शुरू से रहा है। जब महात्मा गाँधी ने असहयोग आन्दोलन शुरू किया तो रवीन्द्र नाथ टैगोर ने इसका विरोध किया कि इससे अराजकता फैलेगी। गाँधीजी टैगोर को समझाने शान्ति निकेतन गये, किन्तु वे गाँधी के विचार से सहमत नहीं हो पाये। उनका मानना था कि इसकी बजाय शिक्षा का प्रसार होना चाहिए। इसी प्रकार कांग्रेस के नेता एवं पटने के मशहूर बैरिस्टर हसन ईमाम भी असहयोग के विरुद्ध थे। उन्हें समझाने भी गाँधी पटना गये, किन्तु उन्होंने भी गाँधी के तर्कों को नहीं माना। ऐनी बेसेंट ने तो सविनय अवज्ञा का खुल कर विरोध किया था।

जो भी हो, गाँधी नागरिक समाज के बहुत बड़े समर्थक थे और सरकार के ऊपर उसका नैतिक नियन्त्रण बनाये रखने के पक्षधर थे। उन्हें जनता का व्यापक समर्थन प्राप्त था और उसकी मदद से वे अपने सभी आन्दोलन चलाते रहे। वैसे अपने आन्दोलनों में वह कांग्रेस पार्टी

की मदद तब भी लेते रहे जब वह कांग्रेस के चवन्नी सदस्य तक नहीं रह गये थे, क्योंकि आन्दोलन चलाने के लिए संगठन तथा काडर की ज़रूरत होती है। ह्यूम ने सवाल उठाया था कि किसी लोकतन्त्र में क़ानूनों के पीछे जो बल होता है, वह है आम आदमी का मत, परन्तु क्या आम आदमी क़ानून बनाता है? इसलिए किसी ने कहा था कि लोकतन्त्र हर मतदाता को अपने ऊपर अत्याचार करने का अवसर देता है।

अपने देश में 1970 के दशक में गुजरात एवं बिहार के आन्दोलन सिविल सोसाइटी के आन्दोलन थे। लोकनायक जयप्रकाश नारायण के नेतृत्व में बाद में इसने अहिंसक तरीक़े से सत्ता परिवर्तन का काम किया। जे.पी. भी बार-बार राजसत्ता पर लोकसत्ता के नियन्त्रण की बात करते थे। अमरीका में भी बहुत लोग काफ़ी पहले से मानने लगे थे कि चुनाव तथा राजनैतिक दल अभिजात वर्गों के हाथों की कठपुतली हो गये हैं जिनसे सुधार सम्भव नहीं है। वॉल्टर डीन बर्नहम ने लिखा कि 1900 से ही अमरीका में राजनैतिक दलों का पतन प्रारम्भ हो गया था तथा उन्हें काम करने वाली व्यवस्था के रूप में नहीं देखा जाता है। ब्राज़ील जैसे देशों में, जहाँ सैनिक सत्ता थी, नागरिकों का समूह सिविल सोसाइटी के रूप में लोकतन्त्र की माँग में खड़ा हो गया।

भारत में 1990 के दशक से कई आन्दोलन जाति के विरुद्ध, महिलाओं को समान अधिकार दिलाने, नागरिक स्वतन्त्रता, पर्यावरण, खाद्य सुरक्षा, शिक्षा का अधिकार, सूचना का अधिकार आदि को लेकर शुरू हुए। 2000 में, एक सर्वेक्षण के मुताबिक़, 20-30 हज़ार आन्दोलन सबसे निचले स्तर पर चलाये जा रहे थे।

अगस्त के अनशन तक तो अन्ना का आन्दोलन काफ़ी जनउभार पैदा कर पाया। किन्तु उसके बाद यह आन्दोलन काफ़ी हद तक दिशाहीन हो गया। उनके आन्दोलन ने जनता में जो उत्साह जगाया था, वह बहुत जल्द काफ़ूर होने लगा है। टीम अन्ना के सदस्यों में बिख़राव

और उनके ऊपर लगे भ्रष्टाचार के आरोपों के कारण आन्दोलन की धार कुन्द हुई। किरण बेदी का बचाव करने के कारण अन्ना की विश्वसनीयता पर भी सवाल उठे हैं और आरोप लग रहा है कि उनके इर्द-गिर्द कुछ लोग अपने एजेंडे के लिए उनका इस्तेमाल कर रहे हैं और वह उनके हाथों बन्दी बना लिये गये हैं। किरण बेदी ने आयोजकों से विमान यात्रा का पूरा किराया लिया जबकि वीरता पदक विजेता होने के कारण उन्हें एयर इण्डिया 75 प्रतिशत की रियायत देता है। यह बहुत बड़ा घोटाला भले ही न हो, किन्तु निर्विवाद रूप से एक भ्रष्ट आचरण है। कम-से-कम भ्रष्टाचार के विरुद्ध जंग छेड़ने वालों का दामन इतना साफ़ होना चाहिए कि कोई उँगली न उठा सके। सबसे शर्मनाक है किरण बेदी द्वारा दी गयी सफ़ाई - बचे पैसे का इस्तेमाल उन्होंने जन सेवा में अपने एन.जी.ओ. के ज़रिये किया।

अन्ना पहले तो इस पूरे प्रकरण पर चुप रहे और जब उन्होंने अपने ब्लॉग के ज़रिये अपनी प्रतिक्रिया ज़ाहिर की तो वह और भी हैरतअंगेज़ थी। उन्होंने किरण बेदी को पाक-साफ़ बताते हुए आरोप लगाया कि सरकार में 'चार का गैंग' टीम अन्ना को निशाना बना रहा है। उनके इस आरोप में दम हो सकता है कि टीम अन्ना के सदस्यों को बदनाम करने की एक साज़िश रची जा रही है, किन्तु किरण बेदी के पक्ष में दिया गया उनका बयान किसी भी तरह हलक़ के नीचे नहीं उतरता कि लोकपाल विरोधी लोगों की यह चाल है। यही अन्ना एवं उनकी टीम की सबसे बड़ी कमी है कि वे जनलोकपाल को अलादीन का चिराग़ मान कर चल रहे हैं जो भ्रष्टाचार को जड़मूल से ख़त्म कर देगा। जो भी इससे असहमति जताता है उसे वे भ्रष्ट घोषित कर देते हैं। जहाँ अन्ना एवं उनके समर्थकों को सरकार से असहमत होने की छूट है, वहीं वे किसी को यह आज़ादी नहीं देते हैं कि वह जनलोकपाल के बारे में कोई अन्य विचार व्यक्त कर सके और यदि ऐसा करता है तो वह किसी दुरभिसन्धि का हिस्सा है। अन्ना अपने को गाँधीवादी कहते हैं और लोग भी उन्हें ऐसा ही मानते हैं। मैं अक्तूबर 2004 में

उनके गाँव रालेगन सिद्धि गया था तो उन्होंने स्वयं घूम कर पूरा गाँव मुझे दिखाया और मैं उनके कार्य से बेहद प्रभावित हुआ था।

सिविल सोसाइटी की ज़रूरत है देश को। उसका कमज़ोर पड़ना राष्ट्र के लिए अशुभ है, किन्तु अन्ना के आन्दोलन के साथ ऐसा हो रहा है। अन्ना ने पहले स्वामी अग्निवेश को अलग किया, भले जो भी कारण हो। फिर प्रशान्त भूषण के कश्मीर के ऊपर दिये गये बयान से अपने को अलग किया। सवाल यह भी उठता है कि प्रशान्त भूषण के पक्ष से उन्होंने अपने को अलग तब क्यों किया जब उन पर हमला हुआ जबकि बयान प्रशान्त ने पहले दिया था और लगातार देते रहे थे? सन्तोष हेगड़े कई बार विभिन्न मसलों पर अपना असन्तोष एवं मतभेद जाहिर कर चुके हैं। विवाद आन्दोलन के राजनैतिक रंग ग्रहण करने को लेकर भी काफ़ी ज़्यादा है कि आख़िर कांग्रेस के विरोध में हिसार में अभियान क्यों चलाया गया। अगर अन्ना का असर हिसार में होता तो अजय चौटाला को साढ़े तीन लाख मत प्राप्त नहीं होते, क्योंकि वे सी.बी.आई. के द्वारा भ्रष्टाचार के मामले में आरोपित हैं। हिसार का चयन करने के पीछे एक चतुराई भी थी। कांग्रेस वहाँ पहले से कमज़ोर थी और उसकी हार निश्चित थी। कांग्रेस के विरोध के बारे में वह अपना पक्ष बार-बार बदल रहे हैं। स्वामी अग्निवेश ने इस लेखक को दूरदर्शन न्यूज़ के लिए दिये एक साक्षात्कार में आरोप लगाया कि अन्ना टीम की रणनीति अजय चौटाला को जिताने की थी। डॉ. नरेश त्रेहन अन्ना के निजी चिकित्सक बन गये जिनके कॉरपोरेट अस्पताल में अनशन तोड़ने के बाद अन्ना भर्ती हुए। डॉ. त्रेहन को ओमप्रकाश चौटाला की सरकार ने गुडगाँव में कौड़ी के दाम में 30 एकड़ ज़मीन मेदान्त अस्पताल की स्थापना के लिए दी थी। स्वामी अग्निवेश के अनुसार इस प्रकार एक रणनीति अजय चौटाला के पक्ष में बनायी गयी।

यह आरोप सही हो या नहीं, यह सही है कि अन्ना को किसी अस्पताल में आम आदमी की तरह भर्ती होना चाहिए था। अनशन के

दरम्यान लोगों को टोपियाँ बाँटी गयीं जिन पर छपा था 'मैं अन्ना हूँ।' गाँधी या जयप्रकाश के आन्दोलन के दरम्यान भी ऐसी टोपियाँ नहीं बाँटी गयीं कि मैं गाँधी हूँ या मैं जयप्रकाश हूँ।

भ्रष्टाचार के विरुद्ध उनकी लड़ाई दिशाहीन और अमूर्त है। पहले उन भ्रष्ट तत्वों की पहचान करनी पड़ेगी जिनका ख़ात्मा भ्रष्टाचार उन्मूलन के लिए आवश्यक है। जब तक अमूर्त दुश्मन के विरुद्ध लड़ाई लड़ी जायेगी तब तक भ्रष्ट तत्व भी आन्दोलन को समर्थन दे कर गौरवान्वित होने का प्रयास करेंगे। निजी क्षेत्रों के भ्रष्टाचार के ख़िलाफ़ अन्ना की चुप्पी हैरान करने वाली है। प्रशान्त भूषण ने तो खुल कर निजी क्षेत्र और एन.जी.ओ. को लोकपाल के दायरे में लाने का विरोध किया। आज खुली अर्थव्यवस्था में निजी क्षेत्र का दायरा लगातार बढ़ता जा रहा है और सकल घरेलू उत्पाद में उसकी भागीदारी लगभग एक चौथाई है। ऐसी स्थिति में उसे लोकपाल से बाहर रखने का औचित्य समझना मुश्किल है। ऐसा आरोप लग रहा है कि उनके इर्द-गिर्द कुछ लोग अन्ना की छवि का इस्तेमाल अपने महत्वकांक्षा पूरी करने के लिए कर रहे हैं। राजेन्द्र सिंह और पी.वी. राजगोपाल कुछ ऐसे ही आरोप लगा कर अन्ना की कोर कमेटी से बाहर हो गये। अन्ना को सावधान रहना चाहिए कि कोई उनका इस्तेमाल न कर पाये।

सुधांशु रंजन वरिष्ठ टी.वी. पत्रकार एवं स्तम्भकार हैं। सुधांशु रंजन ने जयप्रकाश नारायण के जीवन पर 'जयप्रकाश नारायण' नाम की किताब लिखी है।

गाँधीवाद और अन्ना

त्रिदिप सुहरुद

I

1999 की बात है। जगह थी कोलकाता की हैदरी मंज़िल। जो आग धधक रही थी, वह थी गहरी साम्प्रदायिक नफ़रत की। यह आग राष्ट्र को विभाजित कर चुकी थी और उपमहाद्वीप की स्मृति में सबसे बड़े देशान्तरणों में से एक की शुरुआत करने वाली थी। अपने आप को शुद्ध करने की इच्छा ने ही उपवास करने वाले व्यक्ति को प्रेरित किया था। इच्छा एक ऐसा शब्द है जो कि उस व्यक्ति से नहीं जोड़ा जा सकता जिसका, इच्छाओं से मुक्ति पाना, माया-मोह से परे होना ही (जीवन का) मुख्य संघर्ष था। इच्छा से मुक्ति, स्थितप्रज्ञ को प्राप्त करने का ज़रिया है। इस हद तक अपने आप को अलग कर लेना कि कोई भी काम, लालच या फिर लालसा से रहित, बिल्कुल पवित्र हो जाये। मगर, उनकी भी एक इच्छा थी, एक बहुत गहरी लालसा। यह वही लालसा थी जिसने उन्हें दिन-रात आजीवन प्रेरित किया; ईश्वर का एक पवित्र साधन बनने की लालसा। पहले कई लोगों की तरह, उनका विश्वास था कि ईश्वर मानव के माध्यम से कार्य करता है। परमेश्वर के योग्य साधन बनना ही मनुष्य का काम, मानव जीवन का उद्देश्य है। यह बनने के लिए स्वयं को शुद्ध करना ही एकमात्र मार्ग है। उनसे भी पहले कई लोगों की तरह, उनका यह मानना था कि मनुष्य के आस-पास की बुराई का स्रोत भी वह ख़ुद ही है। अगर मनुष्य हिंसा

से घिरा हुआ है तो यह भी इसलिए कि जो लोग अपने आप को अहिंसा के समर्थक बताते हैं, उन्हें ख़ुद ही अहिंसा पर अपेक्षित विश्वास नहीं है, वे भी कर्म में नहीं, किन्तु अपने विचारों और शब्दों में हिंसा को आश्रय देते हैं। अगर मनुष्य लालच से घिरा हुआ है तो वह इसलिए कि वह अब भी सांसारिक सम्पत्ति से जुड़ा हुआ है और एक सच्चा अपरिग्रही नहीं है। अगर वह शारीरिक सुख के पन्थियों/अनुयायियों से घिरा हुआ है, जिनका मानना है कि मानव जीवन का अर्थ इन्द्रियों द्वारा ही प्राप्त हो सकता है, तो वह इसलिए कि वह ब्रह्मचारी नहीं, एक ऐसा व्यक्ति है जो न सिर्फ़ सम्भोग से परहेज़ करता हो, बल्कि किसी भी प्रकार की इच्छा को पूरी तरह त्याग चुका हो।

मोहनदास करमचन्द गाँधी उपवास किया करते थे। उनके ये व्रत, मुख्य रूप से, अपने लिए होते थे। उपवास, उनके लिए प्रार्थना का साधन था, यह ईश्वर के समीप जाने की इच्छा को दर्शाता था—ईश्वर, सत्य के रूप में, ईश्वर सत्यनारायण के रूप में। ऐसा इसलिए था क्योंकि, 'लंघन' के रूप में उपवास जिसमें शरीर को भोजन से वंचित रखा जाता है और 'उपवास,' जिसका सही अर्थ है ईश्वर के क़रीब रहना, इन दोनों के अन्तर को वह ठीक समझते थे। उनकी राजनीति और साधना के साथ, उपवास, सत्य की खोज, ईश्वर के दर्शन की लालसा और ब्रह्मचारी रहने का आजीवन संघर्ष गुथे हुए थे। इसी साधना के कारण उनमें अपने अन्दर की वह छोटी शान्त आवाज़, अपनी अन्तरात्मा की आवाज़ को सुनने की और अपने आप को उसे समर्पित करने की अद्वितीय क्षमता थी।

गाँधी की राजनीति और उनकी आध्यात्मिकता, आपस में गुथे हुए थे। अगर हम इन्हें सुलझाने का प्रयत्न करते हैं तो शायद हमें गाँधी की राजनीति के बारे में और उसका अनुसरण करते समय आने वाली कठिनाइयों के बारे में कुछ पता लग सकता है।

II

जलियाँवाला बाग़ हत्याकाण्ड से एक दिन पहले, कवि रवीन्द्रनाथ ठाकुर ने गाँधी को और उनके द्वारा पूरे देश को आगाह किया था। 'सत्ता सभी रूपों में तर्कहीन होती है।' वे निःसन्देह अवगत थे। आधुनिक राष्ट्र के दबाव और विनाश की शक्ति से जो पहले भी थी और अब भी बरक़रार है। परन्तु उनकी चेतावनी केवल सत्ता की दमनकारी शक्ति के बारे में नहीं थी। वे लोगों की तथाकथित नैतिक शक्ति के बारे में ज़्यादा चिन्तित थे। वह भली-भाँति जानते थे कि लोग हिंसक हो सकते थे और वे दावे के साथ इस हिंसा को जायज़ और वांछित मानते हुए शासक के प्रति व्यापक रूप से महसूस किये गये आक्रोश का प्रदर्शन कह सकते थे। उनकी चेतावनी सत्याग्रह के ख़िलाफ़ थी जो उनके हिसाब से ज़रूरी नहीं कि नैतिक रूप से उचित था। अगर देश में कोई था, जो गाँधी के गहरे नैतिक महत्व को समझता था तो वे थे रवीन्द्रनाथ। इसके बावजूद जनराजनीति के प्रति उनका नज़रिया सन्दिग्ध और उभयभावी ही रहा। गाँधी को उन्होंने सन्दिग्ध और उभयभावी नज़रों से ही देखा। वे गाँधी की तरह जानते थे कि सत्याग्रह महज़ एक तकनीक था, एक साधन न था और न कभी होगा। दोनों ही सत्याग्रह के, राजनीति और सार्वजनिक जीवन में, एक साधन की तरह प्रयोग किये जाने को अनैतिक तो नहीं पर नीतिहीन तो मानते ही थे। सत्याग्रह सच्चाई के बल के रूप में असल में आत्मा का बल था और साथ ही प्रेम और दया का भी। ये गाँधी के लिए धर्म से जुड़ी भारतीय धारणा से, सराबोर थे; धर्म जो मनुष्य को सँभालता है, धर्म जो सच्चाई पर चलने का साधन है, प्रेम की ईसाई परिभाषा और करुणा की बौद्ध धारणा है। प्रेम और करुणा सिर्फ़ उदास और दबे हुए लोगों के लिए नहीं, जिनके लिए सत्याग्रह शुरू किया गया था, पर इससे भी ज़्यादा महत्वपूर्ण वे उनके लिए थे जिनके विरोध में संघर्ष छेड़ा गया था। सत्याग्रह, सच्चाई पर चर्चा की एक विधा के रूप में इसी विचार और व्यवहार में निहित था जिसके अभाव में संघर्ष करते लोगों द्वारा वही भूल—दूसरों की मानवता

को नकारना—कर बैठने का ख़तरा था। जब मानव दूसरों की मानवता को पहचानता है, केवल तभी सच्चाई और सदाचार पर चर्चा मुमकिन है, क्योंकि यह बहुत ज़रूरी है कि दोनों ही पक्ष इस बात को समझने में सक्षम हों। केवल दूसरों की मानवता को स्वीकार करने पर ही आत्म-प्रतिज्ञान के लिए किया जाने वाला संघर्ष सम्भव है। अगर इस बात पर विवाद छेड़ा जाये कि सच्चाई सिर्फ़ एक पक्ष में मौजूद है और दूसरा पक्ष न केवल सब सच से रहित है, बल्कि सच को पहचानने में भी असमर्थ है तो सच्चाई और नैतिकता पर कोई चर्चा नहीं हो सकती। सत्याग्रह में कभी न कम होने वाली बुराई के लिए कोई स्थान नहीं है जो इतनी गहरी हो कि वह नैतिकता को बिल्कुल ही न समझती हो। यह इसलिए, क्योंकि सत्याग्रह केवल झूठ के उत्पीड़न और अत्याचार से मुक्ति का कार्य नहीं है, बल्कि यह दूसरों को दबाने वाली प्रवृति से भी मुक्ति दिलाने वाला कार्य है। रवीन्द्रनाथ ने इस बात को अपने ही अन्दाज़ में अभिव्यक्त किया था। 'हमारा लक्ष्य है कि आत्मा की आग से मृत को पुनर्जीवित करें।' अतः दोनों गाँधी और रवीन्द्रनाथ ने स्वराज के लिए किये गये भारत के संघर्ष को एक ऐसे आन्दोलन के रूप में देखा जो दोहरी आज़ादी के लिए छेड़ा गया था, साम्राज्य की मशीनरी से, न केवल भारत की, बल्कि पूरे यूरोप की आज़ादी के लिए।

गाँधी के लिए सत्याग्रह एक बहुत बड़ी परिवर्तनकारी राजनीति और सभी के लिए एक निष्पक्ष समाज की खोज का हिस्सा था। यह आश्रम के एकान्त में और सहकर्मियों के साथ वार्तालाप में किये गये परिवर्तनकारी आत्म-प्रयोगों पर निर्धारित था। इसी आन्तरिक दृष्टि के कारण ही, समाज की संरचनात्मक और संस्थागत अधर्म और सत्ता के अन्याय का ख़ात्मा करने के प्रयास से पहले, आत्मशुद्धिकरण सम्भव हो सका था। न सिर्फ़ सत्याग्रहियों के व्यक्तिगत आचरण से, लेकिन उस नैतिक परिस्थिति के कारण से ही, जिसका वह एक हिस्सा था, सत्याग्रह ने जनता और शासक दोनों के लिए, वैधता प्राप्त कर ली थी। रचनात्मक कार्य आश्रम के चोखे जीवन और समानता की खोज से

रहित, सत्याग्रह महज़ एक साधन ही बन कर रह जाता।

दरअसल, उपवास गाँधी जी के लिए व्यक्तिगत और आध्यात्मिक रूप से आत्म-शुद्धि का अभ्यास था। उपवास की शुद्ध करने की शक्ति का ही उपयोग गाँधी करना चाहते थे। आत्म-शुद्धिकरण के बाद ही मनुष्य अपने आस-पास के लोगों का शुद्धिकरण कर सकता है। वे सार्वजनिक उपवास के दबाव डालने वाली शक्ति से भली-भाँति परिचित थे और लगातार इन उपवासों को दबाव-रहित बनाने के प्रयास में लगे रहते थे। वे जानते थे कि शुद्धतम उपवास के सबसे क़रीब वे मई, 1933 में थे, जब उन्होंने आत्म शुद्धिकरण के लिए 21 दिन का उपवास रखा था।

मई, 1933 में, गाँधी ने 21 दिन का उपवास प्रारम्भ किया, ऐसा उपवास जो आत्म-शुद्धिकरण के लिए था। यह कार्य उनके लिए इतना निजी और आन्तरिक था कि वे इस उपवास का कारण भी ठीक से नहीं समझा सके थे। अपने साथी-क़ैदी सरदार पटेल से उन्होंने कहा, 'आख़िरकार क्या किसी को अपने सारे विचार दूसरों को बता देने चाहिएँ? क्या किसी में भी इतनी क्षमता है?' इस उपवास से पहले गाँधी सोलह सार्वजनिक उपवास और असंख्य निजी उपवास कर चुके थे। गाँधी का मानना था कि उन्होंने वर्षों की गयी साधना के माध्यम से अपने भीतर की आवाज़ सुनने की और उस पर अमल करने की अनूठी क्षमता प्राप्त कर ली थी। इस बार भी उन्होंने अपने आप को अपने भीतर की आवाज़ के हवाले कर दिया था। गाँधी से सवाल पूछती कई असन्तोष और निराशा-भरी आवाज़ उठीं, परन्तु किसी ने भी गाँधी के आत्म-शुद्धि के लिए व्रत करने के अधिकार पर सवाल नहीं खड़े किये। यह चुनौती कवि रवीन्द्रनाथ ने रखी। रवि बाबू ने, बस कुछ ही महीने पहले सितम्बर 1932 में—'साम्प्रदायिक पुरस्कार' के विरोध में रखे गये गाँधी के उपवास के बारे में काफ़ी भावुक शब्दों का प्रयोग किया था और कहा कि मानवता के लिए यह सर्वोच्च बलिदान भी

जायज़ था, चाहे यह बलिदान गाँधी के प्राणों का क्यों न हो।

लेकिन दूसरी तरफ़ वही रवीन्द्रनाथ, गाँधी के सार्वजनिक उपवास के द्वारा शुद्धिकरण के प्रयास के प्रति अनभिज्ञ थे। गाँधी का मानना था कि उनके अन्दर से उठी शुद्धिकरण की पुकार के जवाब में उपवास रखना, उनका परम कर्तव्य था। रवीन्द्रनाथ ने गाँधी के आत्म-अभ्यास के मूल-तत्व को चुनौती दी, 'आपको यह कहने का कोई हक़ नहीं है कि तपस्या की यह प्रक्रिया केवल आपके व्यक्तिगत प्रयास से ही प्रभावी हो सकती है और दूसरों का इसमें कोई योगदान नहीं हो सकता।' उपवास को वे एक अत्यन्त निज़ी कार्य के रूप में स्वीकार करने के लिए तैयार थे। किन्तु एक सार्वजनिक कार्य के रूप में क़तई नहीं। 'अगर यह सच था तो आपको यह तपस्या पूर्ण गोपनीयता में करनी चाहिए थी, जैसे कोई रहस्यवादी विधि की जाती है जिसमें शुरू से अन्त तक केवल आत्म-बलिदान होता है।'' रवीन्द्रनाथ का मानना था कि गाँधी का साधना करने का अधिकार ज़रूर था, लेकिन अगर इसमें विश्वव्यापकता न हो तो उसको कोई दार्शनिक औचित्य नहीं था।

III

30 जनवरी, 1948—वे शान्त चल रहे थे, जल्द होने वाली प्रार्थना की तैयारी करते हुए। तीन गोलियों ने उन्हें मौन कर दिया। उन्होंने अपने आप को राम के नाम समर्पित कर दिया।

वे तहेदिल से आत्मज्ञान प्राप्त करना चाहते थे, भगवान के सम्मुख होना चाहते थे, मोक्ष प्राप्त करना चाहते थे। उनका सारा जीवन इसी की खोज को समर्पित रहा। प्रार्थना उनके जीवन का मूल आधार थी।

उनकी आत्मा परमात्मा से मिलन के लिए बेक़रार थी। भगवान के साथ अपने मेल को वे मालिक और ग़ुलाम रूपी ऐक्य में देखते थे और उनकी प्रार्थना ईश्वर में लीन होने की तीव्र इच्छा की अभिव्यक्ति थी। प्रार्थना उनके लिए आत्मा की निश्चित लालसा की अभिव्यक्ति थी, ईश्वर से मार्गदर्शन माँगने का एक तरीक़ा। वे अपने अन्दर ईश्वर को

महसूस करना चाहते थे। भगवान उसी हृदय में मिल सकते हैं जो प्रार्थना से शुद्ध किया गया हो और जहाँ ज़िन्दगी एक अनन्त प्रार्थना हो एक सजदा। उनके लिए प्रार्थना सब से हट कर भगवान पर निर्भरता का प्रतीक थी। वे जानते थे कि जब एक इन्सान परमेश्वर की शरण में रहता है, उसे अपना सब कुछ मानता है केवल तभी हर क्षण वह राम को अपने कण-कण में महसूस करता है। ऐसी प्रार्थना केवल अन्तःशक्ति में ही की जा सकती है—सब मोह-माया त्याग कर। उससे बड़ी बात यह थी कि जब उनका परमेश्वर सच्चाई था तो हालाँकि प्रार्थना मूर्त रूप से प्रकट थी उसका अहम उद्‌देश्य आत्म चिन्तन था। क्योंकि सच केवल वही नहीं जो हम कहते हैं। सच वह है जो वाक़ई है, 'वह' है जिससे सब कुछ है, 'वह' है जो अपनी शक्ति से विद्यमान है। जो अनन्त है। गाँधी की तीव्र मंशा थी कि उनका हृदय सच्चाई से रोशन रहे।

सत्याग्रह और स्वराज दोनों इसी सोच की उपज हैं। सत्याग्रह और स्वराज ने गाँधी की मंशा को विश्वव्यापकता प्रदान की और न केवल प्रार्थना को सामूहिकता दी, बल्कि उनकी इस मंशा को सामाजिक और राजनैतिक तेवर भी दिये। इस तपस्या ने उन्हें साधु या ऋषि नहीं बनाया, बल्कि समाज के दुख, सुख और दर्द को अनुभव करने वाला, दुनियादारी के यथार्थ को समझने वाला व्यक्ति बनाया, यद्यपि उस व्यक्ति में इन सब से अप्रभावित रहने की चाह बरक़रार थी। वे जानते थे कि जीते जी कोई भी 'मुक्त'—सभी मोह-माया से परे—नहीं हो सकता। इसी के चलते वह दरिद्र नारायण और सत्यनारायण को बराबर की आध्यात्मिक दृष्टि से देख सकते थे और सत्य की खोज को सेवा, बलिदान और यज्ञ के रूप में स्वीकार सकते थे। इस खोज में उन्होंने दो प्रथाएँ और जोड़ीं। एक थी व्रत और दूसरी ब्रह्मचर्य। व्रत का मूल अर्थ शरीर को भोजन से वंचित रखना नहीं है, बल्कि उपवास के सन्दर्भ में ईश्वर के और क़रीब जाना है। अतः व्रत के बिना कोई प्रार्थना नहीं और बिना प्रार्थना कोई उपवास नहीं हो सकता। इस तरह के व्रत से

तपस्या और आत्म-शुद्धि, दोनों होती थीं और उसके दायरे में आने वाले हर व्यक्ति को उसकी मूक आध्यात्मिक शक्ति का एहसास होता था। ब्रह्मचर्य का अर्थ मात्र सम्भोग से परहेज़, सिर्फ़ एक भावना का दमन नहीं था, लेकिन सभी इन्द्रियों का आपस में तालमेल बनाना था। इस परिभाषा के सन्दर्भ में गाँधी ने ब्रह्मचर्य शब्द को उसका मूल अर्थ प्रदान किया—'चर्या' यानी आचरण जो 'ब्राह्मण' यानी सत्य की प्राप्ति की तरफ़ ले जाये।

क्रूस पर चढ़े ईसा, गाँधी के लिए सम्पूर्ण योगी थे। एक ऐसे आदर्श जिनका जीवन और मृत्यु, दोनों ही बलिदान का प्रतीक थे। उनकी प्रबल इच्छा थी कि उनकी भीतर की आवाज़ उनका मार्ग दर्शन करे और उनके निर्माता से यज्ञ की सच्ची भावना अर्थात् बलिदान के साथ मिलवाये।

उनकी इच्छा इस कदर पूरी हुई कि सालों बाद उनके दार्शनिक पोते रामचन्द्र गाँधी ने कहा, 'गाँधी ने नफ़रत की तीन घातक गोलियाँ अपने अन्दर समा लीं।'

IV

पवित्रता की खोज अनन्त है। इस खोज के कई रूप हैं ख़ुद की पवित्रता, परिवार की, जाति की, देश की, राष्ट्र की। हर खोज की अपनी यातना है, अपने पैरोकार। कुछ को सामूहिक खोज बेहतर लगती है और कुछ के लिए हर इन्सान अलग है, एकल है और इसी वजह से आत्म केन्द्रित। एक इन्सानी सोच होने की वजह से यह खोज एक सम्भावना मात्र बन कर रहने तक सीमित है। क्योंकि शुद्ध होना, इतना पवित्र होना कि दोष से, इच्छा से, लालसा से परे होना तो भगवान बन जाने के समान है। लेकिन तब भी यह आकांक्षा बनी रहती है, एक निरन्तर उत्साहित करती खोज नाकामी निश्चित होने के बावजूद, क्योंकि वह मंज़िल नहीं, बल्कि राह है जो इन्सान को ललकारती है।

सामूहिक खोजों में विचारों की पवित्रता की खोज सबसे ज़्यादा

सताती है। यह मंशा शुद्धि में निहित है, विश्वास या तर्क में अभिव्यक्त; लेकिन दोनों ही स्थितियों में निष्ठा की अभियाचना करती है और उसे प्राप्त भी करती है। बेशक, माँग पूर्ण निष्ठा की है, निःसन्देह किसी अन्य वादे से परे और हर चीज़ से परे। इस प्रयास की सफलता, आत्मसमर्पण की क्षमता पर निर्भर है। सामूहिक प्रयास के रूप में वैचारिक शुद्धता का आधार एक ऐसा मानव गढ़ना है जो इस विचार के तहत अपना जीवन व्यतीत करता है। इस अर्थ में यह मनुष्य की पवित्रता और उसकी क्षमता, व्यक्तिगत रूप से और साथ ही सामूहिकता के सदस्य होने के नाते, पर निर्भर है कि वह आदर्श आचरण को ईमानदारी से निभाये।

'सामूहिक' और 'व्यक्तिगत' का एक साथ होना ही एक ऐसी आकांक्षा को जन्म देता है जो पिछली 3 सदियों से मनुष्य को प्रेरित करती रही है :

समानता—समानता सबसे महान आदर्श है। यह स्वतन्त्रता का आश्वासन देता है। यह अत्याचार, अन्याय, दमन, शोषण और अमानवीकरण के अन्त का वादा करता है। यह हर एक को व्यवस्था की सम्भावना का वादा करता है और ऐसी सामूहिकता का वादा करता है जो बराबर के लोगों से गठित हो।

शुद्धता—समानता के साथ मिल कर उदात्त समीकरण बनाता है।

सबसे प्रबल आकर्षण इसकी शक्ति जादुई है, जिसकी कल्पना अनन्त और आकांक्षा विश्वव्यापी है। यदि सारे मतभेद मिटा दिये जायें, अगर सबका लक्ष्य एक ही हो, अगर पूर्ण मानव प्रयास समान और पवित्र होने पर केन्द्रित हो तो आदर्श समाज का स्वप्न सम्भव है और मानव प्रयास के दायरे में है। अतः एक सामूहिक भविष्य का स्वप्न भी सम्भव प्रतीत होता है जो न केवल समान हो, बल्कि स्थायी भी हो, क्योंकि पूर्ण समानता और परम पवित्रता की प्राप्ति के पश्चात कोई दूसरा भविष्य हो ही नहीं सकता। किन्तु इस स्वप्न को भी कुछ मतभेदों

के साथ संघर्ष करना पड़ेगा। जैसे कि क्षमता के आधार पर, रूप के आधार पर, त्याग करने की क्षमता के आधार पर, किये गये मतभेद। शायद सबसे बड़ा फ़र्क़ क्षमता और इच्छा का नहीं, बल्कि दुविधा का है। हर मनुष्य के पास न केवल आस्था और उसके सामने झुकने की अनूठी क्षमता होती है, किन्तु दुविधा में होने की भी क्षमता होती है जिसका स्रोत आज तक सभी के लिए एक रहस्य बन कर रह गया है।

इसलिए न केवल इच्छा के अन्तर को, बल्कि दुविधा के अन्तर को भी मिटाना ज़रूरी है। इस आदर्श समाज और उसे यथार्थ बनाने के प्रयास में सांसारिक वस्तुओं, शारीरिक सुख और दूसरों से ज़्यादा ताक़तवर होने की वासना सबसे बड़ी चुनौती है। दुविधा के साथ यही वासना इस सपने को तोड़ देती है। अतः आदर्श समाज को प्रयास करना होगा मानव आवेग से वासना को मिटाने का और इसे ऐसी व्यवस्था स्थापित करनी होगी जो किसी भी प्रकार की दुविधा से त्रस्त न हो। इस व्यवस्था में अगर कोई दुविधा हो तो वह व्यवस्था की माँगों को पूरा करने की ख़ुद की क्षमता के बारे में हो, इस प्रयास का हिस्सा बनने की योग्यता को लेकर हो। ऐसे मानव को गढ़ने के लिए, जो वासना और दुविधा रहित हो, अभ्यास और सामूहिक प्रयास की आवश्यकता होती है। मानव को वासना से मुक्त बनाने वाली प्रथाएँ और तरीक़े, आत्मशुद्धि के प्रयास और समान समाज गढ़ने की कोशिश का हिस्सा रहे हैं। इनका आधार अनुशासन है, चाहे वह आत्मानुशासन हो या फिर थोपा गया हो। बाहर से थोपा गया अनुशासन प्राधिकार बन जाता है और आदर्श समाज में पहली दरार पैदा करता है। यह प्राधिकरण मुखौटों का समाज खड़ा कर सकता है। जादुई नहीं, ओझा का नहीं और न ही किसी रोगहर्ता या शिकारी का, बल्कि एक ऐसा मुखौटा जो सभी फ़र्क़ की विस्मृति का संकेत हो। मुखौटा चेहरा नहीं होता; यह कोई ऐसी चीज़ नहीं जो भयावहता और कुरूपता को ढँक सके। हाल के दिनों में, हमारे राजनैतिक तमाशे के अन्तर्गत, हमें मुखौटे दिये गये हैं और हम उन्हें पहनने के आदी हो गये हैं। यह मुखौटा एक भ्रम है।

एक भ्रम के रूप में यह 'रोल प्ले', मूल चेहरे की प्रतिभा का हिस्सा बनने की अनुमति देता है। इसके पीछे हम वह दुविधा छुपा सकते हैं जो मुखौटे और उसे देने वाले के अस्तित्व को चुनौती देती है। यह मुखौटा एक स्वाँग है। यह हमें वह बनाता है जो हम नहीं हैं और वह बनने की सम्भावना पैदा करता है जो हम नहीं है। लेकिन ऐसे मुखौटे दुविधा के ख़िलाफ़ कोई गारण्टी नहीं हैं। अतः मुखौटा देने वाले को निश्चितता की शक्ति का प्रयोग करना चाहिए। एक ऐसी सामर्थ्य जो विश्वासयुक्त हो; इतनी अनुशासित हो कि किसी भी तरह की दुविधा बर्दाश्त न करे।

या तो आप मुखौटे या मुखौटा देने वाले के साथ हैं या फिर इतनी निश्चितता से उसके ख़िलाफ़ हैं कि आप उसको ख़त्म कर दें। मुखौटा देने वाले सभी ऐसी शक्ति का स्वप्न देखते हैं, यह उनकी महत्वाकांक्षा है, उनके दृष्टिकोण का अभिन्न अंग। यह एक गहरी 'मनिकियन' रचना है। अच्छाई का मात्र एक स्रोत है, एक विचार है बाक़ी सब बुराई है। यह तर्क अपरिहार्य है; अगर हमें दुविधा है तो हमारा अस्तित्व ही मिट जाता है। अतः वह सारे समाज जो मुखौटे लेते और देते हैं, उनमें नरसंहार की क्षमता होती है। मुखौटा हमारे समय की सबसे बड़ी नीतिकथा है।

V

ये चार अलग-अलग हिस्से दरअसल हमें आगाह करते हैं। इन कहानियों के ज़रिये जनलोकपाल आन्दोलन को बतौर गाँधीवादी आन्दोलन और अन्ना हज़ारे में गाँधी की छवि ढूँढने का ढाँचा सामने आता है। यह पहली बार नहीं है कि किसी आन्दोलन या उसके नेतृत्व को गाँधीवादी कहा गया हो। यह शब्द गाँधी को ख़ुद नापसन्द था और वे इसे पन्थ की शुरुआत मानते थे। गाँधी का मानना था कि पन्थ एक ऐसे समाज की ओर ले जाता है जहाँ लोग मुखौटे देते, लेते और पहनते हैं—परछाइयों से भरा समाज। गाँधी के क़रीबी सहयोगी, विनोबा भावे समेत,

जिन्हें गाँधी अपना आध्यात्मिक उत्तराधिकारी मानते थे, इस शब्द का—अपने काम या नाम से जोड़ा जाना नापसन्द करते थे। लेकिन हमारी कल्पना के अभाव और सामाजिक विज्ञान द्वारा गाँधी और दूसरों में अन्तर देख पाने की विफलता के चलते यह शब्द क़ायम रहा है यहाँ तक कि आज भी प्रचलित है।

हमारे समाज में कई प्रकार के गाँधीवादी रहे हैं। सबसे पहले वे जो गाँधी या उनकी संस्थाओं से जुड़े थे। इनमें से कुछ उनके आश्रम के निवासी थे, कुछ उनके सहयोगी थे जो उनके राजनैतिक, रचनात्मक या आध्यात्मिक प्रयोगों के साथी थे। दूसरी श्रेणी के गाँधीवादी वे हैं जिन्हें यह उपाधि उन संस्थाओं से जुड़ने से मिली जो गाँधी ने स्थापित कीं या फिर उनके मरणोपरान्त स्थापित की गयीं। हमारे कई सर्वोदय कार्यकर्ता इस श्रेणी में आते हैं। तीसरी श्रेणी के गाँधीवादी वे हैं जिन्हें सरकार ऐसी मान्यता देती है। सभी सरकारें राष्ट्रीय या क्षेत्रीय विभिन्न राज्य प्रायोजित योजनाओं और संस्थाओं को वैधता प्रदान करने के लिए इन्हीं सरकारी गाँधीवादियों का प्रयोग करती हैं। चौथी श्रेणी मीडिया और 'सिविल सोसायटी' द्वारा बनायी गयी है जिसमें उपरोक्त श्रेणियाँ भी शामिल हो सकती हैं, लेकिन यह ख़ास तौर से उन नेताओं के सन्दर्भ में है जो अहिंसक जनान्दोलन का नेतृत्व करते हैं। इसके लिए सादगी और मोह-माया से परे जीवनशैली की आवश्यकता है और यदि आश्रमनुमा जीवन शैली हो तो सोने पर सुहागा। पाँचवीं श्रेणी नव-गाँधीवादियों की है जिसे अक्सर एक आत्म-वर्णन कहा जा सकता है। यह उन व्यक्तियों, संगठनों, आन्दोलनों, संस्थाओं, समूहों द्वारा प्रयोग किया जाता है, जो बौद्धिक या नैतिक तौर पर या फिर कार्य प्रणाली के सन्दर्भ में गाँधी के पदचिह्नों पर चलते हैं।

इस स्वैच्छिक वर्गीकरण के अनुसार अन्ना हज़ारे और जनलोकपाल आन्दोलन चौथी श्रेणी में आते हैं। वे गाँधीवादी हैं क्योंकि मीडिया और सिविल सोसाइटी ने उन्हें यह उपाधि दी है। यह मानना होगा कि अन्ना

ने इस उपाधि को आत्म-वर्णन के लिए कभी उपयोग नहीं किया है हालाँकि इसके प्रयोग पर बन्दिश भी नहीं लगायी है। वास्तव में अपने गाँव में उन्नतिशील कार्य, सादी जीवन शैली, सम्पत्ति के न होने और ब्रह्मचर्य की वजह से उन्हें गाँधीवादी कहा जाता है। गाँधीवाद के इन प्रतीकों को बड़ी होशियारी से गढ़ा गया था। रामलीला मैदान में अन्ना के अनशन वाले मंच पर गाँधी की तस्वीर हावी थी। यह बात इतनी ज़ाहिर थी कि अपनी सांकेतिकता खो बैठी थी, क्योंकि जब संकेतों का अत्यधिक प्रयोग होता है तो वे अपनी क्षमता और प्रासंगिकता खो देते हैं।

मीडिया के चित्रण या सांकेतिकता के परे क्या ऐसा कुछ था जो इस आन्दोलन को गाँधीवादी बनाता था? निःसन्देह यह एक जनान्दोलन था। सभी आन्दोलनों को संगठन, आयोजन और आर्थिक मदद की आवश्यकता होती है। आर.एस.एस. और उसके सहयोगी संगठनों के प्रकट या गुप्त समर्थन के बारे में बहस और वाद-विवाद आन्दोलन की जन स्वीकृति को नकार नहीं सकते। एक चीज़ जो परेशान करती है वह है आन्दोलन के नेताओं—जिन्हें टीम अन्ना कहा जाता है—का खुलेआम आन्दोलन के सामाजिक और वैचारिक आधार के बारे में चर्चा करने की अनिच्छा। दूसरा अविवादित और प्रेरक पहलू था उसकी अहिंसक प्रवृत्ति। आन्दोलन की नैतिक शक्ति उसके अहिंसक प्रकृति में निहित थी। उसकी अहिंसक प्रवृत्ति के कारण ही सरकार की दमनकारी कार्रवाई न केवल असफल रही, बल्कि उसने आन्दोलन को और मज़बूत कर दिया।

यहाँ अहिंसा के बारे में एक कष्टदायक सवाल उठाना ज़रूरी है। अहिंसा या प्रेम (जैसा गाँधी कहते थे) सिद्धान्त और राजनीति दोनों का मामला हो सकता है। गाँधी का मानना था कि राष्ट्रीय आन्दोलन के दौरान उनके कई अनुयायियों ने अहिंसा को सिद्धान्त या जीवन शैली की तरह नहीं, बल्कि रणनीति के तौर पर अपनाया था। और इसलिए जब उन्हें व्यक्तिगत सत्याग्रह के लिए एक सत्याग्रही का नामांकन करना

था, तो उन्होंने विनोबा भावे को चुना, क्योंकि उन्हें लगता था कि वे एक आदर्श अहिंसक मनुष्य के सबसे क़रीबी प्रतीक थे। अहिंसक तरीक़ों के प्रति जनलोकपाल आन्दोलन की प्रतिबद्धता को नकारा नहीं जा सकता। लेकिन आन्दोलन की चरम सीमा के दौरान और उसके बाद भी कुछ कार्य और शब्द अहिंसक जीवनशैली के बारे में सवाल खड़े करते हैं। रामलीला अनशन के दौरान किरन बेदी की घूँघट नौटंकी अहिंसक जीवन शैली से कोसों दूर थी। इससे ज़्यादा विचलित करने वाली थी, शरद पवार को पड़े थप्पड़ पर अन्ना हज़ारे की प्रतिक्रिया। ''बस एक ही?'' किसी भी मापदण्ड से यह अहिंसक प्रतिक्रिया नहीं है। उनको ज़्यादा हानि तब पहुँची जब उन्होंने, उनके क़रीबी सहयोगियों और आन्दोलन के प्रवक्ताओं ने इस घटना की निन्दा करने की बजाय उसे उचित ठहराने की कोशिश की। अहिंसा किसी भी हिंसक कार्य को औचित्य प्रदान नहीं कर सकती, वह हिंसा कितनी ही मामूली क्यों न हो। हिंसा को उचित ठहराना, मनुष्य को 'न्यायोचित' या 'आवश्यक' हिंसा के दायरे में जा खड़ा करता है। सैद्धान्तिक तौर पर अहिंसा में इसके लिए कोई जगह नहीं है। ''बस एक थप्पड़?'' एक ऐसा सवाल है जो थप्पड़ खाने वाला, मारने वाले की तरफ़ दूसरा गाल आगे करते हुए पूछे और मारने वाले को अपनी हिंसात्मक इच्छा की पूर्ति करने का मौक़ा दे दे। उस हिंसक कार्य को प्रोत्साहित करने वाला माना जायेगा।

सत्याग्रह, गाँधी ने कहा कि पीड़ित और अत्याचारी, दोनों को मुक्त करने का तरीक़ा था। वह उन्हें असत्य, झूठ, अन्याय और दूसरों की मानवता लूटने की चाह के अत्याचारों से मुक्त करता था। दोनों को स्वतन्त्र करने की अपनी क्षमता के चलते सत्याग्रह एक अनूठा नैतिक विकल्प था। अतः यह एक सम्भाषण हुआ जिसमें सत्य के बारे में संवाद है और एक सत्याग्रही जानता है कि सत्य की प्राप्ति दुर्लभ है और वह मानव से कहीं ज़्यादा विशाल है। क्या जनलोकपाल आन्दोलन की प्रवृत्ति, किसी भी क्षण में, सम्भाषण की रही है? इस सवाल का जवाब भी कुछ हद तक सीमित है। इस बात को नकारा नहीं जा सकता

कि यह आन्दोलन संवाद पर आधारित है। न केवल आन्दोलन और उसके नेताओं के बीच या न केवल राजनैतिक दलों और सरकारों के साथ, बल्कि इसने नागरिकों के प्रति सार्वजनिक जीवन में सत्यनिष्ठा पर, सरकारों और राजनैतिक दलों की जवाबदेही पर काफ़ी लम्बी और शायद स्थायी बहस की शुरुआत की है। आशा है कि यह संवाद, आन्दोलन के लोकपाल और लोकायुक्त को क़ानूनी साधन बनाने के अल्पकालिक उद्‌देश्य के बाद भी, जीवित रहेगा। इस संवाद ने शासन प्रणाली और राजनैतिक भागीदारी के बदलाव की सम्भावना बनायी है। यह बहस 'चिपको आन्दोलन' और 'नर्मदा बचाओ आन्दोलन' की बहस जितनी ही बुनियादी रही है। जिसने हमें पानी के महत्व, बड़े बाँधों की भूमिका और विकास की वजह से विस्थापित लोगों के अधिकारों के बारे में जागरूक किया है। इस आन्दोलन को उसके क़ानून लाने की सफलता से नहीं, बल्कि आधुनिक भारत में शासन प्रणाली और राजनैतिक नैतिकता को समझने के लिए तैयार किये गये समाज के पैमाने पर नापना चाहिए। हालाँकि इस सम्भाषण के साथ-साथ आन्दोलन ने ग़ैर-सम्भाषण प्रवृत्ति भी दर्शायी। 'अगर आप हमारे साथ नहीं तो आप भ्रष्टाचार के साथ है'—आन्दोलन से प्रोत्साहित, इस तरह के समीकरण ने न केवल पहले से खण्डित सिविल सोसाइटी में, बल्कि आन्दोलन के भीतर भी दरारें पैदा कर दी हैं और इसके चलते अहंकारी और अत्यधिक हठी होने के आरोप लगाये जा रहे हैं। वैधता और अपने ड्राफ़्ट की सर्वोच्चता पर ज़िद की वजह से आलोचकों को इस आन्दोलन को ग़ैर-सम्भाषण का नाम देने का मौक़ा मिल गया है।

जिस तीसरे पहलू पर गाँधी अपने कार्यों को परखते थे, वह था सत्याग्रही का आचरण। यह साधन और उद्‌देश्य के अटल रिश्ते के विश्वास पर आधारित था। गाँधी का कहना था कि सही उद्‌देश्य, आपत्तिजनक साधनों को उचित नहीं ठहरा सकते। इस पैमाने पर लोकपाल आन्दोलन में कोई दोष नहीं पाया जा सकता। अहिंसा के प्रति उसने पूरी निष्ठा दिखायी है। गाँधी की बात लेकिन और गूढ़ थी।

उनका कहना था कि न केवल साधन और उद्देश्य का पवित्र होना ज़रूरी था, बल्कि साधन को नियन्त्रित करने वाले, यानी सत्याग्रह की दोहरी तलवार को भी पवित्र होना चाहिए था। सत्याग्रही के अनुयायियों की पवित्रता ने ही गाँधी के आश्रम और सत्याग्रह को एक अनूठा नैतिक अनुभव बना दिया था। दूसरी तरह से कहा जाये तो अनुयायी की पवित्रता तभी जायज़ होती है जब उसका आचरण ठीक वैसा ही हो जैसा कि वह दूसरों से अपेक्षा करता हो। इस सन्दर्भ में, आन्दोलन नहीं, पर उसकी अगुवाई कर रहे नेता खरे नहीं उतरे हैं। अपने 'बिल काण्ड' को उचित ठहराने की किरण बेदी की कोशिश अविश्वसनीय और आन्दोलन के सिद्धान्तों के विपरीत प्रतीत होती है। इस मुद्दे पर अन्ना हज़ारे समेत बाक़ी सदस्यों की चुप्पी भी अनुचित है। इस विषय में आन्दोलन के नेतृत्व में कमियाँ देखी जा सकती हैं।

VI

अन्त में आन्दोलन से दो महत्वपूर्ण सवाल करना उचित होगा। क्या उन्हें 'गाँधी' नुमा भार ढोने की आवश्यकता है? क्या उन्हें गाँधी के जीवन के हर पहलू पर खरा उतरना होगा? इन सवालों का जवाब केवल आन्दोलन और उसके नेता ही दे सकते हैं। गाँधी से जुड़ाव, हमेशा एक व्यक्तिगत विकल्प ही रहा है; इसमें कोई ज़बरदस्ती नहीं चल सकती। अगर वे यह विकल्प चुनते हैं तो इसकी अपनी मजबूरियाँ होंगी। गाँधी और उनका जीवन शान्ति प्रदान कर सकता है, नैतिक और नियमिक ज़िम्मेदारी का एहसास दे सकता है। वे संस्थाओं और उनके नैतिक प्रयोगों का अहम हिस्सा थे। उन्हें किसी भी स्तर पर एक-दूसरे से अलग नहीं किया जा सकता।

एक समाज के तौर पर हमें जिस दूसरे सवाल के बारे में सोचना है, वह यह है कि क्या हम गाँधी के बोझ के बिना अहिंसा के ज़रिये सार्थक परिवर्तनकारी राजनीति को अपना सकते हैं, जिसे विनोबा ने 'लोकनीति' का नाम दिया था। हमें मानना होगा कि वे हमारे जनान्दोलन—

एक न्यायी, निष्पक्ष, उचित दयालु समाज और राजनीति के लिए हमारे संघर्ष ही हैं जो न केवल वर्तमान पीढ़ी के कल्याण में जुटे हैं, बल्कि आने वाली पीढ़ियों के लिए भी ऐसे ही भविष्य या भविष्यों को उजागर करने में लगे हैं। इन संघर्षों ने ही, गाँधी के महत्व को आज भी उपयुक्त बनाये रखा है। अगर आज गाँधी जन चेतना में जीवित हैं तो वे राज्य सरकार या उनके नाम की संस्थाओं की वजह से नहीं, बल्कि हमारे जनान्दोलनों की नव प्रवर्तनशीलता की वजह से हैं। जनान्दोलनों ने न सिर्फ़ उनसे प्रेरणा ली है, बल्कि उनसे रचनात्मक बहस करके उन्हें हमारे समय के उपयुक्त ढाल दिया है। आज हमारे पास कई गाँधी हैं, परमाणु विरोधी आन्दोलन के गाँधी, 'डीप इकॉलाजी' के गाँधी, उत्तर उपनिवेशीवादी गाँधी, आधुनिकता से जूझने में हमें सक्षम बनाते गाँधी और सुन्दर भविष्य के निर्माण करने वाले सद्भावना के गाँधी। यह अभी देखना बाक़ी है कि क्या जनलोकपाल आन्दोलन सार्वजनिक जीवन में सत्यनिष्ठा को पुनःस्थापित करेगा जो न सिर्फ़ गाँधी बल्कि कई सुन्दर स्वरों वाले राष्ट्रीय आन्दोलन के लिए एक महत्वपूर्ण मुद्दा था।

अनुवाद : **मनसा पाण्डेय**

त्रिदिप सुहरुद गुजरात और गाँधी के सामाजिक और वैचारिक इतिहास पर काम करते आ रहे हैं। इन्होंने महात्मा गाँधी पर लिखी गयी कई किताबों का अनुवाद किया है।

दस्तावेज़

India Against Corruption

A-119, Kaushambi, Ghaziabad - 201010. UP Ph: 09868069953
www.indiaagainstcorruption.org

Dated: 8th March, 2011

Dr Manmohan Singh,
Prime Minister of India
New Delhi

Sub: Our discussions regarding the Jan Lokpal Bill

Dear Dr Singh,

We thank you for the courtesies extended to the team of "India against Corruption (IAC)" when we met you on your invitation for discussion on the Jan Lokpal Bill.

At a time when the whole country is bleeding due to corruption, we are concerned that you expressed inability to act against corruption till 13th May due to ongoing Parliamentary session and forthcoming assembly elections. You suggested that a "symbolic" meeting of a sub-committee of Group of Ministers could be held after 25th March with the representatives of IAC.

Rather than have this symbolic meeting, we feel that a genuine beginning could be made if the following steps were taken :

1. As written in my earlier letter to you, the government should immediately constitute a "Jan Lokpal Bill Committee (JLBC)" which should consist of five members of civil society (to be suggested by IAC) and an efual number of members from the government to draft a Lokpal Bill on behalf of the Government. The committee should be headed by a civil society representative.
2. The JLBC should treat the Jan Lokpal Bill prepared by IAC as its working draft.

3. JLBC will submit its final report by 13th May 2011.
4. The report submitted by this committee should be treated as final and should not be subjected to scrutiny by yet another committee. Therefore, we refuest that such people from the government should be included, who either have direct power to make decisions or would be in direct contact with key decision makers.
5. The government should introduce the Jan Lokpal Bill as prepared above in the monsoon session of Parliament, with a view to get it passed through both Houses of Parliament by the end of this year. This was promised by you in the meeting.

I am continuing with my decision to start my indefinite fast from 5th April, unless the Government demonstrates its genuine intentions to act against corruption by implementing the above steps.

Yours sincerely

(Anna Hazare)

India Against Corruption

A-119, Kaushambi, Ghaziabad - 201010. UP Ph: 09868069953
www.indiaagainstcorruption.org

Date: April 8, 2011

To,
Mrs. Sonia Gandhi
Chairperson, NAC & UPA,
10, Janpath,
New Delhi

Dear Mrs. Sonia Gandhi,

I am really grateful to you for your concern for my health. I am also relieved to note that you fully support the cause and think that 'there is an urgent necessity of combating graft and corruption in public life' and that 'the law in these matters must be effective and deliver the desired results'.

I wish to bring to your notice that the sub committee of your National Advisory Council (NAC) has agreed with the broad content of Jan Lokpal Bill, barring two issues, after extensive discussions on April 4th, 2011 with various knowledgeable sections of society.

May I refuest you to kindly get the draft discussed at full meeting of NAC at the earliest and recommend the outcome to the government.

I await your early reply.

Warm regards

(K B Hazare)

India Against Corruption

A-119, Kaushambi, Ghaziabad - 201010. UP Ph: 09868069953
www.indiaagainstcorruption.org

Date: April 8, 2011

To,

Dr. Manmohan Singh,
Hon'ble Prime Minister of India
New Delhi

Dear Dr. Manmohan Singh ji,

We were invited for talks by Shri Kapil Sibal yesterday (7th April, 2011). Swami Agnivesh and Arvind Kejriwal went and met him twice.

Following issues were discussed:

1) The government agreed to set up a joint drafting committee consisting of 50% members from civil society.
2) The Government agreed that this committee should prepare its draft law by such time so that it could be presented in the monsoon session of Parliament.
3) The government proposed Mr Pranab Mukherjee to head this committee. I request you to reconsider this as people are demanding a non political person as the Chairperson. Despite an outcry for me to be the Chairperson, I am not interested in holding any position. I propose the name/s of Justice J S Verma or Justice Santosh Hegde to be made the Chairperson.
4) All the above should be issued in the form of a notification or a formal government order which

specifies the constitution of the committee, names of its members and Chairperson, time lines and terms.

Warm regards,

(K B Hazare)

रजिस्ट्री सं. डी. एल.-33004/99 REGD. NO. D. L.-33004/99

भारत का राजपत्र
The Gazette of India

असाधारण
EXTRAORDINARY
भाग I—खण्ड 1
PART I—Section 1
प्राधिकार से प्रकाशित
PUBLISHED BY AUTHORITY

सं. 76] नई दिल्ली, शुक्रवार, अप्रैल 8, 2011/चैत्र 18, 1933
No. 76] NEW DELHI, FRIDAY, APRIL 8, 2011/CHAITRA 18, 1933

विधि और न्याय मंत्रालय

(विधायी विभाग)

संकल्प

नई दिल्ली, 8 अप्रैल, 2011

सं. 9(42)/2004-वि.-1.— भारत सरकार लोकपाल विधेयक का प्रारूप तैयार करने के लिए एक संयुक्त प्रारूपण समिति का गठन करती है।

2. संयुक्त प्रारूपण समिति भारत सरकार के पांच नामनिर्दिष्ट मंत्रियों और श्री अन्ना हजारे के (उनके सहित) पांच नामनिर्देशितियों से मिलकर बनेगी।

3. भारत सरकार के पांच नामनिर्दिष्ट मंत्री निम्नलिखित हैं:-

(i) श्री प्रणब मुखर्जी, संघ के वित्त मंत्री
(ii) श्री पी. चिदम्बरम, संघ के गृह मंत्री
(iii) डॉ. एम. वीरप्पा मोइली, संघ के विधि और न्याय मंत्री
(iv) श्री कपिल सिब्बल, संघ के मानव संसाधन विकास मंत्री और संचार एवं सूचना प्रौद्योगिकी मंत्री
(v) श्री सलमान खुर्शीद, संघ के जल संसाधन मंत्री और अल्पसंख्यक कार्य मंत्री

4. श्री अन्ना हजारे के (उनके सहित) पांच नामनिर्देशिती निम्नलिखित हैं:-

(i) श्री अन्ना हजारे,
डाकघर-रालेगन सिद्धि,
तालुक पारनेर,
जिला अहमदनगर, महाराष्ट्र।

(ii) न्यायमूर्ति श्री एन. संतोष हेगड़े,
94 ए, प्रथम क्रास,
आरएमवी एक्सटेंशन, सदाशिव नगर,
बंगलूरु-80

(iii) श्री शांति भूषण, वरिष्ठ अधिवक्ता,
सी-16, सेक्टर 14, नोएडा।

(iv) श्री प्रशांत भूषण, अधिवक्ता,
सी-16, सेक्टर 14, नोएडा।

(v) श्री अरविन्द केजरीवाल,
परिवर्तन, एफ 403, गिरनार,
कौशाम्बी, गाजियाबाद-201010

5. श्री प्रणब मुखर्जी संयुक्त प्रारूपण समिति के अध्यक्ष होंगे।

6. श्री शांति भूषण संयुक्त प्रारूपण समिति के सह-अध्यक्ष होंगे।

7. डा0 एम. वीरप्पा मोइली संयुक्त प्रारूपण समिति के संयोजक होंगे।

8. संयुक्त प्रारूपण समिति अपना कार्य तुरंत आरम्भ करेगी और प्रस्तावित विधान तैयार करने के लिए अपनी स्वयं की प्रक्रिया बनाएगी।

9. संयुक्त प्रारूपण समिति अपना कार्य 30 जून, 2011 तक पूरा करेगी।

वी. के. भसीन, सचिव

MINISTRY OF LAW AND JUSTICE

(Legislative Department)

RESOLUTION

New Delhi, the 8th April, 2011

No. 1(42)/2004-Leg-I.—The Government of India hereby constitutes a Joint Drafting Committee to prepare a draft of the Lok Pal Bill.

2. The Joint Drafting Committee shall consist of five nominee Ministers of the Government of India and five nominees of Shri Anna Hazare (including himself).

3. The five nominee Ministers of the Government of India are as under -

(i) Shri Pranab Mukherjee,
Union Minister of Finance.

(ii) Shri P. Chidambaram,
Union Minister of Home Affairs.

(iii) Dr. M. Veerappa Moily,
Union Minister of Law and Justice.

(iv) Shri Kapil Sibal,
Union Minister of Human Resource Development and
Minister of Communication and Information Technology

(v) Shri Salman Khursheed,
Union Minister of Water Resources and
Minister of Minority Affairs

4. The five nominees of Shri Anna Hazare (including himself) are as under:-

(i) Shri Anna Hazare,
At Post-Ralegan Siddhi,
Tal-Parner
Distt. - Ahmednagar, Maharashtra

(ii) Shri Justice N. Santosh Hedge,
94A, 9th Cross, RMV Extension,
Sadashiv Nagar, Bengaluru-80

(iii) Shri Shanti Bhushan, Senior Advocate,
B-16, Sector-14, Noida.

(iv) Shri Prashant Bhushan, Advocate
B-16, Sector-14, Noida

(v) Shri Arvind Kejriwal,
Parivartan,
L403, Girnar, Kaushambi,
Ghaziabad- 201010.

5. The Chairperson of the Joint Drafting Committee shall be Shri Pranab Mukherjee

6. The Co-Chairperson of the Joint Drafting Committee shall be Shri Shanti Bhushan

7. The Convener of the Joint Drafting Committee shall be Dr. M. Veerappa Moily

8. The Joint Drafting Committee shall commence its work forthwith and evolve its own procedure to prepare the proposed legislation.

9. The Joint Drafting Committee shall complete its work latest by 30th June, 2011.

V. K. BHASIN, Secy.

Printed by the Manager, Government of India Press, Ring Road, Mayapuri, New Delhi-110064
and Published by the Controller of Publications, Delhi-110054.

India Against Corruption

A-119, Kaushambi, Ghaziabad – 201010. UP Ph: 09868069953
www.indiaagainstcorruption.org

Date: April 18, 2011

To,
Mrs. Sonia Gandhi
Chairperson UPA,
10, Janpath, New Delhi

Dear Mrs. Gandhi,

We entered the joint committee with the hope of jointly drafting a strong anti corruption law for the country. Your letter to me, just a day before I ended my fast, that 'there is an urgent necessity of combating graft and corruption in public life' and that 'the law in these matters must be effective and deliver the desired results', was reassuring.

However, the developments of the last few days have been a cause for concern. It seems that the corrupt forces in the country have united to derail the process of drafting an effective anti corruption law through the joint committee. Together we have to defeat their designs.

One of their strategies is to smear the reputations of the civil society members in the committee. Whereas I am of the view that the people working for public must be subjected to public scrutiny, however, when blatantly false accusations are made, fabricated CDs are planted, then one feels that the purpose is not an honest public scrutiny but to tarnish reputations. They have not even spared me, even though I have lived a simple life following on the path of truth. However, I am happy that despite all their efforts, the vested interests could not dig out anything of substance. This has only raised the reputations of civil society members in the eyes of public. The smear campaign of vested interests seems to be back firing. People can see through what is happening. We are receiving many messages from the people expressing solidarity and sending wishes from across the country that the vested interests have struck back and we should not give up.

I was wondering what would be the outcome if the government nominees in the committee were subjected to similar scrutiny or witch hunt. Those in power have much more to explain. However, we don't want to divert the attention of the people from Lokpal Bill to individual mud slinging, which seems to be the objective of the people behind this smear campaign.

One of the General Secretaries of Congress Party has been making many statements in the press in the last one week. I assume that he has the support of the party to make such remarks. Most of these statements are factually wrong, which makes one believe whether his only intention is to create confusion, mislead people and derail the ongoing discussions in joint committee. Do you personally approve of his statements?

After the joint committee meeting, one of the ministers addressed the press saying that the meeting was good. Subsequently, according to many friends in media, he held a private "informal debriefing session" at his house and falsely accused us of having succumbed to government's pressure within the committee and that we had diluted the law. This was a completely false statement because there were no discussions at all on the law within the committee. His "informal debriefing" created confusions in the minds of the people across the country. It appears that his debriefing was meant to send a message to the public that we had been "influenced".

We had apprehended such mischievous conduct and

that is the reason we have been demanding video recordings of the proceedings and their release immediately after each meeting.

India has suffered immensely due to corruption. This is a historic moment when the whole country seems to have come together to demand effective action against corruption. I would urge you to advise your colleagues not to try to derail the process of drafting the law. The country is in no mood to wait any longer to have strong anti corruption law. People are very agitated. I fear of the consequences if the process were derailed.

Warm regards

(K B Hazare)

प्रधान मंत्री

Prime Minister

नई दिल्ली

10 अक्टूबर, 2011

प्रिय श्री अन्ना हज़ारे जी,

आपके 21 सितम्बर, 2011 के पत्र के लिए धन्यवाद। मुझे ख़ुशी है कि आपने कई महत्वपूर्ण विषयों पर अपने विचारों से मुझे अवगत कराया।

जैसा कि आप जानते हैं, हम एक सशक्त लोकपाल क़ानून बनाने के लिए प्रतिबद्ध हैं और हमें उम्मीद है कि निकट भविष्य में हम इसमें सफल हो जायेंगे। तथापि, हमारी सरकार भ्रष्टाचार से लड़ने और शासन में सुधार लाने के लिए एक व्यापक एजेंडा पर भी काम कर रही है। इसमें कई क़ानूनी, कार्यकाही और तकनीकी पहलों को शामिल किया जायेगा। लोकपाल की स्थापना इस व्यापक एजेंडा का ही एक हिस्सा है।

हमारी सरकार चुनाव सुधारों से सम्बन्धित विभिन्न प्रस्तावों पर भी सक्रियता से विचार कर रही है। जिन अनेक प्रस्तावों पर ध्यान दिया जा रहा है उनमें से ''राइट टू रिजेक्ट'' के प्रस्ताव का आपने उल्लेख किया है। एक लोकतान्त्रिक समाज में कुछ मुद्दों पर राजनीतिक सहमति जरूरी होती है। हम चुनाव सुधारों के कई प्रस्तावों पर सभी राजनीतिक दलों के साथ चर्चा करना चाहते हैं और उन प्रस्तावों पर आगे कार्रवाई करना चाहते हैं जिन पर मोटे तौर पर सहमति बनती है।

ग्राम सभाओं को सशक्त बनाने के बारे में आपसे पूरी तरह

सहमत हूँ। हम संविधान के 73वें एवं 74वें संशोधनों के कार्यन्वयन को आगे ले जाने के लिए प्रतिबद्ध हैं। हमारा लगातार यही प्रयास है कि हम ग्राम सभाओं को सही मायने में अधिकार सम्पन्न बनाने के सपने को पूरा करने के लिए राज्यों के साथ मिल कर काम करें।

आपके सुझावों के लिए मैं आपको पुनः धन्यवाद देता हूँ।

शुभकामनाओं सहित,

आपका,

मनमोहन सिंह

(मनमोहन सिंह)

श्री अन्ना हजारे
रालेगण सिद्धी
तालुका पारनेर
जिला अहमदनगर
महाराष्ट्र-414302

India Against Corruption

A-119, Kaushambi, Ghaziabad – 201010. UP Ph: 09868069953
www.indiaagainstcorruption.org

दिनांक 17/12/2011

डॉ. मनमोहन सिंह,
प्रधनमन्त्री, भारत सरकार ।

आदरणीय प्रधानमन्त्री जी,

देश भ्रष्टाचार की आग में सुलग रहा है। आम आदमी का जीना मुश्किल हो गया है। लोगों की आमदनी नहीं बढ़ी, लेकिन महँगाई बहुत बढ़ गयी है। महँगाई बढ़ने का बहुत बड़ा कारण भ्रष्टाचार ही है।

दुख की बात यह है कि भ्रष्टाचार के मुद्दे पर हर सरकार आज तक टाल-मटोल की राजनीति करती रही। पिछले 42 साल में लोकपाल कानून आठ बार संसद में प्रस्तुत हुआ, लेकिन पारित नहीं हुआ। पिछले एक साल में लोकपाल के मुद्दे पर सरकार ने कई वादे किये लेकिन हर बार देश की जनता के साथ धोखा हुआ।

1. 5 अप्रैल को जब मैं अनशन पर बैठा. तो सरकार ने लोकपाल बिल ड्राफ़्ट करने के लिए संयुक्त समिति बनायी जिसमें पाँच हमारे सदस्य थे और पाँच सरकार की तरफ़ से थे। हमें बहुत उम्मीद थी कि ये समिति एक अच्छा लोकपाल बिल बनायेगी, लेकिन सरकार की मंशा साफ़ नहीं थी। संयुक्त समिति में सरकार ने हमारे सभी प्रमुख सुझाव नामंजूर कर दिये। संयुक्त समिति से दो बिल निकले—एक हमारा और एक सरकार का। निर्णय हुआ कि दोनों बिल कैबिनेट में प्रस्तुत किये जायेंगे, लेकिन यहाँ भी सरकार ने धोखा दिया। कैबिनेट के सामने सरकार ने केवल अपना बिल

रखा। अगर सरकार को हमारी बातें ही नहीं माननी थीं, ख़ुद ही बिल बनाना था और अपना ही बिल पारित करना था तो ये संयुक्त समिति बनाने का ढोंग ही क्यूँ किया?

2. जुलाई महीने में सरकार बार-बार देश के सामने कहती रही कि वो संसद में एक सशक्त बिल लायेंगे लेकिन जो बिल अगस्त के महीने में संसद में प्रस्तुत किया गया वह भ्रष्टाचार को कम करने की बजाय भ्रष्टाचारियों को संरक्षण देने की बात करता था। देश के साथ फिर धोखा हुआ।

3. 16 अगस्त से इस बिल के ख़िलाफ़ आन्दोलन करने के लिए और सशक्त बिल की माँग करने के लिए जब हम आन्दोलन शुरू करने जा रहे थे, तो हमें गिरफ़्तार करके उन्हीं लोगों के साथ जेल में डाल दिया गया, जिनके भ्रष्टाचार के ख़िलाफ़ हम लड़ रहे थे। हमारे ऊपर आरोप था कि हमारे बाहर रहने से देश की शान्ति भंग होती है। पहले हमें सात दिन के लिए जेल भेजा गया था लेकिन गिरफ़्तारी के कुछ घण्टों बाद ही हमें छोड़ दिया गया। समझ में नहीं आया कि यदि हम देश की शान्ति के लिए ख़तरा हैं तो ये ख़तरा अचानक कुछ घण्टों में कैसे ख़त्म हो गया? एक बड़ा प्रश्न ये उठा कि क्या इस देश की सरकार जिसको जब चाहे जेल में डाल दे और जब चाहे रिहा कर दे। क्या देश में कुछ क़ानून है कि नहीं?

4. जेल से रिहा होने के बाद मैं रामलीला मैदान में अनशन के लिए बैठा। 27 अगस्त को इस देश की पूरी संसद ने यह प्रस्ताव पारित किया कि तीन मुद्दों को उचित व्यवस्था द्वारा लोकपाल के दायरे में लाया जाएगा—सिटीजन चार्टर, सम्पूर्ण अफ़सरशाही और राज्यों में लोकायुक्तों का गठन। श्री प्रणब मुखर्जी ने इस बारे में दोनों सदनों में बयान भी दिया।

आपने मुझे पत्र लिख कर इस प्रस्ताव के बारे में बताया और मुझसे अनशन समाप्त करने के लिए निवेदन किया। इस पर मैंने 28 अगस्त को अपना अनशन समाप्त कर लिया। इस प्रस्ताव की कॉपी संसद की कार्यवाही समेत स्थायी समिति के अध्यक्ष श्री अभिषेक मनु सिंघवी जी के पास भेजी गयी। दुर्भाग्य की बात ये कि श्री अभिषेक मनु सिंघवी जी ने संसद की अवमानना करते हुए संसद के प्रस्ताव में तीन में से दो बिन्दुओं को ख़ारिज कर दिया। प्रश्न उठता है कि संसद की स्थायी समिति के अध्यक्ष यदि संसद के प्रस्ताव का इस तरह अपमान करेंगे तो हमारे देश में जनतन्त्र का क्या भविष्य रह जाता है? स्थायी समिति की रिपोर्ट देश के साथ एक और धोखा थी।

5. मुझे सबसे बड़ा आश्चर्य तब हुआ जब 13 दिसम्बर को आपकी अध्यक्षता में कैबिनेट ने एक अलग सिटीज़न चार्टर क़ानून पारित किया। संसद के प्रस्ताव में तो यह लोकपाल बिल में होना चाहिए था। आपने ख़ुद पत्र लिख कर मुझसे ऐसा कहा था। फिर आप ख़ुद अपनी बात से क्यों मुकर गये और अब कहा जा रहा है कि इस सिटीज़न चार्टर बिल को फिर से स्थायी समिति को भेजा जायेगा, फिर से चार महीने लगेंगे। क्या आपको नहीं लगता कि देश की जनता के साथ धोखे-पे-धोखा हो रहा है? सरकार का यह रवैया बिल्कुल ठीक नहीं है।

6. पिछले कुछ महीनों में आपने ख़ुद पत्र लिख कर मुझे कई बार आश्वासन दिया कि एक सशक्त लोकपाल बिल संसद के शीतकालीन सत्र में पास कराया जायेगा। आपके भरोसे के मुताबिक़ हमने अपने सभी आन्दोलन सम्बन्धी गतिविधियाँ शीतकालीन सत्र तक के लिए स्थगित कर दीं। अख़बारों में

छपी ख़बरों के मुताबिक शीतकालीन सत्र 23 दिसम्बर को समाप्त हो रहा है। क्या यह बिल तब तक पास हो जायेगा? इसमें सन्देह नज़र आता है।

7. क्या सरकार एक सशक्त लोकपाल बिल लायेगी? अख़बारों में छपी ख़बरों से निम्नलिखित संदेह उत्पन्न होते हैं :

(क) हमने सुझाव दिया कि सी.बी.आई. की भ्रष्टाचार निरोधी शाखा को लोकपाल की जाँच एजेंसी बना दिया जाये। सरकार इसके लिए तैयार नज़र नहीं आ रही है। आजतक हर पार्टी की सरकार ने—चाहे वह बी.जे.पी. की रही हो या काँग्रेस की—उन्होंने सी.बी.आई. का गलत इस्तेमाल किया है। अपनी सरकार को बचाने के लिए राजनैतिक प्रतिद्वन्द्वियों पर झूठे आरोप लगाये जाते हैं। अपनी सरकार के भ्रष्टाचारी एवं आपराधिक तत्वों को सी.बी.आई. के जरिए संरक्षण दिया जाता है। ऐसा लगता है कि सरकार किसी भी हालत में सी.बी.आई. से अपना शिकंजा नहीं छोड़ना चाहती। तो क्या लोकपाल के पास जाँच करने का अधिकार भी नहीं होगा? तो क्या लोकपाल की अपनी जाँच एजेंसी नहीं होगी? बिना जाँच एजेंसी का लोकपाल क्या करेगा? इससे तो अच्छा है कि आप लोकपाल न ही बनायें।

(ख) स्थायी समिति द्वारा सुझाई गयी लोकपाल की चयन प्रक्रिया भी दूषित है। चयन समिति में राजनेताओं की बहुतायत है, जिनके भ्रष्टाचार के ख़िलाफ़ लोकपाल को जाँच करनी है। खोज समिति की संरचना का कोई ज़िक्र ही नहीं है। चयन प्रक्रिया का कोई ज़िक्र नहीं है। यानि की चयन समिति में कुछ नेता बैठ

कर जिसे चाहे उसे लोकपाल बना देंगे। ज़ाहिर है कि लोकपाल कमज़ोर और भ्रष्ट होगा।

इसके अलावा भी स्थायी समिति की रिपोर्ट में ढेरों कमियाँ हैं। आप और आपकी सरकार बार-बार सशक्त लोकपाल बिल लाने का आश्वासन देते रहे हैं। यदि आपके वादे के मुताबिक शीतकालीन सत्र में एक सशक्त, स्वतन्त्र और प्रभावी लोकपाल बिल नहीं पास किया गया तो मुझे 27 दिसम्बर से अनिश्चितकालीन अनशन पर बैठने के लिए मज़बूर होना पड़ेगा। 30 दिसम्बर से देशभर में जेल भरो आन्दोलन होगा। जैसा कि मैं पहले भी कई बार कह चुका हूँ कि इस नेक और ज़रूरी काम के लिए यदि मेरी जान भी चली जाये तो कोई परवाह नहीं। पर मुझे पूरा यक़ीन है कि आप अपने वादों को पूरा करेंगे और इस बार देश की जनता को निराश नहीं करेंगे।

आपका भवदीय

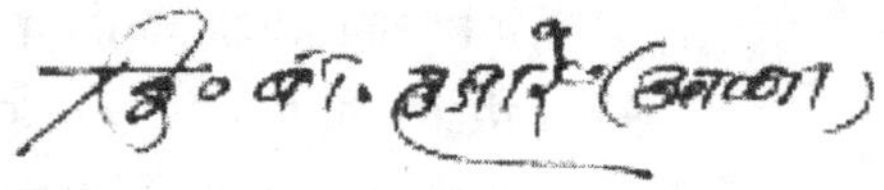

अन्ना हज़ारे